## ● 일러두기

1. 본문은 김원석 작가의 드라마 대본 집필 방식을 최대한 살려 편집했습니다.
2. 드라마 대사는 글말이 아닌 입말임을 감안하여 어감을 살리는 데 비중을 두어 한글 맞춤법과 다른 부분이라 해도 유지했습니다.
3. 쉼표, 느낌표, 마침표 같은 문장부호도 작가의 의도를 최대한 살렸습니다.
4. 이 책은 작가의 최종 대본으로 어느 부분은 방송분과 다를 수 있습니다.

## ● 용어 해설

| | |
|---|---|
| cut to | 같은 공간에서 짧은 시간의 경과로 장면이 전환됩니다. |
| E | 원래는 effect로 주로 연극 대본에서 효과음을 나타내는 기호이나, 이 대본에서는 voice over를 대신하는 약어로 사용합니다. |
| Flash Back | 과거의 장면을 회상하는 기법. |
| Ins.(insert) | 삽입 화면. |
| Nar(narration) | 나레이션. 등장인물이 설명하는 마음의 소리. |
| O.L(over lap) | 화면이 겹쳐지면서 장면이 바뀌는 기법을 나타내는 기호이나, 이 대본에서는 등장인물이 상대방의 대사가 끝나기 전에 맞물려 대사를 치는 상황을 표현합니다. |

*본문에서 이름 앞의 '/' 기호는 화면 위로 대사가 이어지는 voice over 상황을 표현합니다.

SBS금토드라마

하 권

죄를 물어 벌을 주는 걸
검사가 하지 않으면
누군가 대신해야죠.

PAYBACK

김원석 극본

너와숲

# 목
# 차

드라마 법쩐이 끝났습니다.

이야기는 제가 만들며 시작했지만,
많은 분들이 함께 만들어 완성되었습니다.

함께.
삶의 어느 한 시즌을 드라마 법쩐을 만들며 함께했던 모든 분들께.
그리고, 방영되는 드라마를 함께 시청해 주신 모든 분들께.

고맙습니다.
고개 숙여 감사의 마음을 전하며 대본집을 시작합니다.


2023년 3월
김원석 작가 드림.

●

●

●

# 인물관계도

**윤대표** 김미숙
블루넷 대표이사

**홍한나** 김혜화
로비스트

**은지희** 서정연
룡가페 마담

은용 LINE

모녀 ← 우리 편 → 신뢰하는 파트너 남매 모자

검찰청

**박준경** 문채원
법무장교

정의로운 어동생
의지가 되는 오빠

**은용** 이선균
돈 장사꾼

아들같은 조카
언제나 나의 편

**장태춘** 강유석
형사부 검사

조력자 →

**함진** 최정인
대검 감찰부 검사

**남계장** 최덕문
베테랑 수사관

대립 관계

명회장 LINE

**명세희** 손은서
걸그리 관장

누녀

**명회장** 김홍파
명통사채시장 큰 손

법 X 편

누부

**황기석** 박훈
특수부 부장검사

## 은용

몽골의 유목민 게르에서 생활하는 그는 '하루 동안 말을 달린 거리만큼의 땅'을 사는 중이다. 유목민의 삶을 존중하는 그의 태도가 마음에 든 부족장은 마유주를 가득 부어 주며 경고했다.

"당신이 원하는 땅은 신에게 저주 받은 곳입니다."

가득한 독주를 남김없이 비워 낸 그는 신의 마음을 바꿔 보겠다고 답했다. 어떻게?

"돈으로."

●

"돈장사하는 은용입니다."

요즘은 중앙아시아 대평원의 부동산 사용권을 매입 중인 그는 사모펀드 '체인지'의 실질적 오너이자 투자 총괄 책임자. 하지만 펀드 경영은 파트너인 한나에게 맡기고, 거액의 돈을 맡기는 고객들에게도 자신의 모습을 드러내지 않는 '은둔형'으로 알려져 있다. 실적 차트에 가득한 붉은 숫자들과 우상향의 수익률 그래프면 충분하다는 게 그의 생각이다.

그는 항상 돈을 많이 벌고 싶었다. 가능한 많이.

●

그놈의 밥, 그놈의 잠자리.

기억도 못 하는 어린 시절, 부모님 두 분이 모두 돌아가신 뒤로, 늘 먹는 것과 자는 곳이 문제인 인생이었다. 일곱살 터울의 누나 지희와 '따로 또 같이' 친척 집을 전전하며 살았다. 돈 버는 온갖 일을 마다않던 누나는 소녀 가장이었고, 형 부럽지 않은 보호자였다.

아홉 살 은용이 무전취식으로 잡혀간 유치장은 춥고 무서웠다. 소식을 들은 누나는 교복을 입은 채로 바로 달려왔지만, 아직 미성년이라는 이유로 면회할 수 없었다. 어른 모시고 오라는 경찰의 말에 누나는 그 자리에서 경찰서 유리창 하나를 박살 내고 두 손을 내밀었다. 그렇게 수갑을 차고 유치장에 들어온 누나가 말했다.

"걱정 마, 누나 왔어."

●

열 살이 된 은용의 앞에 1년 만에 나타나 치킨을 사 주는 누나는 임신 중이었다. 아빠가 누구냐는 질문에 "어떤 개새끼… 죽었어." 씩씩하게 답한 누나는 한참을 울었다.

'힘들고 슬픈 일이 생겼구나…'

물끄러미 보고 있는 은용 앞에서 실컷 울고 난 누나는 웃으며 말했다.

"엄마가 될 거야. 축하받을 일이야."

개나리, 진달래가 흐드러진 봄날, 열일곱의 누나는 아들을 낳았다. 시를 쓰는 수녀님이 지어 주신 이름은 평안한 봄, '태춘'이었다. 열한 살의 은용은 새로 태어난 조카를 보며 '내가 이놈 아빠'가 되어 주겠단 결심을 했다.

●

중학생이 된 은용은 신문 보급소에서 먹고 자며 돈을 벌었다. 새벽엔 신문을 돌리고, 학교를 다녀와 오후부터는 오토바이로 배달 알바를 뛰었는데… 고급 세단과 부딪치는 교통사고가 났다. 운전석의 중년 신사에게서는 술 냄새가 진동했다. 합의금을 한몫 챙길 요량으로 입원해 드러누웠다. 하지만, 찾아온 경찰은 은용을 잡아갔다.

검사실로 불려 간 은용은 가디건을 입은 젊은 검사에게 미성년 무면허, 난폭운전, 차량 파손에 공갈, 협박까지 더해진 긴 죄목을 들었다. 반성문을 적으라는 말에 한나절을 고민하다 백지를 내밀었다. 아무리 생각해도 반성할 일이 없었다. 백지 반성문을 받아든 검사는 준엄하게 꾸짖었다.

"어려서부터 돈 쉽게 벌려고 공갈 사기 치는 너 같은 놈은 공권력 무서운 줄 알아야 돼."

법정의 판사도 은용의 이야기는 듣지 않았다. 컵라면이 익을 시간, 3분도 채 걸리지 않은 재판에서 은용은 소년원에서 2년을 지내야 하는 10호 처분을 받았다.

●

소년원에 들어가고 첫 석달 동안은 끝없이 싸워야 했다. 싸움은 선빵, 한 대도 맞지 않고 이기는 싸움은 없으며, 세 명 넘게 덤비면 피해야 한다. 약육강식의 정글에서 살아남은 그는 마침내 서열이 정리됐을 때, 요장(소년원 학생회장)이 되었다.

●

열여덟. 성인의 경계에 선 나이에 소년원을 나왔을 때. 기차에서 행패를 부리는 논두렁 건달들 앞에 장우산을 들고 맞짱 뜨는 여고생 '교복'을 만났다.

쓸데없는 싸움엔 휘말리고 싶지 않아 처음엔 외면했으나, 어느 샌가 '교복'과 등을 맞대고 한바탕 신나게 싸웠다. 뒤에서 덮치려는 비겁한 놈들을 두고 볼 순 없었던 것 같다.

'아직 소년원인가? 아니면, 이제 교도소인가?'

쌍방 폭행으로 유치장에 갇혔을 땐, 곰곰이 날짜를 계산할 뿐이었는데… 언제나 보호자는 '나'였던 인생에 '교복'의 어머니, 윤 대표가 등장했다.

"같은 편으로 싸운 아이잖아요. 제가 우리 편 보호자도 한다니까요?"

편 들어주고, 지켜 줬던 어른은 처음이었다. 늦은 밤, 함께 풀려난 은용은 '아줌마'의 집에서 잤다.

●

편안했던 잠자리. 드라마에서나 보던 잠옷. 깨어났을 땐 모든 것이 잠시 천국처럼 낯설었다. 아침 식탁에 마주 앉은 아줌마는 어떤 회사의 대표라며 명함을 건넸다. 공장에 일자리도 줄 수 있다며, 돈은 일한 만큼 벌 수 있다 했다.

은용은 태어나 처음으로 자신을 존엄히 여겨 '우리 편'이라 보호해 줬던 아줌마가 좋았지만⋯ 일한 만큼 돈을 버는 삶은 그의 계획이 아니었다. 아줌마의 집을 나선 은용은 소년원 출신들을 스카우트 하던 건달 성태를 찾아갔다.

지금도 가끔 은용은 그날을 떠올리며 생각해 본다. 이제 다시 돌아간다면, 다른 선택을 할까?


●

성과급 용역 깡패 생활을 시작한 은용은 실력을 인정받았지만, 만족할 만한 수입은 아니었는데⋯ 1년쯤 지난 어느 날, 진짜 기다리던 기회가 찾아왔다. 평소부터 눈여겨봐 왔던 스폰서 명 회장이 자신의 밑에서 일해 볼 생각이 없냐고 물었을 때, 그는 숨도 쉬지 않고 "네."라고 답했다.

때는 바야흐로 세기말, 코스닥 버블의 시대. 자본 시장엔 돈과 탐욕이 넘쳐 났다. 명동 신사라 불렸지만, 신사답지 못한 비지니스로 유명한 명 회장은 기업 사채를 주로 다뤘다. '주담(주식담보대출)'을 전문으로 했는데, 흔히 말하는 주가 조작 작전 세력의 전주였다. 합법과 불법의 경계, '교도소 담장을 걷는' 비지니스였지만, 명 회장은 언제나 돈을 벌었고⋯ 영리한 은용은 빨리 배웠다.


●

명 회장의 수완에 유쾌한 젊음을 더한 '은 실장', 은용은 고객과 전주 아줌마들 모두에게 인기가 좋았다. 자신감이 붙은 그는 조용히 독립을 준비했는데⋯ 명 회

**등장인물 소개**

장은 선선히 놓아줄 신사가 아니었다. 통수를 맞은 은용은 지독한 린치를 당했고, 준비하던 모든 계약들을 뺏겼다. 가까스로 도망친 은용은 다시 한 번 비정한 세상을 똑바로 응시했다.

출생이라는 제비뽑기에서 꽝패를 뽑은 은용에게 어려서부터 세상은 언제나 정글이었다. 약육강식과 승자독식의 자본 시장에서 정(情)이나 윤리, 마땅한 도리를 따지는 건 사치스런 어리광이다. 정의로운 공권력에 대한 기대는 소년원에 잡혀간 그날부터 접은 지 오래다. 빼앗긴 것을 되찾는 방법은 오직 스스로의 힘으로 싸워 이기는 것뿐.

●

와신상담의 시간을 보낸 은용은 명 회장을 상대로 작전을 설계했다. 변두리 PC방을 통으로 임대했고, 명 회장에게 당했던 '퇴역 전선'을 모았다. 외부와의 출입을 통제하고 한 달간 펼쳐진 작전.

은용은 마치 오케스트라를 지휘하듯, PC방 컴퓨터마다 서로 다른 증권사 계정들의 매수, 매도를 지시해 자연스러운 흐름으로 블루넷의 주가를 리드미컬하게 끌어올린다. '알레그로 모데라토' 조금 빠르게 시작해서, '안단테' '안단테' 느리게 느리게, 그러다가 다시 '비바체' '프레스토' 빠르고 활발하게, 매우 빠르게… 거래의 템포와 물량의 강약을 이끌어 가는 그의 지휘는 깔끔하고 우아했다. 한 PC방에 모여 이런 식의 작전을 한다는 건, 실시간 IP 추적이 자동화된 요즘 같으면 어림없을 일이지만, 이때는 가능한 시절이었다.

명 회장의 탐욕을 이용했고, 공매도 압박을 활용한 역작전으로 '열한 자리(백억 대)의 수익'을 올렸다. 제로섬의 머니 게임에서 은용이 올린 수익은 그대로 명 회장의 손실이었다. 온라인 주식 거래 초창기, 'PC방 대첩'이라 불리는 작전은 이후에도 주식꾼들 사이에 전설로 회자됐다.

●

흔히들 주식은 사는 시점보다 파는 시점을 잡는 것이 더 중요하다고 한다. 내가 산 주식이 아무리 주가가 많이 올라도 파는 타이밍을 놓치면 숫자의 기록에 불과하다. 작전도 마찬가지. 은용은 출구 전략까지 치밀했다.

큰 손실을 본 명 회장은 평소 스폰서로 관리하던 검찰 커넥션을 이용해 보복에 나서려 했는데⋯ 명 회장의 바람과 달리 커넥션은 외려 사태의 중재에 나섰다. 은용이 한 발 먼저 이번 작전의 수익금을 커넥션에 배당해 둔 때문이었다.

은용은 더 이상 한국의 자본 시장에는 들어오지 않는다는 신사 협정을 맺고, 한국을 떠났다. 가족은 건드리지 않는다는 조건으로.


●

세계는 넓고 벌 돈은 많다.

어려운 용어들과 복잡한 숫자들로 가득한 국제 금융 시장이지만⋯ 배워야 할 모든 것은 명동 사채 바닥에서 이미 익혔다. 인간의 탐욕에 기반해 움직이는 돈장사의 구조는 명동이나 런던이나 동일했다. 한국을 떠난 은용은 10년의 세월 동안 끊임없이 '돈으로 더 큰 돈을 버는' 삶을 살고 있었는데⋯

고국의 반도에서 들려온 준경이 시작한 싸움의 소식에, 은용은 모든 걸 걸고 참전한다. 아직 덜 영글었으나 누구보다 물러섬 없는 싸움꾼 청년 검사, 조카 태춘과 함께.

> ## 준경
> [여, 41세] _법무관 육군 소령

'고아와 과부를 위하여 정의를 행하시며 나그네를 사랑하여 그에게 떡과 옷을 주시나니⋯' _신명기 10장 18절

'고아와 과부를 위하는' 정의로운 검사가 되고 싶었다. 서울 법대, 사법고시, 연수원 수석까지… 목표를 세우면 반드시 이루는 그녀의 삶은 차질 없어 보였다.

●

그녀가 중학교에 들어가던 해, 말기암 판정을 받은 아버지는 항암을 거부하고 호스피스 요양원에서 지내다 돌아가셨다. 죽음 앞에서 인간의 한계를 인정하는 것이 과학적 태도라 말씀하셨다. 마지막을 준비하던 아버지는 준경에게 남겨진 어머니를 부탁했다. 아버지가 돌아가신 뒤로, 준경은 모범생 딸이 되기 위해 늘 스스로를 다잡았다. 학교에선 우등생이었고, 흐트러진 생각이 들 때마다 검도를 통해 육체와 정신을 단련했다.

홀로 남겨진 어머니(윤 대표)는 공학자였던 아버지와 함께 만든 회사를 키워 나갔다. 늘 바빴던 어머니를 대신해 기일을 맞아 아버지를 뵙고 돌아오는 기차 안에서… 은용을 처음 만났다.

●

기차 안에서 행패를 부리는 논두렁 건달 놈들과 장우산을 들고 맞선 건, 검도로 단련된 검사(劍士)이자, 정의로운 검사(檢事)를 목표한 준경에겐 당연한 일이었다. 덩치 큰 남자를 상대로도 이길 자신은 충분했는데, 실전 싸움에선 뒤에서 덤비는 놈들도 있다는 건 미처 계산에 없었다. 자신의 뒤를 커버해 주며 '같은 편'으로 함께 싸운 그 녀석이 알고 보니 소년원 출신 고아라는 것은 의외였다.

쌍방 폭행으로 유치장에 갇혔을 때, 찾아온 어머니(윤 대표)는 옳은 일을 했다며 칭찬했다. 거기에 더해 함께 싸운 '우리 편' 소년원의 보호자까지 자처했는데, 딱 봐도 갈 곳 없어 보이는 그를 집에까지 데려와 재웠다.

"아버지 안 계시냐? 난 엄마 아빠 다 없어~"


아버지 잠옷을 입고 서재 쇼파에 드러누워 자는 은용이 묘하게 싫지 않았다.


●

　그날 이후, 용이 오빠는 가끔씩 카네이션을 한 아름 사와 어머니(윤 대표)가 차려준 밥을 먹고, 웃고 떠들며 놀다 가곤 했다. 거친 일(용역 깡패)을 하는 것처럼도 보였고, 독한 일(사채꾼)을 하는 것처럼도 보였다. 모범생으로 사는 자신의 삶과 다른, 얼핏 보면 무뢰배의 삶을 사는 것 같아 보이는 용이 오빠에겐 늘 틱틱거리며 대했지만, 내심 좋아했다.

　고마웠던 걸까, 외로웠던 걸까. 아버지가 돌아가신 뒤로, 사춘기 나이부터 스스로를 절제하던 그녀에겐 유쾌한 오빠였고, 의지가 되는 가족이었다.

　사법고시 2차 시험을 준비하느라 정신없던 어느 날… 용이 오빠는 한국을 떠난다고 했다. 떠나는 사연을 묻지는 않았다. 그의 단단한 눈빛을 보고 붙잡을 순 없다고 생각했다.


"아주 나쁜 짓은 하지 말고. 돈 많이 벌면 그만 벌고 돌아와."
"고시 붙어서 검사되면, 서류에 사인은 꼭 이걸로 해. 글로벌하게 자랑하고
　다닐라니까."


　떠나는 오빠는 비싼 만년필 하나를 건넸다.
　다시 만나는 날엔 검사가 되어 있겠다… 약속했는데…

●

사법고시와 연수원 수석, 2관왕이었다. 대형 로펌에서도 러브콜이 쇄도했지만, 검사의 길을 택했다. 처음 마음대로 공익의 봉사자, 공무원인 검사로서의 삶이 스스로에게 가장 어울린다 생각했는데…

형사부 검사로 정신없이 바쁜 어느 날, 어머니(윤 대표)가 긴급 체포됐나는 연락을 받았다. 사건을 맡은 특수부 담당 검사, 기석을 찾아간 그녀는 모종의 음모가 배후에 있음을 직감했다.

**"법전은 이상이고, 여긴 현실이야. 머리 좋은 놈이니까 너도 알잖아? 어머니 살릴 사람, 너밖에 없다."**

기석은 능란한 솜씨로 준경을 협박하며 회유했고… 어머니를 구하기 위해, 준경은 기석과 거래했다. 비극의 시작이었다.

●

삶은 때로 뜻한 바와 아주 다른 방향으로 흘러간다.
어머니(윤 대표)는 스스로 목숨을 끊었다.

●

어머니의 사망 이후, 군 입대한 준경은 법무관이 되어 차가운 복수를 준비했다. 이제 시작하는 싸움은 어떤 희생이 있다 해도 멈추지 않을 생각이다. 그게 돌아온 은용이나, 그의 아들 같은 조카 장태춘 검사라 해도.

한때는 누구보다 바르고 정의로웠던 준경은 거울 앞에 서서 스스로에게 묻는다. 괴물과 싸우기 위해, 괴물이 될 각오는 단단한가.

## 장태춘 　　　　　[남, 29세] _형사부 말석 검사, 은용의 조카

출세하고 싶었다.

세상 누구도 무시 못 하는, 거악을 때려잡는 검사로, 기깔나게.

●

미혼모였던, 젊고 예쁜 엄마는 짧은 치마를 입고 나가 돈을 벌었다.

'오봉돌이' '다방아들'이라 부르는 것까진 참았으나, 엄마에 대한 험담을 하는 놈에겐 나이, 체급 가리지 않고 죽자고 덤볐다. 골목의 아이들과는 잘 어울리지 않았고, 엄마가 일 나간 대부분의 시간엔 헌책방에서 책읽기에 빠져 지냈다. 책을 읽는 동안엔 비루한 현실과 다른 세상을 만날 수 있어 좋았다. 고난과 역경을 이겨 내고 악에 맞서 승리한 정의로운 영웅들이 있었고, 불후한 어린 시절을 보냈으나 마침내 훌륭한 사람이 된 위인들이 있었다.

그런 일상에서 외삼촌이 오는 날은 '신나고 좋은 날'이었다.

"짱태추이! 책벌레~ 공부벌레~!!"

언제나 유쾌하게 등장해 치킨도 사주고, 싸우는 법도 가르쳐 줬다. 세상 누구보다 항상 내 편을 들어주는 외삼촌을 좋아했고, 누구 앞에서든 보란 듯이 손을 꼭 잡고 다녔다.

●

돈깡세를 시작했다는 외삼촌이 돈을 잘 벌기 시작하면서, 반지하 단칸방에서 화장실 두 개 있는 아파트로 이사를 했다. 엄마는 역전다방 은 양을 그만뒀고, 가게를 차린다고 했다. 태춘은 내심 이제 친구들에게 당당할 수 있는 옷가게 같은 걸 바랐지만… 엄마는 '좋은 조건'으로 양주 까페를 인수했고, 물망초 은 마담이 되었다. '내 방'이 생겼고, 학원을 다니며 과외도 받을 수 있었지만, 엄마는 여전히 밤에 출근했고, 술에 취해 아침에 퇴근했다.

　모든 걸 포기하고 자신을 키워 낸 엄마 앞에서 아무 내색하진 않았지만 이제 사춘기였다.


●

　새 학기, 반장 선거를 앞둔 어느 날 담임은 태춘을 교무실로 불러 말했다.


"관례상 반장 어머니가 학부모 회장을 맡게 되는데… 네 엄마 나이가 많이 어리네?"


　바라보는 경멸의 눈빛에서 태춘은 다음 이야기들을 짐작했다. 술장사, 밤일, 마담 등으로 엄마를 묘사하는 단어가 담임의 입에서 함부로 튀어나오며 이어졌다. 담임은 명문 사립의 레벨을 걱정했고, 클래스 리더쉽은 성적만으로 얻을 수 있는 것이 아니라고 강조했다.


"반장 선거는 나가지 않겠습니다. 그리고 학교도 자퇴하겠습니다."


　노려보는 태춘의 눈빛에 담임은 "이 새끼 눈까리 봐라? 너 지금 반항하는 거야!" 예상했던 반응을 보였고, 태춘은 기다렸다는 듯이 선빵을 날리고, 의자를 들어 찍어 버렸다.

●

　병원에 드러누운 담임은 절대 합의해주지 않겠다고 했다. 유치장에 갇힌 태춘도 절대 사과할 생각이 없었다. 폭력을 쓴 죗값에 대해서는 벌을 받겠지만, 쓰레기 같은 담임에겐 용서를 구할 생각이 없었다. 유치장 안에 있으며 소년원을 다녀오면 외삼촌 밑에서 돈장사를 배워야겠다는 나름의 계획도 세웠는데…

　면회를 온 엄마가 차라리 화를 내거나 혼을 냈으면 했지만… 그러나 엄마는 아무 말 없이 울기만 했다.

　'내가 뭘 한 걸까?'

　돌아와 다시 갇힌 유치장에서 태춘은 스스로에게 화가 났다.

●

　생각에 잠겨 밤을 꼬박 새운 다음 날, 새벽. 갑자기 태도가 친절해진 형사는 삼촌에게 얘기 좀 잘해 달라며 태춘을 풀어 줬다.

　"나한테 검사 삼촌이 있는 건 몰랐네?"

　경찰서 앞에는 은용이 마중 나와 있었다. 은용은 꽁지돈을 땡겨 쓰는 노름꾼 검사(수동) 하나를 매수해 태춘을 풀려나게 했다. 태춘은 은용에게 법대를 가겠다는 결심을 얘기했다.

　"주먹으로 패 봐야 나만 손해잖아.
　검사돼서, 쓰레기 같은 놈들 싹 다 쓸어버릴 거야."

풀려난 태춘은 진짜 죽어라 공부했는데…


●

머리가 좋은 편은 아니었고, 지방대 법대에 간신히 합격했다.

그렇다고 여기서 포기할 태춘은 아니다. 대학 입학시도 하기 전부터 고시 공부를 시작했다. 법전을 외워야 하는 사법고시는 인내와 끈기, 그리고 목표를 향한 집념의 테스트가 아닌가. 몇 번의 낙방 끝에 그는 마침내 사법고시에 합격했다.

제대로 강의 한 번 들은 적 없는 지방대 캠퍼스엔 '자랑스런 동문 장태춘'의 고시 합격을 축하하는 플랜카드가 걸렸다.


●

판사, 검사, 변호사 중에 출신 학연과 상관없이 실력으로 뒤집을 수 있는 조직이 검찰이라고 들어서 검사를 선택했다. 하지만 막상 검사가 되어 3년째 형사부 말석 검사로 빡세게 구르며 내린 결론은…

검사는 '실력? 노력? 노오오오오력?' 아닌 것 같다. 명문대 학연으로 견고하게 이어진 검찰 내부의 '라인'에는 지잡대 출신 태춘이 끼어들 틈이 보이지 않았다. 매일 밤 야근하며 매스컴을 탈 수 있는 한 방 있는 큰 사건을 열심히 파헤쳐 봤지만… 윗선에선 이러저러한 핑계로 수사를 허락하지 않았다.


●

늑대 무리에 끼고 싶은 배고픈 아웃사이더 태춘에게 어느 날 익명의 제보 서류가 도착한다.

베테랑 남 계장의 도움을 받아 파헤쳐 들어간 주가 조작 사건의 배후로 사채왕 명인주 회장의 이름이 나왔다. 특수부 실세 황기석 부장 검사의 장인이다. 직속

법전

상관 박 부장과는 승진 라이벌인 것을 이용해 결재를 얻어낸 태춘은 특수부 검사를 잡고, 특수부로 가겠다는 투지에 불탄다.

겁 없이 달려든 태춘의 수사에 특수 부장 황기석은 달콤한 '회유의 술잔'을 건네 왔다. 어쩌면 다시 없을 기회 앞에서 고민하는 태춘 앞에 10년만에 돌아온 삼촌 은용이 나타나 새로운 제안을 해온다.

"짱태추이~ 내 손 잡아.
내가 너, 대한민국에서 가장 높은 검사로 만들어 줄게."

●

서울지검 7층 특수부. 그곳에 오르기를 꿈꾸는 말석 검사 장태춘, 커넥션의 술잔을 받을 것인가. 맞서 싸울 것인가.

## 명 회장
[남, 60세] _명동 사채 왕

"비지니스는 신사답게 하입시다. 쫌."

베스트 받쳐 입은 클래식 양복에 중절모 신사, 명 회장이 등장할 땐 이미 선혈이 낭자하다. 건달들에게 얻어터진 상대의 입술 피를 인주처럼 슥슥 묻혀 서류에 지장 날인한다.

기업 사채 시장의 큰 손, 명인주 회장.
명동 신사라 불리지만, 신사답지 못한 비지니스로 악명이 높다.

●

쌍팔년도 명동 사채 시장에서 바닥부터 잔뼈가 굵었다. 세월이 흐르는 동안, 몇 번의 위기가 있었으나 언제나 영리하게 변신에 성공하며 살아남았다. IMF와 닷컴 버블을 거치면서는 작전 세력의 저수지로 성장해 '사채 왕'으로 불린다.

명 회장이 돈장사에서 결코 손해 보지 않는 이유는, 무조건 돈을 버는 구조를 설계해 두고 금고문을 열기 때문이다. 모든 주가 조작은 오너와의 결탁, 혹은 묵인 없이는 이루어질 수 없다. 대주주 지분을 확보하면, 내부자들과의 공모를 통해 찍기, 꺾기, 패대기 등의 기술이 들어간다.

그의 먹잇감이 된 회사는 결국 부도 처리되고 상장 폐지 수순을 밟지만, 그의 금고엔 사실상 추적이 안 되는 십만 원권 수표가 가득 쌓인다. 그리고 이 모든 '사기적 부정 거래'는 최종적으로 수사를 덮어 주는 엘리트 검찰 권력과의 수익 공유로 완성되는데…

타이밍 탁월한 감각도, 타고난 돈복의 운빨도 아니다.

명 회장의 수익은 '탐욕의 카르텔'을 구축하고 관리한 '인과율'이었는데…

●

뒷일을 보는 성태 밑에서 은용을 데려와 쓴 첫 날부터 예감했었지만, 독립해 나가겠다는 타이밍은 예상보다 3년쯤 빨랐다. 영리하게 빨리 배우고, 사람 대하는 수완까지 좋았던 '은 실장'이 떠나는 것은 아쉬웠지만 미련은 두지 않기로 했다. 황금알을 낳는 거위가 독립하겠다면, 배때지를 갈라 마지막 황금알을 챙기는 게 그의 순리였는데…

●

발칙한 역작전으로 크게 한 방 먹이고 떠난 은용이 다시 한국에 돌아왔다는 소식을 들었을 때, 명 회장은 살짝 미간을 찌푸렸으나 이내 크게 웃었다.

그의 연대기에서 위기는 언제나 기회였다. 크게 성공해 돌아와 전 재산을 걸고 덤벼드는 은용은 만만찮은 호적수임에 분명하나, 이번엔 그놈의 배때지를 갈라 황금알을 챙기며 갚아 줄 수 있지 않을까?

설레는 마음으로 욕심이 많은 믿음직한 특수부 사위에게 전화를 건다.

## 황기석　　　[남, 43세] _특수부 부장 검사

인간의 본성은 악하다. 거짓말에 능하고 이익을 탐한다.
균형 잡힌 세상을 만들기 위해선 유능한 엘리트의 법치(法治)가 필요하다.

"혁명이 왜 실패하는지 알아? 우매한 민중은 반대할 줄만 알았지, 통치하고 운영하진 못해."

가난한 노동자의 아들로 태어나, 입시 제도의 우등생으로 자란 그에겐 확고한 신념이 있었다.

●

외고-서울 법대, 21살의 나이에 사법고시 소년급제, 연수원 차석, 법무관, 서울지검 초임 발령… 흠잡을 데 없는 엘리트 코스를 밟았고, 특수통 라인의 핵심 브레인으로 성장했다. 초임 검사 시절부터 수사가 깔끔하다는 평가를 받았고, 특히 언론을 다루는 솜씨는 일품이다. 어떤 사건을 갖다 줘도 입맛에 맞게 요리하는 능력이 탁월해 검찰 내에선 황 셰프로 불린다.

법대 시절부터 마담뚜들의 1순위 타겟이었는데, 재벌가의 혼담도 마다한 그의 선택은 사채 왕 명 회장의 딸이었다. 평소 '업자'들과는 선을 확실히 긋던 그였기에, 지저분한 접대로 유명한 검찰 스폰서 명 회장과의 혼사는 꽤나 의외였다. 숙이고 들어가야 하는 재벌가나 명문가보단 만만한 현금 부자를 파트너로 삼았다고들 수군거렸는데…

그가 진짜로 파트너로 잡고 싶었던 이는, 명 회장이 아닌 그의 딸 세희였다. 물질적으론 부족함 없이 컸으나, 뒤에서는 손가락질하는 사채꾼의 딸로 자란 그녀는 마음 속 깊은 곳에 누구보다 강력한 신분 상승의 투쟁심을 숨기고 있었다.

"당신 장인, 아직 우리한텐 필요한 사람이야. 내가 왜 당신 선택했는지 알지?"

탐욕스런 명 회장이 자본 시장에서 사고를 칠 때마다, 그녀는 그를 진정시켰고, 또한 긴장시켰다. 대검, 법무부, 청와대까지의 입성을 목표로 한 그에겐 누구보다 이상적인 파트너. 헤어스타일 하나까지 세심하게 신경 쓰며 조금의 흐트러짐도 없이 그를 메이크업해 주는 그녀를 진심으로 사랑한다.

그놈들이 나타나기 전까진, 그랬다.

●

3년 전. 윗선의 뜻에 따라 리드미컬한 실력을 발휘해 요리했던 사건이 그의 발목을 잡으려 한다. 예습 복습을 철저히 했다는 모범생 준경은 격한 복수심으로 목숨 걸고 달려들었고, 지잡대 출신 주제에 큰 사건 한 방으로 뜨고 싶은 말석 검사 태춘은 겁도 없이 덤벼들었다.

괜찮았다. 만만치 않으나, 약점을 알기에 어렵지 않은 상대들이다. 그런데 그들의 '편'이라며 나타난 돈장사꾼 은용. 그놈의 변칙 플레이가 상당히 까다롭다. 불의의 일격을 당해 대분노했으나, 이내 냉정을 되찾고 잔인한 반격을 준비한다.

적에게 보낼 존경 따윈 없다. 지독한 싸움이라면, 더욱 질 수 없는 승부다.

## 함진

[여, 44세] _서부지검 형사부 부부장 검사

기석이 차석을 했던 해의 '연수원 기수' 수석이 함진이다.

무려 임신한 몸으로.

검사로서의 라인이 결정되는 3학년(*9년차, 세 번째 발령지를 의미하는 검찰 은어) 인사 발령지인 서울지검에서 기석과 다시 만났다. 기석은 수사의 꽃이라는 특수부였고, 그 사이 둘째까지 출산하느라 경력이 고르지 못했던 그녀는 형사부였다. 다시 만난 기석이 동기의 출산과 육아를 배려해 수사를 도와줄 때까지만 해도 꽤나 '나이스한 놈'이라 생각했는데…

우는 아기 달래 가며 석달 열흘을 날밤 까서 수사했던 비리 사건을 특수부가 뺏어 갔을 땐 진심 빡이 쳤다. 고위 관료가 수사 대상인 사건이라 특수 수사의 영역이라는 명분이었는데… 이건 도와주겠다며 수사 정보를 빼낸 기석에게 맞은 통수가 분명했다.

수사라도 제대로 해라… 싶었지만 불길한 예감은 어김없었다. 기석이 수사한 기소장엔 몸통은 빠지고 꼬리만 요란하게 엄벌에 처해 있었다. 그놈 자식 뚝배기를 깨겠다, 흥분한 그녀를 억지로 진정시킨 건 뱃속에 들어선 셋째였다.

맞서 싸우기에 세 아이의 엄마는 바빴다. '육아 휴직'은 한참 잘못된 명칭이라는 게 평소 그녀의 지론이다. '군 복무'처럼 '육아 복무'로 명칭을 바꾸고, 훈장과 가산점 제도도 도입해야 함이 마땅하다. 세 아이를 키워 내는 '애국' 중인 그녀는, 그럼에도 항상 세상 돌아가는 뉴스는 잊지 않고 챙겼는데…

법대 후배였던 준경이 찾아왔다.

"기회는 지금 뿐이고, 말을 사람은 선배 밖에 없는 사건이에요."
"누군데? 부모 죽인 원수라도 잡는 사건인거야?"

"선배 동기요. 선배 뒤통수치고 출세한."

"…그 개 썩어 죽을 새끼 황기석?!"


뽀로로에게 부끄럽지 않은 나라를 위해, 유모차를 끄는 검사 엄마는 서초동으로 출격한다.


## 윤 대표     [윤혜린 / 여, 52세] _블루넷 대표, 준경의 어머니


호스피스 요양원에서 마지막을 준비하겠다는 남편에게 "존엄하게 사는 삶은 있어도, 존엄하게 죽는 것 따윈 없어!"라며 화를 냈던 그녀였기에… 스스로 목숨을 끊은 선택은 모두에게 충격이었다.

대학 시절, 민주화 투쟁의 마지막 시절을 보냈던 그녀는 공학도였던 남편과 결혼하면서 벤처 사업가로 변신했다. '우리 사주' 제도를 도입해 직원들과 수익을 공유하며, 진취적인 열정으로 회사를 키워 나갔는데… 정치인이 된 손 장관과의 인연으로 음모의 희생양이 되었다.

은용에게 맑은 하늘 같았던, 기억하기에 유일하게 좋은 '어른'이었던 그녀는, 바닥까지 떨어져 독방에 갇힌 채 절망하는 은용의 앞에 나타나 슬픈 미소로 농담을 건넨다.


## 명세희     [여, 34세] _요리 연구가, 기석의 아내


출생으로 획득한 '사채 왕 명 회장의 딸'이란 신분은 그녀에겐 무제한의 한도를 지닌 블랙카드이자, 재벌가 로열패밀리들과는 근본을 구분 짓는 낙인이었다. 돈으로 살 수 있는 모든 교양과 품위로 스스로를 포장했으나, 충분하지 않았다. 대한민국 어떤 부동산이든 살 수 있는 재력의 아버지였으나, 그녀가 원하는 집의 주소는 '세종로 1번지'.

맞선에서 만난 기석과 한 시간쯤 대화해 보고, 그의 꿈 역시 청와대임을 알았다. 남자를 만나 설렌 것은 태어나 두 번째였다. 처음으로 그녀를 설레게 했던 '은 실장' 은용에겐 없었던 마음의 빈자리가 있었고, 기꺼이 사랑을 시작했다.

얻어야 할 것이 있다면, 버리는 것엔 익숙하다.

아버지도 예외는 아니다.

## 남 계장 [남상일 / 남, 55세] _베테랑 검찰 수사 계장, 태춘의 파트너

정년퇴직을 앞둔 그의 검찰에서 수사 이력을 적어 보면, 그대로 대형 금융 범죄 수사의 연표가 완성된다. 매사 시큰둥한 태도와 달리, 맥을 짚는 수사는 감각적이고, 정치적 판단은 예리하다. 황기석과의 악연으로 특수부를 그만두고 월급 루팡으로 지냈으나, 태춘의 열정 앞에 느리게 기지개를 켠다.

## 홍한나 [여, 43세] _'체이지' 사모펀드 대표, 은용의 파트너

워싱턴 로비스트 출신으로 한국 자본 시장에서도 정재계의 넓은 인맥을 자랑하는 그녀는 '홍 선생', 혹은 '홍마담'이라 불린다. 탁월한 로비력에 비해, 투자는 했다 하면 마이너스의 손이었던 그녀는 은둔형 투자자인 은용과는 서로를 보완해 주는 최고의 파트너다.

## 은지희 [여, 47세] _전직 마담, 은용의 누나이자 태춘의 엄마

은용의 표현에 따르면, 형 부럽지 않은 누나다. 고아로 버려진 남매의 소녀 가장답게 돈 버는 일은 뭐든 했지만, 자존심은 절대 잃지 않았는데… 평생 술을 마셔 돈을 벌었던 그녀는 태춘이 사법고시 합격한 날, 알코올성 치매 판정을 받았다. 과거의 기억 속에 사는 그녀의 세상에는 아들 태춘과 동생 은용이 전부다.

## 이수동 [남, 48세] _평검사 출신 변호사, 명 회장의 파트너

부장 검사도 못 해보고 도박과 음주 운전으로 옷을 벗었으니 대단한 전관은 아니었으나… 주가 조작 세력의 '설거지꾼'으로 실력을 인정받는 기업 전문 변호사. 양아치 근성의 쾌락주의자인 그는 명 회장은 존경하고, 은용은 좋아한다. 나이가 들어 새치가 나기 시작하자 은발로 염색해 버린 헤어스타일로 '은갈치'로 불린다.

## 이진호 [남, 43세] _자본 시장 건달, 은용의 소년원 친구

은용과는 주로 어두운 곳에서의 인연이다. 어린 시절 소년원에서 같은 방을 썼던 사이로, 수컷들의 기싸움에서 밀린 뒤로 친구인 은용을 늘 요장이라 부른다. 소년원을 나와서는 은용과 함께 주먹 세계에서 크게 뜨고 싶었으나, 성태의 꾐에 빠져 마약에 손 댄 이후로 인생이 꼬여 버렸는데… 십년 만에 돌아온 은용과는 이제 적이 되어 맞선다.

## 백 의원  [백인수 / 남, 58세] _검찰 출신 여당 3선 국회의원

공안 검사 출신으로 3선의 여당 중진 국회의원. 한때는 킹메이커였던 그는 당대표까지 노렸으나, 계파 싸움에서 밀리며 이제는 지역구를 지키기에도 급급한 퇴물 호랑이 신세. 주가 조작 사건의 여론을 돌리기 위한 기석의 먹잇감이 될 만큼 여당에서도 버린 카드가 되었는데… 돈장사꾼이라 스스로를 소개하는 은용이란 놈이 나타나 새로운 활로를 제시하자, 탐욕스런 노괴의 눈빛은 다시 반짝이며 빛난다.

## 오 대표  [오창현 / 남, 60대] _검사장 전관, 현 GM 뱅크 대표

특수통 출신으로 서울지검장까지 역임하고 검찰총장 직전에 옷을 벗은 검사장 급 전관. 노회한 권모술수로는 백 의원 못지 않으나, 아무리 돈을 뿌린다 해도 민심의 마음을 사야 하는 선거에서는 번번이 고배를 마셨다. 주가 조작 사건의 주범으로 지목되는 악재까지 터지자, 오랜 스폰서인 명 회장과 특수부 후배 기석에 대해 내심 불만이 가득한데… 솔깃하게 다가오는 은용의 제안을 덥석 물고 장밋빛 미래를 꿈꾼다. 그러나 명 회장의 음모로 장미는 핏빛으로 물들었다.

## 이영진
[남, 41세] _특수부 수석 검사, 기석의 심복

자타공인 황기석의 오른팔. 동기들 사이에선 '제2의 황 셰프'라 불리지만, 모르고 하는 소리들이다. 그가 옆에서 겪은 황기석 선배는 절대 따라할 수 없는 괴물이다. 주제 파악 확실한 그는 '제2의 황기석'이 아니라, '황기석의 2인자'로 끝까지 남을 생각이다. 그 자리가 훨씬 높다.

## 김성태
[남, 49세] _자본 시장 건달, 명 회장의 오른팔

갈 곳 없는 소년원 출신 양아치들을 데려다 세를 불리는 삼류 건달이었으나, 명 회장을 스폰으로 잡아 세를 키웠다. 잔인한 성격 때문인지 멍청함 때문인지 일을 해결하는 방식의 순위는 주먹, 여자, 그리고 마약이다.

## 박 부장
[박정수 / 남, 43세] _형사5부 부장 검사, 태춘의 직속 상관

검사의 수사에는 사심, 사리사욕, 사생활. '사' 자가 들어가면 안 된다는 대쪽 같은 형사 부장!…처럼 보이지만, 속으로는 손익의 계산기를 끊임없이 두드리며 그에 따라 행동한다. 다른 이들은 아무도 둘을 라이벌로 생각하지 않으나, 본인만은 황기석을 승진 라이벌이라 생각해 늘 의식하는데… 태춘이 물어 온 사건을 계산기 두드려 본 결과, 답이 나왔다.

## 손 장관 [손승진 / 남, 55세] _전 중소벤처기업부 장관, 현 야당 정치인

도지사 선거에서 부동의 지지율 1위였으나, 뇌물죄 스캔들에 시달리며 출마를 포기했다. 대학 시절의 동지이자 연인이었던 윤 대표(준경 모)가 무죄를 받았으나 스스로 목숨을 끊는 선택을 했을 땐, 치밀어 오르는 분노를 누르며 그녀의 유언대로 일단 물러섰는데… 그리고 3년. 복수를 설계한 그녀의 딸이 찾아왔다.

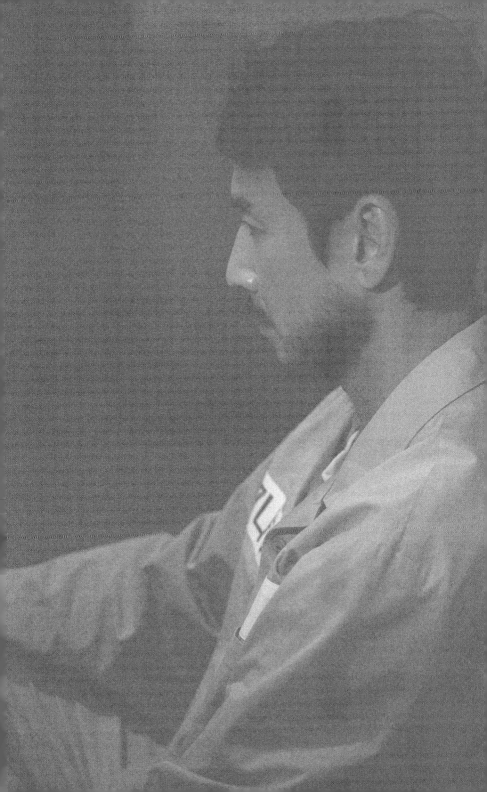

# 주인이 누군지 갈쳐 줄게

대형 펀드인 '바우펀드'를 설립한 명 회장은
기석 몰래 주가 조작을 펼친다.
정계 진출의 행보에 명 회장의 존재가
거슬리기 시작하는 기석.
둘 사이의 균열에 파고든 은용은 기석에게
거절할 수 없는 제안을 한다.

S#1.        (과거) 코인 야구장 (낮)

            일각에 앉아 경제 신문의 기사를 골똘히 보고 있는 은용이고…
            진호는 철망 너머 배팅 박스의 어린 태춘을 보고 있다. '틱! 틱!'
            알루미늄 배트를 휘두르는 어린 태춘은 맘처럼 잘 맞지 않는다.
            (아래, 자막) _1998년


진호        어깨 너무 빨리 열린다~ 그럼 공 끝까지 못 본다 했지?

어린 태춘    (이 악물고 노려보며 자세 바꾸는… 휘두르면, '깡!' 제대로 날리는)

진호        그러치~

어린 태춘    (다시, 깡!)

진호        좋아, 짱태추이~ 그 느낌 기억하고~ 무릎 더 낮춰야지~


            신문을 접고 다가와서 선 은용… 코치하는 진호에게 진지하게
            묻는다.


용          어때? 바람의 아들 이종범은 될 거 같아?

| 진호 | 아니. 그냥 공부 시켜. |
|---|---|
| 용 | (…) |
| 진호 | 근데 요장은 뭐 소스 들은 거 없어? |
| 용 | 소스? |
| 진호 | 성태 형 보면 명 회장 작전하는 소스 들고 와서 주식으로 뒷돈 좀 챙기던데. 그런 거 있음 우리도 가자~? |
| 용 | (흠… 곰곰한 얼굴에서…) |

**S#2.** **(과거) 증권감독원 건물 전경 (낮)**

'증권감독원'(現 금감원의 전신) 명패 보이는… 건물 앞 도로 일각에 세워진 세단 보이고…

**S#3.** **(과거) 증권감독원 앞 도로, 명 회장의 세단 안 (낮)**

창밖을 주시하는 운전석의 은용과 뒷좌석의 명 회장인데…

| 명 회장 | 뿔테 절마데이. |
|---|---|

건물에서 나오는 뿔테 안경 공무원 보이고…

**S#4.** **(과거) 증권감독원 앞, 일각 벤치 / 명 회장의 세단 쪽 (낮)**

벤치에 앉아 담배를 피우는 뿔테 안경 공무원인데…

| 용 | 명동제과에서 배달입니다. (옆으로 케이크 상자 하나 놓으면) |
|---|---|
| 뽈테 | (상자 안의 돈다발 확인하는) |
| 용 | (이번엔 피처 폰 건네며 일각 눈짓하면) |

도로 일각의 세단 옆에 선 명 회장이다. 멀찍이 떨어져 통화하는 명 회장과 뽈테 안경 공무원이다.

| /명 회장 | 묵호건설이 유니비엔티 합병 갑니까? |
|---|---|
| 뽈테 | 딜 끝나서 저희 쪽에 접수 됐습니다. 보통주 하나에 쩜오 워런트. |
| /명 회장 | 리픽싱 한도는예? |
| 뽈테 | 발행가 90%요. |

옆에서 곰곰이 듣고 있는 은용에서…

## S#5.    (과거) 초등 태춘의 아파트 (밤)
싸늘한 눈빛으로 은용 앞에 대출 통지서를 꺼내 놓는 지희다.

| 지희 | 이게 뭐야? 이 집으로 담보 대출 받은 거야? |
|---|---|
| 용 | 아~ 잠깐 급하게 목돈이 필요해서. |
| 지희 | 네가 산 집이라고 네 맘대로 하는 거야? |
| 용 | 아니, 말을 왜 그렇게 해~ 그런 거 아니야. |
| 지희 | 노름하니? |
| 용 | 아니야~ 주식에 투자 좀 했어. 소스 확실한 정보니까 걱정 마. |

**7화**

| 지희 | 아~ 소스가 확실해? |
|---|---|
| 용 | 이거 작전주라 서너 달 안에 크게 먹고 빠질 거야. 걱정하지 마. |
| 지희 | 먹긴 뭘 먹어. 내가 술집에서 주식으로 인생 조진 인간들을 한두 명 본 줄 알아! (울먹) 너 어떻게 이 집을 건드릴 생각을 해? 그래, 나야 천한 년이라 아무데서나 살아도 되는데, 우리 태춘이, 우리 태춘이는 그렇게 키울 수 없잖아? |
| 용 | … |
| /용 | (na) 반드시 이겨야 하는… 내 인생 첫 번째 배팅이었다. |

**S#6.** **(과거) 은용의 옥탑방 전경 (아침)**

(자막) _한 달 후… 아침을 맞은 은용의 옥탑방 전경 보이고…


**S#7.** **(과거) 은용의 옥탑방 (낮)**

자고 있는 은용인데… 누군가 와서 구둣발로 목을 '컥!' 누르는!!

| 성태 | 야이 씨방새야, 넌 알고 있었지! |
|---|---|

덩치들과 함께 등장한 잔뜩 열 받은 성태인데…

| 용 | 뭐, 뭘요?! (켁켁 거리며 보면) |
|---|---|
| 성태 | 회장님 옆에서 모시니까 넌 정보 먼저 들었을 거 아냐! 묵호건 설 주식이 왜 폭락한 건데!! |

| 용 | !!? 네!? 폭락이요?! |
|---|---|
| 성태 | 하~ 씨바… 이 새끼도 몰랐네. 시간외 거래로 한강증권에 회장님 물량 전부 털었어! |
| 용 | !! |

**S#8.** **[과거] 은용의 옥탑방, 마당 [석양]**

옥탑방 일각에 걸려 있는 샌드백을 죽어라 쳐대는 은용의 땀범벅인 얼굴인데…

소주병 사 들고 등장하는 진호다.

| 진호 | 그래, 치라 치~ 마, 다 뿌아뿌라~ 아니 근데 내 돈 날린 건 글타치고, 지희 누나 아파트 담보 잡은 돈까지 싹 다 날린 기가? |
|---|---|
| 용 | … |
| 진호 | (소주병 쓰게 나발 불고) 뭐 같네… 재수 없는 새끼는 자빠져도 똥밭에 구른다더만. |
| 용 | (헉헉… 수건으로 땀 닦으며 일각으로 가는) |
| 진호 | (캬~ 또 한 모금 쓰게 마시고) 명 회장 그거 너무 독종 아이가? 바로 옆에서 운짱하는 요장까지 속이 묵노? 그게 인간이가? 씨… |

은용이 일각에서 가져온 더플백 하나를 진호 앞에 던져 놓는다.

| 진호 | 이기 뭔데? |
|---|---|
| 용 | 네 똥이다 새끼야~ (유쾌하게 외치며 지퍼 쫙 열면) |

가방 안엔 현금 다발 가득하다!

| 진호 | !?? 뭐고 이기? 명 회장이 니는 챙겨 주드나? |
|---|---|
| 용 | 그럴 리가 있겠냐? 어? |
| 진호 | 그럼 이 돈이 어디서 난 긴데? |
| 용 | (빙긋) 네 돈, 내 돈, 누나 돈까지 싹 다 담그고 며칠 안 지났을 때… (장면 전환) |

**S#9.**  **[과거 / 플래시백] 명 회장의 사채 사무실 [낮]**

명 회장과 성태, 쩐주 여사들이 식사를 마친… 배달 중국요리 그
릇 치우는 은용인데…

| 명 회장 | (통화하는) 묵호건설은 워런트 쩸오 간다카이~ 하모요, 정보는 학 실하지~ |
|---|---|
| | +걱정을 마라 고마. 니도 내 손해 보는 작전은 하지도 않는 거 잘 알잖아. 증권사 에서 묵호건설 합병 건으로 그래프 학~실하게 띄워 줄끼다. |
| /용 | (E) 명 회장이 성태형 하고 쩐주 여사들 앞에서 떠드는 얘길 듣 는데… |

순간 소름 돋은 굳은 표정으로 명 회장을 보는 은용의 얼굴 위로.

| /용 | (E) 갑자기 소름이 쫙 돋았어. |
|---|---|
| /진호 | (E) 왜? |

명 회장이 떠드는 통화 소리에 저마다 눈빛을 반짝이는 성태와
쩐주 여사들인데…

/용           (E) 시금 떠드는 얘기가 진짜 정보면, 이렇게 대놓고 떠들 리가
              없잖아.


## S#10.        (과거) 은용의 옥탑방 (밤)

진호          어쨌든 묵호건설로 작전하는 건 맞잖아?
용            종목이 뭔지도 중요하지만, 주식이란 게 결국 팔아야 돈이잖아?
              이런 작전주는 매도 타이밍 놓치면 한순간에 휴지 조각 되는 거
              거든.
진호          그건 맞지.
용            늦기 전에 돈 빼고 접어야 하나, 고민 빡세게 들어갔는데…
진호          근데?


## S#11.        (과거 / 플래시백) 명 회장의 사채 사무실 (밤)
              어둑한 사무실 안의 은용… 고민에 빠진 모습 위로.

/용           이렇게 물러서면, 앞으로도 돈이란 놈을 이길 기회가 없어질 것
              같더라고?

사무실 불을 '탁!' 켜는… 굳은 눈빛의 은용에서.

(시간 경과)
명 회장의 장부들 쌓아 놓고… 분석하는 은용의 모습에서…

/용　　그래서 그때부터 매일 밤, 명 회장이 내부 정보 빼내서 작전한
　　　　종목들의 수익 실현 시점을 전부 분석하기 시작했고…


## S#12. 　[과거] 은용의 옥탑방 [밤]

용　　　내가 찾은 목표가대로 어제 아침에 명 회장보다 먼저 팔았지.
진호　　와… 역시 우리 요장 믿습니다~ 직이네!!~ (입 '쩍!' 벌어져서 엄지 척!)
용　　　(픽… 웃으며 진호의 손에 들려 있던 소주병 뺏어 들고)

일어선 은용은 병나발 불며 아슬한 난간으로 올라가 선다.

진호　　마 어디 올라가노! 위험하니까 내리와라!
용　　　위험하니까 올라가는 거야 새끼야. (휘청하면) 야, 진호야. 난 돈을
　　　　많이 벌 거야. 겁나 많이 벌 거다!!! (소리 지르는 모습에서… / 장면 전환)


## S#13. 　구치소, 낡은 독방 / 앞 복도 [밤]
　　　　벽과 장판에 물이 새고 곰팡이가 잔뜩 핀… 매우 낡고 상태가


　　　　　　　　　　　　　　　　　　　　　법전

안 좋은 독방.

생각에 잠겨 앉아 있는 은용인데… 이때, "4816, 출정!" 소리와 함께 독방 문 열리며…


권주임    아우~ 냄새… 돈도 많은 범털 양반이 지내시기 불편해서 어째…
         (비릿한)
용        … (무시하고 나서는데)
권주임    어뜨케, 이따 밤에 나하고 믹스커피 아이스로 시원~하게 한 잔
         할까요? (은근한데)
용        (무표정한)
권주임    그래봐야 본인만 고생일 텐데…



S#14.    **고급 일식집 앞, 거리 (밤)**

         거나하게 술에 취해 나오는 명 회장과 수동, 그리고 이 회장이
         다. 앞으로 서는 세단들이고…


명 회장   오늘 기분 째집니다~! (이 회장 보고) 회장님요, 고마 싸랑합니데이~
이 회장   아닙니다, 아닙니다. 저야말로 앞으로도 사위 분께 잘 좀… 허허
         허허.
명 회장   하모예, 하모예. 인자 우리는 식구 아입니까~
수동      충성 충성~
이 회장   그럼 우리 회장님만 믿고, 전 들어가 보겠습니다~ (세단에 오르는)
명 회장   살피가이소~



**7화**                                                          43

명 회장과 수동의 인사를 받으며 이 회장의 세단이 출발하는 모
습 보이는데…


**S#15.** **고급 일식집 보이는 태춘의 차 안 / 앞 도로 (밤)**

차 안에서 지켜보는 태춘이다.

(인서트 / 일식집 앞 거리) 이 회장에 이어 명 회장도 세단을 타고 떠
나면…

수동은 발렛남에게 키 받으며, "대리 언제 온대?" "곧 도착합니
다." 기다리는 수동인데…

태춘의 시선으로 사이드 미러에 폰 보며 걸어오는 전대 가방 맨
대리 기사 보인다.

차 문 열고 나간 태춘이 대리기사 앞을 막아서면서.


태춘       1458, 일식집 대리 콜 따셨죠?

대리 기사   ?? 누구세요?


경계하며 보는 대리 기사에게 5만 원권 두 장 들이미는 태춘인
데…


**S#16.** **달리는 수동의 세단 안 (밤)**

모자 눌러쓴 태춘이 운전하고, 뒷좌석엔 담배 피며 통화 중인 수
동이다.

| 수동 | 어, 지금 가고 있어. 형 10분이면 가. 오늘은 손맛도 보고, 판돈 싹 쓸어 줘야지~ |
|------|------|
| 태춘 | … (슬몃 룸 미러로 보는데) |
| 수동 | 뭐? 이진호가 이 와중에 약 달랜다고? 하~ 뽕쟁이 새끼 진짜… (하다가) |

문득, 운전석의 대리 기사(태춘)가 의식돼 슬몃 보는 수동인데…
묵묵히 앞만 보고 운전하는 마스크 태춘이고…

| 수동 | 알았어, 알았어. 달라는 대로 보내 줘. 물건값은 내가 회장님하고 얘기할게. |
|------|------|
| 태춘 | … (운전하는 굳은 눈빛에서…) |


## S#17.  변두리 룸살롱, 룸 안 (밤)

글라스에 양주 '콸콸!' 따르며 통화하는 진호다. 옆으로 보이는
아가씨는 마약 주사기를 꺼내는…

| 진호 | 필리핀 가는 배는 뭐 어찌 된 기고? |
|------|------|
| /창해 | 다음 달 첫째 주 화요일 출발입니다. |
| 진호 | 시간 드릅게 안 가네. (양주잔 쭉 비운 팔뚝, 아가씨에게 맡기고) 다음 주 배달 올 땐 한 300그람 갖고 와 뿌라. |
| /창해 | 그렇게 많요? |
| 진호 | 약값은 회장님이 챙기 준다 안 하나! |

아가씨가 마약 주사를 놓자, 눈빛 풀리는 진호의 모습에서…

**S#18.**   **폐업한 나이트클럽, 불법 도박장 안 (밤)**

나이트클럽 홀을 개조한 불법 도박장을 돌아다니며 통화하는
도박장 건달은, 유창해(남, 33)…
구치소에서 성태의 오른팔로 붙어 다니던 그놈이다!

창해       알겠습니다, 형님. 배달 때 뵙겠습니다. (전화 끊는데)


무전기 찬 건달 놈이 다가와.

건달1      은갈치 형님 도착하셨습니다.
창해       VIP테이블에 자리 빼났지? (바쁘게 입구로 향하는 모습에서)


**S#19.**   **유흥가 뒷골목, 폐업한 나이트클럽 건물 앞 (밤)**

태춘이 운전하는 수동의 세단이 폐업한 나이트클럽 앞으로 멈
춰서면, 무전기 찬 건달2가 달려와 뒷문 연다.

창해       오셨습니까 행님!
수동       어, 창해~ 형님이 빨리 온다고 했잖아~
창해       넵, 세팅 다 해놨습니다.
수동       오케이~ 굿 럭 에블바리~ (기분 좋게 안으로 향하고)

운전석에서 내린 태춘이 건달2에게 차 키 맡기며 슬쩍 묻는다.

태춘      여기 뭐 하는 뎁니까? 나이트는 망한 거 같은데.

건달2     대리 아저씨, 타임비 땡겼으면 그냥 가요~ 호기심 많으면 오래
         못 살아. (인상 '팍!')

태춘      아, 예… 수고하세요~

돌아서 가는 태춘은 핸드폰 확인하는 척 하며 셀카 모드로 나이
트 건물 사진 찍는데…


S#20.    **편의점 (밤)**
         집에서 입는 복장으로 들어온 남 계장이 둘러보면, 일각에서 컵
         라면 먹고 있는 태춘이다.

남 계장   아니, 이 시간까지 밥도 안 먹고 뭐 합니까?

태춘      지금 먹잖아요.

남 계장   그걸로 저녁이 돼요?

태춘      (후루룩 씹으며) 여기 뭐 하는 덴지 아십니까? 명 회장 변호사 다니
         는 덴데.

폐업한 나이트클럽 사진 보여 주면.

남 계장   이수동이 다니는 데면 김성태 쪽 애들이 관리하는 도박장이겠죠.

| 태춘 | 사진하고 주소 보낼 테니까, 내일 출근하시면 정보 좀 따 주세요. (톡 보내는데) |
|---|---|
| 남계장 | 검사님 진짜 계속 이럴 거예요? |
| 태춘 | 저 검사 아니잖아요. 정직 중이라. |
| 남계장 | 검사 아니면 더 이러면 안 되지. |
| 태춘 | 박 선배 그렇게 된 거, 제 잘못입니다. |
| 남계장 | 아니 그게 왜 검사님 잘못입니까? 사람 찌른 깡패 새끼가 나쁜 겁니다. |
| 태춘 | 그 깡패한테 돈 주고 시킨 새끼, 권력으로 그 뒤 봐주는 힘 있는 새끼, 그런 놈들을 법으로 못 잡은 검사니. 제 잘못이 맞습니다. |
| 남계장 | … 그렇게 검사로 잘못한 걸 배트맨 흉내 낸다고 해결이 됩니까? |
| 태춘 | 뭐라도 하는 겁니다. 제 책임 있으니까… 그래서 뭐든!… 해 보는 겁니다. (울컥… 누르며, 붉어진 눈으로) 좀 도와주십쇼. |
| 남계장 | (아휴… 한숨 푹 쉬며 안쓰럽게 보는 모습에서) |


### S#21.   서부지검, 조사실 (밤)

덥수룩한 수염의 묵묵한 눈빛… 은용과 마주 앉은 담당 검사 함진인데…

| 진 | 황기석이죠? |
|---|---|
| 용 | ?! |
| 진 | 당신 누명 씌우고, 우리 준경이 저렇게 만든 놈이 황기석 맞잖아요? |

| 용 | !? |
|---|---|
| 진 | 7년쯤 전에 기석이한테 통수 맞아 사건 날리고, 그 스트레스로 뱃속의 첫 아이가 위험했는데… 그때 5개월을 매일 야근하며 제 사건까지 맡아 준 게 형사부 말석이던 준경이였죠. |
| 용 | … |
| 진 | 그리고 진짜 몇 년만이야, 얼마 전에 준경이가 은용 씨 사건으로 절 찾아왔는데, 그날 좀 안 좋게 헤어졌어요. 그리고 다음 날 험한 일 당했고… (울컥…) |
| 용 | … |
| 진 | (추스르고) 그래서 나요, 은용 씨 사건, 두 번 세 번 볼 거, 열 번 스무 번씩 보면서 매일 밤 야근 중입니다. 그러니까 내 앞에선 진술 거부권? 그딴 건 개나 주고 서로 협조합시다. 그쪽이 선임한 비싼 변호사보다 내가 더 그쪽 편인 거 같은데. |

눈시울 붉은 함진… 그런 함진을 가만히 보는 은용의 모습에서…


S#22.    (몽타주)

- 태춘의 오피스텔… 현관으로 들어서는 태춘이다. 불을 '탁!' 켜면, 방 안 가득한 사진 자료들…
검사실의 보드판을 옮겨 놓은 듯, 명 회장 / 황기석의 하수인 '이진호'를 추적하는 자료들로 가득한…
새로 추가한 도박장 등의 사진을 출력해 붙이며 몰두하는 태춘…

- 편의점 파라솔… 퇴근한 함진은 맥주 한 캔을 따서 마시며 먹먹한 눈빛…
- 준경의 입원실… 평화롭게 잠든 듯 누워 있는 준경…
- 낡은 독방… 천장에는 밤새 켜 있는 전구를 적당히 가린… 어둑한 독방에 누워 뜬 눈으로 생각에 잠겨 있는 은용의 모습에서…


S#23.    (다음 날) 검찰청 전경 (아침)
         검찰청 전경 보이고…


S#24.    검찰청, 주차장 (낮)
         호송 버스에서 내리는 은용… '중앙지검' 건물을 보고 교도관1에게 묻는다.

용        서부지검 출정 아닙니까?
교도관     (수번 보고 체크판 보더니) 4816은 사건 병합됐어요.
용        !!


S#25.    특수부, 기석의 부장검사실 /
         서부지검, 주차장에서 일각 게시판 앞 (낮)
         출근한 기석이 가방을 내려놓고 울리는 전화를 받는데…


**7화**                                                    51

| /진 | (F) 야 황기석! 너 이 새끼 지금 나하고 한 판 떠 보자는 거야! |
|---|---|
| 기석 | (귀 따가운…) |

/주차장에 거칠게 차를 세운 함진이 문을 '쾅!' 닫고 내리며 소리 질러 가며 통화한다.

| /진 | 서부 관할, 그것도 형사부 살인 사건을 중앙 특수부가 왜 뺏어가는데!! |
|---|---|
| 기석 | 그걸 왜 나한테 물어. 사건 배당은 대검 관할이잖아. (무심히 컴퓨터 확인하는) |
| /진 | (걸어가며) 지랄!! 대검이 특수부 관할이겠지. 너한테 내가 한두 번 당해! 됐고, 지금 당장 사건 원위치 안 시키면 기자들 끌고 네 방 쳐들어갈 거니까 딱 기다려. |
| 기석 | 뭐 오해가 있나 본데, 넌 그 사건 절대 못 맡아. 인사 발령 뜬 거 확인해 봐. |
| /진 | 아~ 이번엔 아예 인사 발령을 내셨어? 경치 좋은 바닷가니, 공기 좋은 산골이니? 대한민국 어디 구석으로 좌천인데! |

/씩씩거리며 일각 직원들 모여 있는 게시판으로 가는데. 함진이 등장하자, 길 터 주며 박수치는…

| /수사관 | 검사님, 영전 축하드립니다~ |
|---|---|
| /직원들 | 축하드립니다~ |
| /진 | !?! (다가가서 보면) |

/게시판에는 '인사 명령: 함진(43, 26기)을 부장 검사(인천지검 형사2부)로 승진 발령함.'

| | |
|---|---|
| 기석 | 함진 부장님. 승진 축하드립니다? |
| /진 | (주변 직원들의 박수 속에 복잡한 표정으로 게시판 노려보는 얼굴에서…) |


**S#26.** **특수부, 조사실 (낮)**

조사실에는 굳은 표정으로 앉아 있는 은용… 맞은편엔 이 검사가 신문 중이다.

| | |
|---|---|
| 이검사 | 김 총장님, 그러니까 4816 변호인께서는 목공장 사건의 유죄는 인정하고, 살인의 고의성 없는 상해 치사를 주장하셨는데, 4816도 동의합니까? |
| 용 | … (노려보는 얼굴에서) |

/거울 방. 기석이 김 변호사와 나란히 서서 지켜본다.

| | |
|---|---|
| 김변호사 | 서부지검 가는 길이 좀 막혀야지. 두 군데 다닐 거 하나로 몰아주니 좋네. |
| 기석 | 총장님 변호신데 제가 당연히 신경 써야죠. |
| 김변호사 | 근데 사건 병합하자고 함진이 승진 발령까지 낸 거야? |
| 기석 | 함 검사 성격 아시잖아요. 어설프게 재배당당했다간 기자들한테 난리칠 게 뻔하잖습니까? |

| 김 변호사 | 역시 황 부장이 일처리는 깔끔해. 하하하하. |
|---|---|
| 기석 | 아, 그리고 이거… (하며 봉투 건네는) |
| 김 변호사 | 뭔가? |
| 기석 | 갖고 계시면 막내따님 시집보내실 때 강남에 아파트 한 채 값은 될 겁니다. |
| 김 변호사 | 그래? |

김 변호사가 열어 보는 봉투 안에는 '바우펀드 가입 증서' 보이는데… (장면 전환)


**S#27.**     **(앞 씬에 이어.) 강남 테헤란로, 초대형 3D 광고판 (낮)**

파도치는 3D 효과에 이어, 시작되는 현란한 3D 버전 '바우펀드' CF…

"안전한 자산 관리를 원하는 당신을 위한 재테크 노하우.

3년 연속 신뢰도 1위 남산은행이 보증하고, 남산증권이 관리하는, Buy Now, 바위처럼 단단한 바우펀드."


**S#28.**     **컨벤션 센터, 홀 로비 (낮)**

'바우펀드' 포스터와 배너들… 각종 축하 화환들로 가득한 '바우펀드 출범식' 열리는 홀 로비.

코사지 꽂은 정장 차림의 명 회장과 세희, 수동, 이 회장 등이 테이프 커팅 하며 포즈 취하는 모습에서…

S#29.    **구치소, 특별 면회실 (낮)**

면회 온 한나와 마주 앉은 은용인데…


한나    한 달만인가? 얼굴 많이 상했네…

용      준경이는?

한나    아직.

용      …

한나    의료진들은 국내 최고로 팀 짜서 붙였는데, 지금은 기다리는 것
       말곤 방법이 없대.

용      알아. 돈으로 안 되는 일이란 거. 그래도(O.L)

한나    돈으로 할 수 있는 뭐든 다 할 거야. 걱정 마.

용      (끄덕이더니…) 네가 해 줄 일이 하나 있어.

한나    뭐든. 안에서 지내기 편하게 교도소장 만나서 작업 좀 할까? 아
       님, 법무부 교정 국장?

용      쓰기 좋은 놈 하나면 돼. 딱 맞게 봐 둔 인간이 하나 있어. 이 안
       에.

한나    누군데? 이름만 알려 주면 내가 밖에서 확실히 작업할게.

용      아니, 이런 놈들은 돈부터 주면 버릇 나빠지고… 우리 펀드 캐나
       다 브런치 통해서 처리하면 되는 일이야.

한나    뭔데?

용      (서늘한 눈빛에서…)



S#30.    **남산은행, 외환 창구 (낮)**

사복 차림의 권 주임이 캐나다 아내에게 외환을 송금 중이다.


직원1    송금액 만 이천 캐나다 달러, 맞으시죠?
권 주임   네, 맞아요.


직원1이 처리하는 사이, 권 주임은 창구 옆에 놓인 '바우펀드'
리플렛을 보는데…


권 주임   여기 적힌 숫자 진짜예요? 국채 같은 안전 자산에 투자하는데,
          수익 배당이 이렇게 높다고요?
직원1    상품 잘 나왔어요. 그래서 지금 많이들 가입하세요.
권 주임   남산은행 거면 나도 하나 들어야겠네… (하는데, 걸려 온 전화 받는)
          어, 여보. 은행이야. 지금 이달치 송금하고 있어. … 뭐?! 그게 무
          슨 소리야?! (놀라 굳은 얼굴에서…)


S#31.    **구치소. 은용의 독방 (밤)**
          벽에 다리를 올리고 팔굽혀펴기 하는… 땀에 흠뻑 젖어 운동하
          는 은용인데…
          급하게 다가오는 발걸음 소리, 이어 거칠게 독방 문을 열고 구둣
          발로 들어오는 권 주임이다!


권 주임   (은용의 멱살 잡으며) 4816, 죽고 싶어!
용       (서늘한 미소로 보는데)

S#32.    **구치소. 야외 외진 곳 일각 (밤)**

외진 곳에 마주 선 은용과 권 주임이다.


권 주임   지금 뭐 하자는 거야?

용       …

권 주임   우리 애 캐나다 학교 입학이 갑자기 취소되고, 세를 얻은 집에선
         당장 나가라는데, 어떤 놈이 아내에게 당신 명함을 주고 갔어.
         이게 무슨 뜻인데?

용       내가 가진 펀드가 당신 애가 다닐 학교에 돈을 좀 썼고, 또 당신
         아내가 얻은 집에도 돈을 썼단 뜻이죠.

권 주임   !! 이봐요, 4816… (낮게) 그렇게 쓰는 돈 반의 반만 나한테 그냥
         줘도 우리 사이 충분히 잘 지낼 수 있다고 내가 말했잖아? 왜 쉬
         운 일 어렵고 비싸게 하는데…!

용       놔. 죽기 싫으면.

권 주임   !!…

용       너 같은 놈한테 내가 왜? 잘 들어. 당신같이 죄수들 푼돈이나 빨
         아먹는 쓰레기는 진짜 돈의 힘을 잘 모르나 본데… 나 정도 되
         면 너 같은 건 얼마든지 지옥으로 보낼 수 있어.

권 주임   저한테… 왜 그러시는 건데요…?

용       말 잘 듣는 개가 필요할 땐, 주인이 누군지부터 가르쳐 줘야 하
         니까.

권 주임   !!

용       (가만히 보면)

권 주인   (무릎 꿇고) 잘못했습니다, 제발, 제발 한 번만 살려 주십쇼. 우리


**7화**                                                                    57

애가 잘못은 없잖습니까. (연신 고개 숙이며 비는…)

용          (서늘하게 보는 눈빛에서…)


## S#33.     명인 홀딩스, 명 회장의 집무실 (밤)
명 회장과 기석이 머리를 맞대고 앉아 서류를 검토 중이다.


명 회장     펀드 6호에 넣는기 느그 특수부 새끼 검사들이고, 2호가 대검
            영감님들. (서류 넘기며) 혹시 빠진 인사 있는가 단디 챙기래이.

기석        대구 고검 이 검사장은 빼고, 그 자리에 광주 황 선배 넣어 주세
            요. (체크하고 건네는)

명 회장     맞나? 그래 하께. (챙겨 넣으며) 아무튼지 간에, 큰일에 우리 사우
            욕봤데이.

기석        이제 곧 인사철입니다. 말 안 새게 단속 잘 하시고, 또 펀드 운용
            도 문제없게… (하다가 피곤한 듯 말 삼키며) 무슨 얘긴지 아시죠?

명 회장     하모 짜슥아. 인자 내도 우리 사우 격에 맞게 제1금융권의 전문
            기업인 아이겠나? 늘 그랬듯이, 깨반~하게. 단디 하꾸마. (비릿하
            게 웃는…)

기석        좋습니다. (마주 웃으며… 비릿한…)


## S#34.     세희의 '요리家' (밤)
기석, 세희와 댄디한 정장 곽 박사(남, 70대)의 식사 자리. 디저트
를 내오는 세희다.

| 기석 | 진즉에 모셨어야 됐는데… 식사는 입에 맞으셨습니까? |
| --- | --- |
| 곽박사 | 우리 명 선생 식탁이야 언제나 최고죠. |
| 세희 | 디저트로는 햇생강으로 달인 수정과와 천연 꿀에 절인 인삼으로 준비했어요. 전국 선거 지휘하시려면 힘내셔야죠. |
| 곽박사 | 나야 뭐, 훈수나 두는 뒷방 늙은인데… 그래도 귀한 인삼으로 만들었다니 먹고 힘내겠습니다~ (껄껄 웃으며 절인 인삼 먹는) |
| 세희 | (빙긋 미소 지어 보이고는, 기석의 매무새를 잡아 주는데…) |

그런 기석과 세희의 모습을 흐뭇하게 바라보는 곽 박사다.

| 곽박사 | 두 사람 그림이 참 좋은데… 젊은 층에겐 밉지 않게 부러운 모델이고, 중장년층에겐 단정하고 모범적인 이미지로 어필되는. |
| --- | --- |
| 기석 | 지금의 제가 있을 수 있었던 건 모두 이 사람 덕분입니다. |
| 곽박사 | 정치에 나설 생각이 있다면, 너무 늦지 않게 시작하는 게 좋아요. 검찰총장, 그까짓 거 해서 뭐해? 청와대 눈치 보고, 국민들에겐 욕이나 먹고. 검사장까지 승진하면 큰 사건에서 임팩트 주면서 정치 시작해요. |
| 기석 | 막연했던 생각들이 박사님 뵙고 말씀 나누니 점점 현실이 되는 것 같습니다. |
| 곽박사 | 글쎄… 그런데 한 가지를 해결하지 않으면 다 소용없을지도 몰라요. |
| 기석/세희 | ? / … |
| 곽박사 | 명 선생에겐 미안한 얘기지만, 장인 명인주 회장말입니다. 명동 바닥 사채업자 출신이라는 게, 공격당하기 딱 좋은 소재거든. |

기석/세희    … / 이해합니다.

곽박사    그래도 이제 명동 사채 음지에서, 남산은행 펀드 운용하는 양지
         로 나왔으니 다행입니다. 정치에는 돈이 들지만, 돈만으로 정치
         할 수 없다는 건 명심해요.

기석      말씀 새기겠습니다. (곰곰해진 얼굴에서…)


S#35.    (다음 날) 구치소 전경 (낮)
         날이 바뀐 전경 보이고…


S#36.    구치소, 복도 (낮)
         일각에 기대서서 주변 살피는 권 주임이고…


S#37.    구치소, 은용의 독방 (낮)
         시설이 깨끗한 독방에서… 책을 쌓고 모포를 덮은 죄수 책상에
         앉은 은용의 뒷모습 보인다.
         바우펀드 띄워진 스마트폰 보며, 재소자용 노트에 숫자들 빠르
         게 적어 내려간다.

/용      (na) 명 회장은 바우펀드를 론칭했다.

S#38.          (몽타주) 분석, 바우펀드

- 안전 자산에 투자한다는 바우펀드 CF 보이는 위로.


/용          (na) 하지만, 채권 같은 안전 자산에 투자해 이 수익률을 보장한
             다는 것은 불가능하다.


- (CG) 폰지 사기 설명하는 피라미드 보이며…


/용          (na) 실제 바우펀드의 설계는 다단계 폰지 사기에 가깝다. 새로
             가입하는 고객들의 돈으로 먼저 가입한 고객들의 수익금을 챙
             겨 주는 방식인데… 아래를 떠받치는 더 많은 신규 고객을 끌어
             모으기 위해.


- 남산은행… 쭉 앉은 창구 직원들이 저마다 손님들에게 바우펀
드 찌라시 보이며 설명하는…


/용          (na) 신뢰도 높은 남산은행으로 포장했다.


- 바우펀드에 대한 각종 언론 기사들 보이며…


/용          (na) 어쨌든 지금까지 바우펀드는 폭발적인 가입률을 보이며 성
             공적이다.


- 명인 홀딩스 집무실에서 돋보기 쓰고 모니터 보며 비릿한 미

소를 짓는 명 회장 보이고…

/용 　(na) 큰돈을 손에 쥔 명 회장이 펀드 약관에 따라 안전한 투자를
할 신사는 아니다.

- 집무실의 명 회장이 보는 모니터에 빠르게 상장사 그래프들
지나가고…
- 교차로, 독방의 은용이 보는 스마트폰 화면에도 상장사 그래
프들 지나가는…

/용 　(na) 펀드 자금을 뒤로 빼돌려 주가 조작을 통해 큰 수익을 내려
달려들 텐데… 명 회장은 어떤 회사를 노리고 있을까?

- 분석에 열중한 은용의 날카로운 눈빛에서…


**S#39.** 　**구치소, 복도 / 은용의 독방 [낮]**
꾸벅꾸벅 졸고 있는 권 주임인데…

교도관1 　(지나가다) 어? 주임님, 아직 퇴근 안 하셨어요? 어제 야간 당직 서
셨잖아요?
권 주임 　어~ 이제 가야지. 가, 가… (하품 기지개)

교도관1, 지나가면… 권 주임은 독방 앞으로 가, 다시 한 번 주

**7화** 　　　　　　　　　　　　　　　　　　　　　　　　　　　63

변 살피고 '똑똑…' 쪽창문 열면, 열린 창문 틈으로 스마트폰 건
네지는… 황급히 받아 챙기는 권 주임인데…

권주임    우리 애, 캐나다 입학 건은 원상 복귀 확실한 거죠?

/독방에서 답하는 은용이다.

/용      학교 가까운 곳으로 좋은 집도 구해 드릴 겁니다. 또 이거. (하더
        니, 종이 건네는)
권주임    또 뭡니까? (보면)
/용      주임님 갖고 계신 주식들 좀 봤는데, 지금 있는 거 다 처분하고
        거기 적힌 대로 포트폴리오 새로 짜세요.
권주임    !!
/용      이건 선물입니다. 파는 타이밍은 다시 알려 줄게요.


S#40.    **명인 홀딩스, 명 회장의 집무실 (낮)**
         명 회장이 건넨 서류를 보는 수동인데…

명회장    어떻노?
수동      시나리오는 끼깔난데… 괜찮겠어요?
명회장    뭐가?
수동      (흉내) 우리 사우~ 황 셰프가 알면 가만있지 않을 거 같은데.
명회장    글마 선배, 후배 영감님들 챙기는 돈은 뭐 하늘에서 떨어지나?

똥물에 손 담그는 일은 고마 내 몫인기라.

수동    캬~ 숭고하다, 숭고해. 역시 우리 회장님, 내가 인생적으로 배울
       게 많은 분이야.

명회장  총알은 충분하이까네, 주포, 선수들 에이급으로 섭외 확실히 하
       고.

수동    (흉내) 하모예~ 내캉 원투데인교. 작전 확실히 하겠슴돠~! 충성
       충성~


## S#41.    구치소, 특별 면회실 (낮)

특별 면회실에 마주 앉은 한나에게 은용이 숫자(종목 번호) 적힌
종이 건넨다.


용     여기에 공매도 풀로 때려.

한나    작전?

용     역작전.

한나    확실한 거야? 너 여기 있으면서 우리 펀드 지금 한강 가기 일보
       직전이야.

용     확실한 건 아무것도 없어.

한나    왜 그래? 너답지 않게 불안하게.

용     데이터나 숫자보단 마음을 따라가서 찾은 결론이야. 내가 명 회
       장이라면 어떤 선택을 했을까.

한나    확실하네 그럼. (빙긋 웃는데)

용     태춘이는 어떻게 지내? 면회 한 번 오라고 해. 할 얘기 있으니까.

| 한나 | 한동안 뭐 하고 다니는지 연락 안 되다가, 며칠 전에 갑자기 나 |
|---|---|
| | 타나서 돈을 빌려 갔어. |
| 용 | !? 돈을?! (물음표 크게 생긴 얼굴에서) |

**S#42.** **폐업한 나이트클럽 건물, 불법 도박장 안 (밤)**

칩을 수북히 밀어 넣어 배팅하는… 담배 연기 자욱한 홀덤 테이
블에서 도박하는 태춘이다.

| 태춘 | 받고 500 더. |
|---|---|
| 꾼1 | 뭐야~ 또 떴어? (인상 팍 쓰며 패 집어 던지는) |
| 꾼2 | 난 콜. (칩 밀어 넣는) |
| 꾼3 | 아~ 이 양반(태춘) 뭐야. 뻥카 같은데… (자기 패 보며 장고 들어가는 |
| | 데…) |
| 태춘 | … (무심한 듯 주변을 살피다가) !! |

태춘의 시선으로, 안쪽 사무실에서 백팩을 매고 나오는 건달 창
해 보이는데… (장면 전환)

**S#43.** **(플래시백) 편의점 일각 (밤)**

남 계장에게 받은 수사 기록을 보는 태춘이다.

| 남 계장 | 거기 도박장이 김성태 쪽 애들이 운영하는 데가 맞아요. 히로뽕 |
|---|---|

도 거래를 한다는데, 유창해라고. 그놈이 배달책이고요.

태춘이 보는 기록에는 창해의 머그샷 사진이 보이는데… (장면
전환)

**S#44.**　　**(다시, 현재) 폐업한 나이트클럽 건물, 불법 도박장 안 (밤)**
　　　　　창해가 도박장을 가로질러 나가자, 주시하던 태춘은 자리에서
　　　　　일어서는데…

태춘　　　전 죽겠습니다.
꾼2　　　사장님 뭐 하는데? 화장실?
태춘　　　아, 아뇨. 급한 연락이 와서… (딜러에게 패 던지고) 먼저 일어납니다.

　　　　　도박장을 나가는 태춘인데.
　　　　　꾼1이 태춘이 던진 패를 슬쩍 확인하면, 에이스 두 장.
　　　　　꾼1은 일각의 기도 보는 건달과 눈짓 주고받는데…

**S#45.**　　**폐업한 나이트클럽 건물, 복도에서 건물 밖 (밤)**
　　　　　복도로 나온 태춘이고… 창해는 누군가와 전화하고 있다.

창해　　　그래. 알았어. 내가 알아서 할게.

창해를 미행하는 긴장된 얼굴의 태춘에서…


## S#46.　　유흥가 뒷골목, 곳곳 (밤)

백팩을 매고 걷는 창해의 뒤따라 미행하는 태춘인데…

(인서트) 어딘가 높은 곳, 망원 렌즈 시점… '찰칵찰칵…' 창해를 따라가며 찍던 카메라가 뒤에서 미행하는 태춘을 발견하고 급히 줌으로 당긴다. 뭉개졌다, 포커스 맞추면 태춘이 또렷이 보이는데…

골목으로 꺾어 들어가는 창해를 뒤따라가는 태춘이다. 골목 코너를 도는데.

태춘　　(확 밝아지는 태춘의 얼굴! 눈이 부셔 찡그린다) !!

헤드라이트 켜고 골목을 막아 선 승합차! 보면, 승합차 앞에 창해와 덩치 건달들이 기다리듯 서 있다! 당황한 태춘이 돌아서 가려하지만, 어느 샌가 뒤에서도 나타난 덩치들에게 둘러싸이는!

창해　　(라이트 등지고) 아저씨 뭔데? 나한테 뭐 볼 일 있어? 짭새…는 아닌 거 같고…
태춘　　(불빛에 드러난 태춘의 당혹스러운 얼굴) !!

| 창해 | (다가오며) 장태춘 검사님. 맞죠? 우리 성태 형님 빵에 보낸 그 검사님. 실물이 더 낫다. 멋집니다? (폰 뉴스 기사에 뜬 태춘 사진 보이며, 비릿한) |
|---|---|
| 태춘 | 그래! 나, 서울지검 형사부 장태춘 검사다! (표정 다잡고) 대한민국에서 검사 건드렸다가 어떻게 되는지 알지! |
| 패거리들 | (웃는데) |
| 태춘 | 웃어? 이진호 어디 숨겼어? (건달패 둘러보며) 먼저 말하는 놈은 정상 참작해서(O.L) |
| 창해 | 예, 예, 대한민국 검사님을 함부로 건드릴 순 없죠. 그러니 그냥 파묻어야겠습니다? 애들아. 검사님 모셔라. |
| 패거리들 | 예. |
| 태춘 | !!! |

위협적으로 다가서는 덩치들…
이를 악문 태춘이 주먹을 날려 보는데! '슉…' 피해서 '휘청~' 자빠지는 태춘인데…

| 창해 | (픽…) 자빠지네~ 자빠져~ |
|---|---|
| 덩치들 | (낄낄 거리고) |
| 태춘 | (좆됐다, 싶은 표정으로 노려보는데) |

이때, '엥-에에엥~' 골목길 앞으로 멈춰 서는 순찰차다!
창해와 덩치들, 인상 팍 쓰며 보면…
순찰차에서 내린 정복 경관1,2가 다가온다.

**7화**

| 경관1 | 거기 뭡니까? |
|---|---|
| 창해 | 별 일 아닙니다~ |

창해와 덩치들, 순식간에 사라지고…

| 태춘 | 감사합니다… ('후…' 하고 깊게 한숨 돌리며 일어서는데) |
|---|---|
| 경관1 | (다가와 서더니) 장태춘 검사님이시죠? |
| 태춘 | !? 거기도… 절 아세요? (물음표 크게 생긴 얼굴에서) |

**S#47.** **유흥가 뒷골목, 허름한 건물 옥상 (밤)**

건물 옥상 문을 열고 들어서는 태춘인데… 망원 카메라로 도박
장 감시 중이던 형사들 보이고…
일각에 바람을 맞으며 서 있던 원 형사가 다가와 거칠게 쏘아
댄다.

| 원형사 | 지금 뭐 하는 겁니까? 잠복 수사 망치려고 작정했어요? |
|---|---|
| 태춘 | 아니, 그게 저는(O.L) |
| 원형사 | 약쟁이들 얼마나 무서운 놈들인지 모릅니까? 어설프게 수사하다 던지기에 잘못 엮이면 인생 골로 갑니다! |
| 태춘 | … |
| 원형사 | 우리 각자 임무에 충실합시다. 경찰은 현장에서! 검사는 법정에서! 프로답게 좀!! |
| 태춘 | 죄송합니다… |

법전

| 원형사 | ('후…' 숨 고르고) 어디 다친 덴 없습니까? |
|---|---|
| 태춘 | 네. 덕분에. |
| 원형사 | 수배 중인 이진호, 마약 공급 받는다는 첩보는 저희도 알고 있어요. 여긴 우리한테 맡기시고, 병원이나 빨리 가 보세요. |
| 태춘 | 병원엔 왜? |
| 원형사 | 박준경 씨, 의식 돌아왔대요. |
| 태춘 | !! 정말요?! 감사합니다!! (달려가는) |

## S#48.  병원, 야외 정원 일각 (밤)

숨이 턱에 닿도록 달려온 태춘… 두리번 살피는데, 휠체어에 앉아 밤하늘을 보고 있는 준경이다!

| 태춘 | 괜찮아요? 언제 깨어난 거예요? 이렇게 나와 있어도 돼요? |
|---|---|
| 준경 | … (가만히 보면) |
| 태춘 | !! 선배, 나, 나 누군지 몰라요? 후유증, 기억상실 뭐 그런 겁니까? |
| 준경 | 한꺼번에 몇 갤 물어 보는 거야. |
| 태춘 | 나, 나 누구예요? |
| 준경 | 장태춘이지 누구야… |
| 태춘 | 아, 다행이다, 진짜 다행이다~ |
| 준경 | 이제 선배가 말 놓을게. 죽다 살았으니까. |
| 태춘 | 근데 이렇게 나와 있어도 돼요? 아직 더 안정 취해야 되는 거 아닙니까? 링거 맞고, CT, MRI 전신 다 찍고 그래야는 거 아닙니까? |
| 준경 | 너무 오래 누워 있었잖아. 별도 보고. 바람도 쐬고 싶네… |

| 태춘 | (가만히 보며) 얼마나 미안했는지 압니까. |
|---|---|
| 준경 | 이제 진짜 괜찮아. |
| 태춘 | 진짜 다행입니다. (안도하는가 싶다가, 다시) 아! 삼촌한텐 알렸어요? |
| | (보면) |
| 준경 | … (가만히 하늘 보는 얼굴에서…) |

## S#49.  [다음 날] 구치소. 은용의 독방 (낮)

"4816, 배식!" 문 아래 배식구로 소지가 넣어 주는 플라스틱 통
에 담긴 밥과 국, 반찬…
접이식 식탁에 묵묵히 식사를 챙겨 펼쳐 놓고 먹는 은용인데…

| 용 | (국물 떠먹으며) 싱겁네… (꾸역꾸역 먹는데) |
|---|---|

옆으로 보이는 손글씨로 적힌 짤막한 편지…

| 준경 | (F) 살아 있다. 곧 보러 갈게. - 박준경 |
|---|---|
| 용 | (한 움큼 씹는 밥에 국물 떠먹으며) 국은 좀 짜야 되는데… |

햇살 환하게 볕이 드는 은용의 밥상 맞은편엔, 잔잔한 미소로 바
라보는 윤 대표의 환영이다.
김이 모락한 밥상을 사이에 두고… 마주 앉은 은용과 윤 대표의
모습에서…

밥전

S#50.        (다른 날) 구치소 전경 (낮)
             전경 보이는 위로.


/교도관       (E) 4816, 검찰 출정!



S#51.        달리는 호송 버스 안 (낮)
             버스 안에는 은용과 권 주임만이 나란히 앉아 가고 있다.
             은용은 아래로 내린 채, 권 주임의 스마트폰으로 주식 그래프를
             보고 있고…


권 주임       (옆에 앉아 싱글벙글…) 이야~ 찍어 주신 회사들이 전부 상한가예요.
             처음 슬슬 오를 땐 신나고 신기했는데, 이렇게까지 치고 오르니
             좀 무섭습니다?
용           내일 오전 장이 시작되면 가진 거 전부 털고 빠지세요.
권 주임       벌써요? 다음 주까진 꺾이지 않을 거라고 지금 난린데?
용           (싸늘하게 보면)
권 주임       아닙니다. 4816 선생님이 시키는 대로 하겠습니다.
용           … (시선 돌려 창밖을 보며) 진짜 작전은 이제 시작입니다. (빛내는 눈빛
             에서)


             /도로를 달리는 호송 버스 보이는 모습에서. (음악 시작)



법전

S#52.    (몽타주) 원 탑: 인천지검,

앞 / 로비 / 엘베 / 복도 / 함진의 부장검사실 (낮)

- 늘씬한 세단 뒷좌석에서 내리는… 잘 차려 입은 한나… 인천
지검 로비로 들어가고…

- 엘베에서 내린 한나가 보면… 일각 다른 복도에서 준경이 탄
휠체어를 밀며 등장하는 태춘이다!

- 부장검사실 문을 열고 들어서는 한나의 뒤를 이어… 태춘이
미는 휠체어 준경이 들어오면.

- 기다리던 함진이 달려가 준경을 껴안으며 눈물 글썽이는…
"고맙다… 진짜 고마워…"

- 함진과 준경의 눈물의 재회를 지켜보던 태춘인데… !!

- 태춘의 "삼촌!" 하는 소리에 준경이 보면.

- 검사실 문이 열리며 들어오는 죄수복 은용이다!

- 모두가 지켜보는 가운데, 잠시 서로를 말없이 바라보는 은용
과 준경…

- 은용의 앞으로 휠체어를 몰고 간 준경이 배시시 웃으면…

- 말없이 준경을 꼭 안는 은용의 모습에서… (음악 끝나고…)


S#53.    인천지검, 함진의 부장검사실 (낮)

회의 테이블에 함진을 중심으로 둘러앉은 은용과 한나, 준경과
태춘이다.

진      (한나와 눈인사하며) 홍 대표님은 준경이 병원에서 한 번 인사했

|  |  |
|---|---|
|  | 고… 장 검사는 처음 보네? 반가워요, 인천지검 형사 부장 함진이에요. |
| 태춘 | (벌떡 일어서) 연수원 40기 장태춘, 선배님 만나 뵙게 되어 영광입니다! (꾸벅) |
| 진 | (준경 보며) 기석이가 좋아할 스타일인데? |
| 준경 | (픽…) |
| 태춘 | … |
| 진 | 그럼 이제 회의 시작할까요? (은용 보며) 은용 씨가 파악한 바에 따르면, 명 회장이 바우펀드 자금으로 주가 조작을 벌이고 있다고요? |
| 용 | 확실합니다. (한나에게 받은 자료 넘기며) 지난 12일자 공시 자료를 보면(O.L) |
| 태춘 | 잠시만요. |
| 일동 | (보면) |
| 태춘 | 구체적인 논의에 들어가기 전에, (은용 보며) 우리를 이렇게 한 자리에 모은 이유부터 듣고 싶은데요? |
| 일동 | (은용 보면) |
| 용 | … 주가 조작이라는 게 복잡해 보이지만 알고 보면 원리는 생각보다 간단해요. 쌀 때 사서, 비싸게 올려 파는 거. 그럼에도 자본 시장에서 대부분의 주가 조작이 실패하는 이유는, 믿을 만한 팀을 짜는 게 어렵기 때문입니다. |
| 일동 | … |
| 용 | 여기 모이신 여러분들은 서로 끝까지 믿을 수 있는 원 팀, 우리 팀이라고 생각합니다. |

| 일동 | (단단해진 눈빛에서…) |
|------|-------------------|
| 용   | 회의하시죠. |

(시간 경과)

밤이 된 검사실… 화이트보드에는 가득해진 그래프와 숫자, 설명들…

| 용  | 오메가 케미컬, 섬진테크, 클레이F&C. 이 세 곳이 명 회장이 바우펀드 자금으로 주가 조작을 설계 중인 곳입니다. |
|-----|------|
| 한나 | 최근 여의도에서 이 회사들에 대한 각종 찌라시들이 돌고 있어요. |
| 용  | 흔히 말해서 뭐… 작전이 시작됐다는 얘기죠. |

진지하게 은용과 한나의 설명을 듣는 준경, 태춘, 함진의 모습에서…


**S#54.    법원 뒤편, 일각 (낮)**

호송차에서 내리는 은용은 양복 입었지만, 수갑 차고 있는…
수척해진 얼굴이나 깔끔하게 면도한 눈빛은 매섭게 형형한…


**S#55.    형사부 법정 (낮)**

"모두 일어서 주십시오." 세 명의 판사가 자리에 와서 앉고…
김 변호사 등등의 전관 변호사들 옆에 자리한 은용…

방청석에 앉아 지켜보는 한나와 태춘인데…

| 용 | (일어서더니) 재판장님. 재판에 앞서 제 변호인을 모두 해임하겠습니다. |
| 김 변호사 | !!? (미간 찌푸리며 보는) |

변호인 측 놀라서 웅성대는데…

| 주임판사 | 모두 정숙하세요. 피고인, 그런다고 공판 연기 안 됩니다? |
| 용 | 네. 알고 있습니다. |
| 주임판사 | 불이익 감수하시겠다는 거죠? 그럼 새 변호인은 있습니까? |
| 용 | 박준경 변호사를 선임합니다. |

태춘과 한나가 지켜보는 가운데, 법정으로 멋지게 걸어 들어오는 준경이다.

| 이검사 | !? |

준경이 변호사석으로 가서 서면…
인상 쓴 김 변호사와 다른 전관들, 일어서 나가는…
은용과 굳센 눈빛 주고받은 준경이 옆에 서더니.

| 준경 | 존경하는 재판장님, 피고인 측은 검사가 주장하는 모든 공소 사실에 대해, 전부 무죄를 주장합니다. |

태춘이 보는… 나란히 선 은용과 준경의 굳센 눈빛에서…


## S#56.  특수부, 복도에서 기석의 부장검사실 앞 (낮)
복도를 걷는 기석이 이 검사와 통화 중이다.


기석      뭐?! 박준경을 변호사로?

/이검사   네.

기석      정면으로 붙어 보겠다, 뭐 이런 건가? (인상 찌푸리는데…)


이때, 부장검사실 앞에서 기다리던 권 주임이 기석 앞으로 선다.


권주임    황기석 부장님이시죠.

기석      네. 그런데요? (의아해 보는 얼굴에서)

권주임    재소자 4816, 은용 씨가 부장님께 전해 드리라고 해서. (서류 봉투
          건네고 가는)

기석      ??

권주임    수고하십시오. (가고)


복도에 선 채로 내용을 쭉 훑어보는 기석인데… !! 얼굴이 하얗
게 질린다!


/이검사   (F/ 수화기 너머로 들리는) 부장님, 부장님 무슨 일이십니까?

기석      내가 다시 전화할게.

전화 끊고 그대로 뒤돌아 달려 나가는!!


## S#57.　명인 홀딩스, 명 회장의 집무실 (낮)

흐뭇한 표정으로 모니터의 그래프 보고 있는 명 회장인데.

이때, 문을 박차고 들어오는 기석이다!


| 명 회장 | (놀라 보며) 우리 사우~ 이 시간에 어쩐 일이고? |
|---|---|
| 기석 | 오메가 케미컬, 선진테크, 클레이F&C, 장인어른이 이 회사들 주가에 손댄 거, 사실입니까! |
| 명 회장 | !! |
| 기석 | (명 회장 표정 보고) 맞네… |
| 명 회장 | 봐라 사우… 내는 우리 바우펀드 수익률을 올리기 위해가(O.L) |
| 기석 | 시세 조종, 대량 보유 보고 위반, 허위 공시 등등등…! 자본 시장법 위반으로 제가 지금 수갑 채워 드릴까요? |
| 명 회장 | 와 그라노… 이기 어디 내만 좋자고 하는 일이가. |
| 기석 | 아직 주식 안 팔았죠? |
| 명 회장 | 와? 무슨 일인데? |
| 기석 | 인천지검에서 그 회사들 압수 수색 중입니다. |
| 명 회장 | !! 뭐라?! |


## S#58.　오메가 케미컬 사무실 (낮)

사무실을 터는 검찰 수사관들… 복판에 선 함진이 진두지휘 중이다.

| 진 | 먼지까지 쓸어 담는 겁니다~ 화장실 변기까지 샅샅이 뒤지세요! |
|---|---|
| | (굳은 얼굴에서) |

**S#59.    체인지 인베스트먼트 파트너스, 한나의 오피스 (낮)**

한나의 모니터에는 '주가 조작 관련 회사들, 인천지검의 전격 압
수 수색' 속보 기사에 압수 수색 현장을 지휘하는 부장 검사 함
진의 사진 떠 있고… 지켜보는 한나와 태춘이다.

| 태춘 | 함 부장님은 압수 수색 시작했네요. |
|---|---|
| 한나 | (다른 모니터의 주식 그래프들 보며) 시장에선 악재 반영해 주가 떨어 |
| | 지고 있어. |
| 태춘 | 명 회장이 지금이라도 털어 버리면, 손해는 아니지 않습니까? |
| 한나 | 대신 부당 수익 실현으로 주가 조작 혐의는 확실해 지는 거지. |
| 태춘 | 검찰 수사 막고 덮는 거야, 거기 장인 사위 전문인데. |
| 한나 | 이번엔 사위 쪽이 허락하지 않겠지. (미소) |

**S#60.    명인 홀딩스, 명 회장의 집무실 (낮)**

폰으로 뉴스 확인한 명 회장은 심각해진 표정이다.

| 명 회장 | 우리 사위 말이 맞네… 오후까진 이빠이 올렸다가 털라 캤는데, |
|---|---|
| | 지금 빨리 던져야겠다. (일어서 컴퓨터로 가려는데) |
| 기석 | (막아서며) 아니요, 가만히 계세요. |

**7화**                                                                                      81

| | |
|---|---|
| 명회장 | 일마야 악재 뜨고 타이밍 놓치 뿌믄 다 날린다!! 지금 빨리 팔아야 된다꼬!! |
| 기석 | 지금 그까짓 돈이 중요한 게 아니에요. |
| 명회장 | 그까짓 돈!? 이 돈이 어떤 돈인지 아나! 여기서 손실 보믄 바우펀드 작살난다 아이가! |
| 기석 | !! 바우펀드 자금도 건드린 겁니까? |
| 명회장 | 그래, 맞다! |
| 기석 | !! |

굳어 버린 기석을 밀치고 자리로 가서 컴퓨터 앞에 앉은 명 회장이다.

| | |
|---|---|
| 명회장 | (다급하게 클릭클릭) 지금이라도 팔믄 개안타. 주가 조작 수사 그카는 거야 니캉 내캉 우야든둥 막아 보믄 되는 거 아이겠나. (하는데) |
| 기석 | (명 회장의 컴퓨터의 전원을 내려 버리는) |
| 명회장 | (벌떡 일어서) 일마, 니 미쳤나! 이거 터지면 손실이 을맨 줄 아나!! |

순간 기석이 모니터를 들고 집어던져 버린다!

| | |
|---|---|
| 기석 | 장인어른이 벌인 짓 아닙니까! 내가 왜! 매번 그 똥을 치워야 하는데!! |
| 명회장 | !! 이 누므 짜슥이! (하더니 기석 뺨 후려갈기는!!) |
| 기석 | … |
| 명회장 | (씩씩거리며 노려보는) |

| 기석 | 바우펀드고 뭐고, 이번엔 알아서 수습하세요. 명인주 회장님. (차 |
| | 갑게 씹어뱉고 나가는) |

## S#61. 은용의 펜트 하우스 (낮)

깔끔하게 정돈된 실내… 건장한 양복 경호원 셋이 각 잡고 서 있는 모습 보이는…
마뜩잖은 표정의 준경과 마주 선 한나.

| 한나 | 재판 끝날 때까진 보안 확실한 여기서 지내세요. 여기 계신 분들 |
| | 은 24시간 밀착 수행할 경호팀입니다. 특전사, 국정원, 출신 이 |
| | 력만큼 실력도 확실한 분들이에요. |
| 준경 | 이렇게까지 안 하셔도 돼요. 전 괜찮습니다. |
| 한나 | 한 달 넘게 의식 잃고 누워 계시지 않았으면 괜찮았죠. 변호사님 |
| | 고용한 저희 펀드가 클라이언트로서 추가하는 계약 조건입니다. |
| 준경 | 선택의 여지가 없다는 말씀이죠? |
| 한나 | 필요한 건 뭐든 말씀하시고, 재판에만 집중해 주세요. 잘 부탁드 |
| | 립니다. (나가면…) |

준경은 마뜩잖은 표정으로 경호팀들 보는데… 그중, 고참으로 보이는 최 팀장이 나선다.

| 최팀장 | 최웅규 팀장입니다. 스케줄 및 특이사항은 저에게 지시하시면 |
| | 됩니다. |

| 준경 | 제가 지시하는 일이면 뭐든 하는 겁니까? |
|---|---|
| 최 팀장 | (군인 말투) 네 그렇습니다. |
| 준경 | (가만히 보는 얼굴에서…) |

## S#62.    [시간 경과] 은용의 펜트하우스

일각의 준경… 생각에 잠겨 있는…

(인서트 플래시백 / 5화 34씬)

| 용 | 진호 찾는 건, 김성태 밑에서 마약 다루는 애들 쪽으로 알아보면 단서가 나올 거야. |
|---|---|
| 준경 | 마약? |
| 용 | 명 회장이나 김성태가 아랫사람 길들일 때 잘 쓰는 방법이야. |

(다시, 현재) 생각에 잠겨 있는 준경의 앞으로 최 팀장이 다가와 선다.

| 준경 | 경찰 쪽으로도 라인 있다고 하셨죠? |
|---|---|
| 최 팀장 | 네. |
| 준경 | 저를 공격했던 이진호 수사에 관련해 경찰 내부 정보가 필요합니다. 마약반 쪽으로 알아보시면 될 거예요. 조용히, 비공식적으로. |
| 최 팀장 | 네. (가볍게 인사하고 가면) |

서늘한 눈빛으로 생각에 잠긴 준경의 모습에서…


S#63.   **법원, 한적한 복도 (낮)**
        볕 좋은 복도를 흐뭇한 표정의 권 주임과 걷는 은용…

권주임    (폰 보며) 와… 4816 선생 말 듣고 팔길 잘했어요. 주가 엄청 빠졌
        네…
용       …
권주임    앞으로도 잘 부탁합니다. 제가 잘 모실게요.

        권 주임이 법정 문을 열어 주면, 들어가는 은용인데…


S#64.   **법원, 다른 법정 (낮)**
        텅 빈 법정에는 기다리고 서 있는 기석이다! 은용이 다가가 기
        석의 앞으로 서면…
        마주 선 두 사내의 측면에서 햇살이 강하게 들어와 얼굴에 명암
        이 확연히 나뉜다.


S#65.   **(플래시백) 함진의 부장검사실 (밤)**
        지난 밤… 화이트보드 앞의 은용이다.

| 용 | 지난 2주간의 RSI, DMI, 스토캐스틱을 분석한 결과, 명 회장의 주가 조작은 3일 뒤가 털고 빠지는 D-day로 보입니다. |
|---|---|
| 준경 | 일반적인 애널리스트 분석이나 시장의 평가는 반대로 더 오를 거라는데? |
| 용 | 최근 며칠간 주가가 오를 만한 호재들을 집중적으로 뿌려 댔으니까. (모두를 보며) 제가 잘 아는 명 회장 스타일상, 수익 실현하는 D-day는 3일 뒤가 확실합니다. |
| 태춘 | 오케이. 그럼, 준비하고 있다가 내일 명 회장이 부당 이익 챙겼을 때 치면 되는 건가? |
| 용 | 아니. 진짜 작전은 따로 있어. |
| 모두들 | ? |

## S#66.   (다시, 현재) 법원, 다른 법정 (낮)

| 기석 | 오늘 나한테 미리 알려 준 이유가 뭡니까? 장인어른 엮을 수 있는 기회였는데. |
|---|---|
| 용 | 명 회장을 법으로? |
| 기석 | 변호사를 박준경으로 바꾼 건 법으로 한 판 붙어 보겠다, 뭐 그런 거 아니었나? |
| 용 | 나도 당신만큼 법을 믿지 않아. |
| 기석 | 검사 보고 법을 믿지 않는다라… (흠…) 그래서? |
| 용 | 거래합시다. |
| 기석 | 거래? 너한테 그럴 만한 카드가 남았나? |

| 용 | 당신 장인 명 회장이 가진 모든 재산… 전부 뺏어 당신 아내에게 줄게. |
|---|---|
| 기석 | !! |
| 용 | 나하고 거래하면, 당신 앞에 명 회장 무릎 꿇게 할 수 있어. |
| 기석 | … |

순간 흔들리는 기석의 눈빛…
서늘한 미소 배이는 은용의 얼굴에서…

7화 엔딩

# 법과 쩐의 거래

명 회장의 몰락을 위해
서로 손을 잡은 기석과 은용.
은용은 계획대로 명 회장 소유의 바우펀드
자금을 모두 빼돌리는 데 성공하지만,
바우펀드의 손실을 무고한 서민들의 희생으로
채우겠단 명 회장의 악의에 경악하는데….

S#1.　　　법원, 다른 법정 (낮)

빈 법정에서 마주한 은용과 기석인데…


용　　　당신 장인 명 회장이 가진 모든 재산… 전부 뺏어 당신 아내에
　　　　게 줄게.

기석　　　!!

용　　　나하고 거래하면, 당신 앞에 명 회장 무릎 꿇게 할 수 있어.

기석　　　…


순간 흔들리는 기석의 눈빛…

서늘한 미소 배이는 은용의 얼굴에서…

[*7화 엔딩 씬에 이어.]


용　　　너도 봤잖아? 실력은 내가 한 수 위라는 거. 명 회장을 상대하는
　　　　데 있어서 나보다 더 적절한 사람은 없을 거야.

기석　　　… 거래? 원하는 게 뭐야?


**8화**　　　　　　　　　　　　　　　　　　　　　　　　　　　　99

용       일단 징계 중인 장태춘 검사부터 당장 제자리로 돌려놔. (서늘한
         눈빛에서···)


S#2.    **검찰청, 형사부 복도에서 부장검사실 앞 (낮)**
         형사부 복도를 걷는 태춘···
         넥타이 매무새를 단정히 하고 '형사5부 부장검사실'로 들어가는.


S#3.    **형사5부 부장검사실 (낮)**
         부장 검사 책상 앞에 선 태춘이 복귀 신고한다.

태춘     신고합니다. 검사 장태춘, 정직 징계 마치고 형사5부로 업무 복
         귀를 명~ 받았습니다.

         신고를 받는 부장 검사는 특수부 수석이었던 이 검사다! '부장
         검사 이영진' 명패 보이고···

이검사   (태춘의 신분증 보며) 장태춘 검사···
태춘     네.
이검사   대답 크게 해.
태춘     네.
이검사   사고치지 마라.

마뜩잖은 표정으로 태춘에게 신분증을 건네주는 이검사의 모습
에서…


S#4.          **태춘의 새(new) 검사실 (낮)**
          신분증을 목에 걸고… 전보다 더 넓어진 새 검사실로 들어서는
          태춘이다.

태춘          안녕하십니까! 오랜만에 좋은 아침입니다~ (씩씩하게 인사하는)
남 계장       생각보다 일찍 나오셨네?
실무관        복귀 축하드려요~
남 계장       축하할 일인진 두고 봐야 알지. (퉁명)
태춘          (픽…) 방이 넓어졌네요… (둘러보면)
남 계장       식구가 늘었잖아요. (일각 눈짓하면)


          '영상 녹화 조사실' 팻말 붙어 있는… 검사실에 딸린 방문 보이
          고…

/태춘         (na) 나는 징계가 풀려 검사로 복직했고…


S#5.          **태춘의 검사실, 영상 조사실 (낮)**
          태춘이 문을 열고 들어가면, 기록들 높이 쌓여 있고 화이트보드
          에는 잔뜩 적힌 숫자들…


**8화**                                                      101

| /태춘 | (na) 수사 자문 명목으로 출정을 나온 삼촌에겐 전용 공간이 주어졌다. |
|---|---|

책상에 태블릿 서너 대를 멀티 모니터처럼 사용하며 주식 창 분석 중인 죄수복 은용인데…

| /태춘 | (na) 황기석 차장과 거래한 결과였다. |
|---|---|
| 용 | (분석에 집중한 채로) 일찍 나왔네? 방금 장 시작해서, 지금 좀 바쁘다. |
| 태춘 | 이게 다 뭐야? (기록들 들춰 보면) |
| 용 | 황기석이 보내 준 금감원 자료하고, 뭐 이것저것. |
| 태춘 | 삼촌은 황기석을 믿어? |
| 용 | (여전히 뭔가 보고 적으며) 아니. |
| 태춘 | ?! 믿지도 않으면서 이 거래는 왜 하는 거야? |
| 용 | 거래를 했으니까 네가 거기 서 있고, 내가 여기 이렇게 있잖아? |
| 태춘 | 당장이야 그렇지만, 명 회장 무릎 꿇리는 데 이용만 하고 뒤통수 칠 게 뻔하잖아? |
| 용 | 그러려고 하겠지. 근데 그렇게 황기석 뜻대로 놔둘 리가 없잖아, 너나 내가. (보면) |
| 태춘 | 쩐에는 법으로, 법에는 쩐으로? |
| 용 | 작전 설계는 걱정 말고, (그 사이 적던 메모지 건네며) 여기 메모한 자료들, 증권거래소하고 금융위 쪽에 신청해서 받아 줘. 공문 보내서 받으면 몇 시간 걸리지? 우리 펀드 애들 시키면 금방인데. |
| 태춘 | 우리 계장님 실력 보면 깜짝 놀랄 걸? 서류가 식기 전에 갖다 드리죠. |

**S#6.**    **검찰청, 특수부 복도 (낮)**
기석과 함께 나란히 걷는 이 부장이다.

이부장    장 검사 출근했고, 은용도 출정 나와 작업 시작했습니다.
기석    (끄덕끄덕하고) 형사부 일도 바쁠 텐데, 이번에 꾸리는 특수단에선
       빼 줄까?
이부장    아닙니다. 옆에서 모시겠습니다.
기석    (픽) 그럼요 이 부장님. 제 옆엔 이 부장님이 있어야죠~
이부장    최선을 다하겠습니다.

       회의실 문을 열고 들어가는 기석과 이 부장… '증권 범죄 특별
       수사단' 명패 보이고…


**S#7.**    **검찰청, 특수부 회의실 (낮)**
10여 명의 특검사들 모여 앉은 회의실로 기석과 이 부장 들어서
면, 일동 일어서고…

특검사1    황기석 선배님, 차장 검사 영전 축하드립니다!
특검사들    (다같이) 축하드립니다!!
기석    그래, 고맙다. 인사는 간단하게 이 정도만 하고. 총장님 특별 지
       시로 만들어진 특별 수사단이야. 첫 사건 중요한 건 말 안 해도
       알 거고 그럼 우리 특수단들 준비해 온 아이템들 들어 볼까? (특
       검들 매섭게 보는 얼굴에서)

## S#8.    태춘의 검사실, 영상 조사실 (낮)

믹스커피 한 잔 타 마시는 은용… 잠시 창밖을 물끄러미 보며 생각에 잠겨 있는데…
이때, 남 계장이 파일철을 들고 들어온다.


남 계장    장 검사님한테 부탁했던 자료들입니다. 한 번 보세요.

용         아 그걸 벌써요? 고맙습니다. 진짜 빨리 주시네… (받아 보는데)

남 계장    제가 고맙죠.

용         뭐가요? (보면)

남 계장    제가 왜 은용 씨하고 한 팀이 되기로 마음먹었는지 아세요?

용         ??

남 계장    제가 검찰 짬밥 먹으면서 검사 덕 보려는 가족들은 수없이 봤
           거든요? 근데 검사 조카 지키려고 수갑 찬 삼촌은 처음 봤습니
           다…?

용         (픽)

남 계장    그래서 은용 씨 한번 믿어 보려고요.

용         네, 실망시켜 드리지 않겠습니다.

남 계장    약속 지키셔야 됩니다. 안 그럼 제가 가만 안 둡니다.

용         계장님.

남 계장    (보면)

용         계장님 같은 분이 저희 장 검사 옆에 있어 주셔서 너무 든든하
           고… 감사합니다.

남 계장    (픽) 나중에 밥 사요.

용         (빙긋 웃는 모습에서…)

**검찰청, 특수부 회의실 (낮)**

기석에게 준비한 아이템을 브리핑하는 특검사들인데…


특검사1     지금까지 분석한 금감원 감사 자료에 따르면, 백두증권 과장이
           내부 정보를 이용해 선행 매매한 혐의가 확실해 보입니다. 고질
           적인 병폐를 발본색원하여(O.L)

기석        밖에 나가서 명판에 뭐라고 쓰여 있는지 다시 보고 와. 특별 수
           사단 첫 사건으로 증권사 과장 하나 잡자는 거야? (휙휙 넘겨 보던
           특검사1의 수사 기획안 툭 던지는)


           cut to/


특검사2     북산중공업이 해외 분식 회계를 통해 적자 숨기고 흑자 공시한
           건은(O.L)

기석        대선 후보 테마주로 분류된 회사 아닌가? 선거 앞두고 있는 이
           시기에 쓸데없는 정치 공세에 휘말리는 건 검찰 전체에 부담이
           라는 거 몰라? (특검사2의 수사 기획안 던지면)


           책상엔 가득하게 널브러진 기획안들인데…


특검사3     바우펀드는 어떻습니까? 설계 자체가 잘못됐다는 분석이 있던
           데요?

특검사들    ! (기석의 눈치 살피는데)

이부장     야이 새끼야. 그건 그냥 찌라시에서 도는 얘기잖아! (특검사3에게

인상 팍 쓰면)

기석      아냐. 찌라시에도 가끔 쓸 만한 정보가 있긴 한데… 문제는 운영
         대표가 내 장인어른이란 게 문제지. 내가 단장인데 여기서 수사
         하면 쓸데없는 오해 생기지 않겠어? (특검사3 보면)

특검사3   (아차 싫어…) 죄송합니다. 생각이 짧았습니다. (깊숙이 고개 숙이는)

기석      (선선한 표정으로) 죄송할 일은 아니고… 오늘은 여기까지 하자. 내
         일 다시 하는데, 오늘 같은 식이면 곤란해. 당장 튀어 나가서 뭐
         든, 어떻게 하든 쓸모 있는 거 물어 와. 알겠어?

특검사들   네!!


         특검사들, 나가는데… 기석이 옆에 앉은 이 부장에게 낮은 목소
         리로…


기석      쟤(특검사3), 어디서 뽑아 온 놈이야?

이부장    대구지검에서 건설업자 뇌물 받은 3선 시장 구속시킨 친굽니다.
         차장님이 배짱 좋다고 칭찬하셨던.

기석      그래, 기억난다. 배짱은 좋네. (하더니) 저 새끼 얼굴, 내일부터 내
         앞에 안 보이게 치워.

이부장    네.


**S#10.**    **인천지검, 함진의 부장검사실 (낮)**
         듣고 있는 함진… 앞에는 명 회장이 열변을 토하는 중이다.


법전

| 명 회장 | 자, 보입시다 검사님. 주가 조작, 법률 용어로는 시세 조종이라 카는기 성립할라믄 부당 이익 실현이 있어야 카는데… 바로 앞에 계신 우리 존경하는 함진 검사님이 제가 투자해 놓은 회사들에 압색 치고 들어왔다 아입니까? |
|---|---|
| 진 | … (가만히 듣는데) |
| 명 회장 | 그래가 뭡니까? 주가는 폭락하고~ 내는 손해를 억수 봤는데… 이라믄요, 사실상 내는 피해자 아입니까? 안 그렇습니까? |
| 진 | 회장님. 속 많이 쓰리시죠? |
| 명 회장 | (보면) |
| 진 | 작전해서 큰돈 버시려다 되치기로 큰돈 날리셨잖아. |
| 명 회장 | … 더 조사할 꺼 있습니까. |
| 진 | 오늘은 여기까지 할게요. |
| 명 회장 | 씰데 없이 오라 가라 카지 마소. 사업하는 사람 일 좀 하입시다. |
| 진 | 곧 또 뵙겠네요? 회장님 일하시면, 검사도 할 일이 생겨서. (빙긋) |
| 명 회장 | !… |


**S#11.   인천지검, 일각 벤치 (낮)**

어딘가에 전화 거는 명 회장. 이때 다가와 생수통 까서 건네는 수동이다.
건넨 생수 벌컥벌컥 마시는 명 회장인데…

| 수동 | 조사는 잘 받으셨어요? 별 건 없죠? |
|---|---|
| 명 회장 | (받지 않는 전화 끊으며) 우리 사우, 단단히 삐꼈네. |

| | |
|---|---|
| 수동 | 황 부장 아직도 전화 안 받아요? |
| 명 회장 | 부장 아이고, 인자 차장. 승진했다 아이가. |
| 수동 | (픽…) 아니, 그런 훌륭한 사우를 왜 때려 그러게. |
| 명 회장 | (생수병 던지며) 일마야 내가 날린 돈이 을맨 줄 아나! |
| 수동 | (쓰레기 주우며) 에헤이~ 참 쓰레기 쫌! 그 돈 날리게 한 범인은 따로 있잖아요. 역시 회장님 촉이 맞았어요. |
| 명 회장 | 내 찌른 게 은용이 글마 맞제? |
| 수동 | 여기 함 부장하고 박준경 변호사가 자주 보는 사이래요. 박준경은 지금 은 실장 변호사니까, 아다리가 딱 떨어지지~ |
| 명 회장 | 하~ 이 놈년들을 내가 학실히 담가 뿟으야 되는데. (인상 팍 쓰는 얼굴에서…) |


S#12. **태춘의 검사실, 영상 조사실 (낮)**

고급 초밥 도시락을 먹는 은용… 맞은편으로 한나.


| | |
|---|---|
| 한나 | 변호사님에 대해 지시하신 계약 조건은 추가했습니다. (표정 싸한) |
| 용 | (초밥 먹으며) 경호는 실력 확실한 애들로 붙였지? |
| 한나 | 그럼요~ 연봉이 메이저리그 투수급인 분들로 붙여 드렸습니다. (계속 빈정대는) |
| 용 | 야. (젓가락 탁 놓고) 밥 먹다 체하겠다. 뭐가 그렇게 못마땅한 건데? |
| 한나 | 박 변호사한테 비싼 경호원 붙이는 거, 나도 당연히 동의한다 이거야. 나도 너만큼 걱정되니까. 근데! |

| | |
|---|---|
| 용 | (움찔) |
| 한나 | 펀드 걱정은 왜 나만 하고 있는데? (빠르게 다다다) 너 해 달라는 거 다 해 주면, 너도 내가 보낸 펀드 자료들에 대해서도 검토하고 뭔 말을 해야 할 거 아냐? 다음 달에 투자자 정기 배당 있는 거 알고는 있어? |
| 용 | (음…) 지난번에 명 회장 건으로 공매도 쳐서 수익이 좀 나지 않았나? |
| 한나 | 저기요, 대표님이 시간당 얼마를 벌던 분이셨는지 잊으셨습니까? 그 정도 숫자로 우리 큰손 투자자들이 만족을 하겠어요? |
| 용 | 돈 빼겠다는 투자자들 있으면 지분 거두고 정리해. |
| 한나 | 야! 너 진짜 이럴 거야! (버럭 하며 노려보면) |
| 용 | 펀드 숫자는 내가 책임지잖아? 네 몫으로 보장한 숫자는 문제없게 할 테니까 시키는 대로 해 그냥. |
| 한나 | 아~ 돈 줄 테니까 닥치고 시키는 거나 해라? 우리가 그런 파트너였냐? (진심 서운한) |
| 용 | (아차…) 미안. 내가 잘못했다. 실언. (빠른 사과하면) |
| 한나 | ('후…' 누르며) 여기 검찰청이라 운 좋은 줄 알어. 아님 넌 많이 맞았어. |
| 용 | 고맙다~ (빙긋 보면) |
| 한나 | (인상 '팍!') 웃어? |
| 용 | (진지하게 빠른 태세 전환하며 눈치 보는) |
| 한나 | ('아오…' 한숨 푹 쉬고…) 다음 작업할 테마는 정한 거야? |
| 용 | 오늘 시작할 거야. (빙긋 보는 얼굴에서) |

S#13.      **은용의 펜트하우스. 주차장 (밤)**

           최 팀장과 함께 일각의 차로 향해 가는 준경…


준경        사라진 이진호에 대해 경찰 쪽에서는 어떤 단서라도 나온 게 있
           습니까?

최 팀장     아직 없는 걸로 파악됩니다.

준경        경찰 쪽 내부 정보 모니터는 철저히 해 주세요. 뭐든 나오면 바
           로 보고해 주시고.

최 팀장     네.


           차 앞에 대기하던 경호1이 차 문을 열어 주면, 뒷좌석에 오르는
           준경…
           경호1은 조수석에, 최 팀장은 반대편으로 돌아 차에 오르면…
           경호2가 운전하는 차량 출발한다.


S#14.      **(다음 날) 특수부 회의실 (낮)**

           기석과 이 부장, 10여 명의 특검사들이 모여 앉은 회의실…


기석        이 부장이 준비한 아이템 있다고?

이 부장     네. (일어서더니) 정확히는 저희 부 검사가 올린 인지 수사 건이라,
           기획한 검사를 이 자리로 직접 불렀습니다.


           태춘이 들어와 서면, 재밌다는 표정으로 보는 기석이다.

| 태춘 | (인사하며) 차장님, 오랜만에 뵙겠습니다. |
| --- | --- |
| 기석 | 장태춘 검사 오랜만이야. 장 검사 아이템이면 내가 기대가 크지. 바로 시작해 봐. |
| 태춘 | 제가 인지한 사건은 중국 진출을 호재로 두 달 내내 주가가 오르던 솔루션 업체, 주식회사 오클레이의 그래프입니다. |

브리핑 모니터에 준비된 오클레이의 주가 그래프 띄우는데…
(장면 전환)

**S#15.    [플래시백] 태춘의 검사실 [밤]**

화이트보드에 오클레이 그래프를 슥슥 그리는 은용이고…
앞으로 태춘과 남 계장이 설명을 듣고 있다.

| 용 | 오클레이 대표, 마이클 장은 7월 13일, 자신의 대주주 지분 55만 주… |
| --- | --- |
|  | [*은용이 알려 준 내용을 기석 앞에서 브리핑하는 태춘의 모습이 교차로 펼쳐진다.] |

**S#16.    [교차] 특수부 회의실 / [f/b] 태춘의 검사실**

- 특수부 회의실.

| 태춘 | 270억 어치를 한꺼번에 팔면서 시장에선 주가가 폭락했습니다. |
| --- | --- |

**8화**                                                                                     111

| | |
|---|---|
| 기석 | (유심히 듣는) |
| 태춘 | (폭락 그래프 보이며) 그동안 작전을 해 온 장 대표가 자신의 물량을 털고, 수익을 실현하기 위해… |

- (f/b) 태춘의 검사실.

| | |
|---|---|
| 용 | 블록 딜 기술이 들어간 걸로 보여요… (보드에 '블록 딜'이라 크게 쓰는) |

- 특수부 회의실.

| | |
|---|---|
| 태춘 | 블록 딜은 증권사 브로커들에게 뇌물을 주고 시간외 거래로 자신의 대량 지분을 넘겨 리스크를 햇지하는 기법입니다. |
| 기석 | 잠깐. |

태춘의 설명을 끊은 기석은 마뜩잖은 표정으로 쏘아 댄다.

| | |
|---|---|
| 기석 | 블록 딜 자체가 위법이 아닌 건 알지? 브로커들에게 주는 돈은 수수료 성격으로 볼 수도 있어서 영장 받기도 어려울 거고… 뭣보다 흔한 주가 조작에 브로커 몇 놈 잡는 건 사이즈가 너무 작잖아? (노려보는 얼굴 위로) |
| /남 계장 | 황 차장은 특수 수사에서 사이즈를 중요하게 생각해요. 큰 거, 화려한 거. |

- (f/b) 태춘의 검사실.

| 남 계장 | 이 아이템은 아마 이쯤에서 바로 킬 각인데요? (목 긋는 손동작 해 |
| | 보이는데) |
| 태춘 | (굳은 표정으로 은용을 보면) |
| 용 | 아뇨, 황기석은 분명히 이 아이템을 잡을 겁니다. (단호했지만) |

- 특수부 회의실.

| 기석 | 꼴랑 이거면 실망스러운데? 내가 기대가 너무 컸나? |
| 태춘 | (표정 다잡고) 지금 시점에서 필요한 사건이 뭘까요? 언론에서 다 |
| | 뤘을 때, 대중들이 이해하기 쉬운 스토리텔링이 있어야죠. |
| 기석 | ? |
| 태춘 | 주인공은 여의도 암행어사, 황기석 단장님이 이끄는 정의로운 |
| | 특수단입니다. |
| 기석 | (흠…) |

(인서트) '주목할 기업인'으로 해외 경제지 표지를 장식한 오클레
이의 '마이클 장' 대표…
슈퍼카 세워진 대저택에서 호화로운 생활을 즐기는…

| /용 | 그리고 메인 빌런은 검은 머리 외국인으로… |

- (f/b) 태춘의 검사실.

| 용 | 탐욕에 눈이 먼 사악한 회사 대표고요. |

**8화**

(인서트) 골든벨 증권사 사이트… 상무 이사와 전략 투자 팀장 사진과 소개글 보이는…
룸살롱에서 샴페인을 터뜨리며 흥겹게 파티 하는…

/용     억대의 수수료를 받아 챙기며 부당 거래를 성사시켜 준 여의도 하이에나들.

        - 특수부 회의실.

태춘    부패한 브로커들은 빌런의 조력자로 등장합니다.

        - (인서트 / 플래시 포워드) 대검 기자실… '블록 딜 게이트'를 수사 보고하는 기석 모습 위로…

/용     언론에는 이 스토리를 '블록 딜 게이트'라 불러 줍니다.

기석    이 사건은 재미교포 장 씨가 해외에서 국내 자본 시장을 교란시키고 수많은 선의의 주주들에게 피해를 끼쳤다는 점에서 일반적인 블록 딜 범죄와는 다른 의미를 가집니다. 이에 저희 특수단은 이번 오클레이 사건을 계기로 해외에서 국내 자본 시장을 교란시키는 일이 두 번 다시는 일어나지 않도록 엄정 처벌할 것을 약속드립니다.

/용     적당히 어려워서 고도화, 지능화된 금융 범죄로 보이는 이 사건

은…

- (f/b) 태춘의 검사실.

다시, 보드판 앞에 서서 설명하는 은용의 모습 보이며.

| | |
|---|---|
| 용 | 정의가 승리하는 확실한 해피엔딩 되겠습니다~ |
| 태춘 | 결국 주가 조작 뇌물 거래를 블록 딜 게이트로 그럴듯하게 포장하는 거 아냐? |
| 용 | 칭찬이지? (빙긋) |
| 태춘/남 계장 | … |
| 용 | 맞아. 블록 딜 기법이야 전문가들에겐 새로울 것 하나도 없는 고전 기술이지만… 오늘도 존버 중인 국민 개미 여러분들 보시기엔 특수단, 아니 정의로운 황기석 검사의 훌륭한 성과 아니겠습니까? (눈빛 빛내는) |

- 특수부 회의실.

(앞 장면의 은용 대사를 받아) 브리핑 중인 태춘 모습 보이며.

| | |
|---|---|
| 태춘 | 오늘도 존버 중인 국민 개미 여러분들 보시기엔 특수단, 아니 정의로운 황기석 검사의 훌륭한 성과 아니겠습니까? |

회의실에 불이 켜지면.

**8화**                                                                115

| 기석 | (짝.짝.짝…) |
|---|---|

기석의 박수에 특검사들도 다들 박수친다.

| 태춘 | ('후…' 긴장 풀린 모습이고…) |
|---|---|
| 기석 | 스토리텔링… 아주 신춘문예에 나가도 되겠어? 좋아, 장 검사. 수사 기획안 정리한 거 넘기고, 오늘부터 특수단 회의 참석해. (이 부장 보며) 특수단 자리 하나 빈 거는 장 검사로 채워. |
| 이부장 | 네. (떨떠름한…) |

### S#17.  태춘의 검사실, 영상 조사실 (낮)

태블릿 보고 있는 은용인데… '똑똑' 보면, 문이 열리는 틈으로 엄지 '척!' 손 보이고… 뒤따라 들어온 태춘이 기분 좋게 웃으면. 시크하게 웃는 은용의 얼굴에서…

### S#18.  기석의 차장검사실 (낮)

새로 옮긴 차장검사실로 들어오는 기석과 이 부장… '차장 검사 황기석' 명패 보이고…

| 기석 | (자리에 앉으며) 그래서, 긴히 할 얘기 뭔데? |
|---|---|
| 이부장 | 은용하고, 장 검사… 둘이 붙여 놓는 게 아무래도 걸립니다. |
| 기석 | (흠…) |

| 이부장 | 분명히 뭔가 뒤에서 꾸밀 텐데… |
|---|---|
| 기석 | 그렇겠지. 그래서 형사부에 장태춘이를 붙여 놓은 거야. |
| 이.부장 | 네? |
| 기석 | 필요한 만큼 이용하다 뭔가 수작 부리면, 바로 날려야 하는데… 특수부가 엮여 있으면 내 입장에선 처리가 곤란하잖아? |
| 이.부장 | 문제 생겼을 땐, 제 선에서 처리하란 말씀이시죠? |
| 기석 | 그러니까… 우리 이영진 부장님을 붙여 놓은 거잖아? |
| 이부장 | … (잠시 생각 복잡한데) |
| 기석 | 왜? 뭐 문제 있어? |
| 이부장 | 아닙니다. 철저히 관리감독 하다가, 확실히 마무리하겠습니다. |

'빙긋…' 흡족한 미소로 일어선 기석은 이 부장 옆으로 가서 서더니, 창밖 보며.

| 기석 | 영진아. 이 방이 특수 부장 방보다 뷰는 별루지 않냐? |
|---|---|
| 이부장 | 잠깐 계시다 바로 검사장 올라 가셔야죠. |
| 기석 | 그래. 빨리 방 빼 줄 테니까 네가 올라와서 이 방 써라. 뷰는 별루지만. |
| 이부장 | … (굳은 눈빛으로 인사하고 떠나는) |
| 기석 | … (싸늘하게 굳어지는 눈빛에서…) |


S#19.    **인천, 변두리 주택가 전경 (밤)**
저 멀리 바다와 항구가 보이는… 변두리 주택가 보이고…

**인천, 상가건물 옥상 / 다세대 빌라 (밤)**

옥상에서 잠복 중인 원 형사는 컵라면의 뚜껑을 따고 휘휘 저어 한 입 먹으려는데.

/김 형사    (무전/F) 배달꾼 들어갔습니다!

'에이, 씨발…' 컵라면 버려두고 쌍안경으로 보는 원 형사인데…
(쌍안경 시점) 백팩을 맨 마약 조직 배달 건달이 다세대 빌라로 들어가는 모습 보이고…
뒤따라 미행하며 무전 보낸 김 형사 보이는데… [*배달 건달은 창해 아닌 다른 건달!!]

원 형사    (무전 하는) 오케이. 김 형사는 스탠바이. 한 형사, 따라 들어간다.

미행하던 김 형사는 지나쳐 가고… 일각 다른 편에서 배달 오토바이를 타고 등장한 헬멧 쓴 한 형사가 다세대 빌라로 배달 건달을 따라 들어간다.

원 형사    … (긴장된 표정으로 지켜보는데…)
/한 형사    우리 철수하는 겁니까?

옥상 문 열고 들어오는 오토바이 배달복 차림의 한 형사다.

원 형사    !?! (놀라 보며) 한 형사, 네가 왜 여깄어?

| 한 형사 | ?? 중부서 지원 나온 형사가 교대라고 하던데요? |
|---|---|
| 원 형사 | !! 무슨 개소리야!! (골목 쪽 돌아보며) 그럼 저 새끼 누구야!! (달려가며 무전 하는) 김 형사, 당장 들어가!! |

다급하게 달려 내려가는 원 형사의 모습에서…

**S#21.** **인천, 다세대 빌라 앞 / 상가건물 옥상에서 거리 (밤)**
원 형사의 무전 받고 다급하게 달려가는 김 형사고… 원 형사도 따라 달려간다!

| 김 형사 | (다급한) 예, 달려가고 있습니다! |
|---|---|
| /원 형사 | 김형사 빨리! 빨리 들어가!! |

**S#22.** **인천, 다세대 빌라 뒷골목 (밤)**
택배 트럭 보이는데…
배달 헬멧 사내가 기절한 진호를 질질 끌고 뒷문으로 나오면…
마스크에 모자 눌러쓴 택배남1,2가 능숙하게 택배 짐칸에 진호를 싣는…

**S#23.** **인천, 다세대 빌라 안 (밤)**
달려온 원 형사와 한 형사가 보면, 복도에 나뒹구는 피투성이로 떡실신한 배달 건달 보이고…

원형사     뭐야 이거!?

이때, 은신처 안을 확인하고 나온 김 형사가 보고한다.

김형사     이진호는 사라졌습니다!
한형사     (기절한 배달 건달을 살피며) 가방도 없는데요?
원형사     어떤 새끼 짓이야!! 주변 CCTV 당장 확보해!!

잔뜩 열 받은 원 형사의 모습에서…


S#24.    **은용의 펜트하우스 (밤)**
'띵…' 엘베 문이 열리며 내리는 준경…
도열해 대기해 있는 경호원들이고… 일각 기둥엔 수갑으로 묶
인 채 기절해 있는 진호다!

진호      으… (부스스 눈을 뜨면)
준경      이제 정신이 좀 들어요?
진호      … !? (멍한 눈이 차츰 돌아오는데)
준경      여긴 아주 안전한 곳이에요. 보안도 철저하고.
진호      (철컥… 묶인 수갑 확인하고) 내를 뭐… 우짤라는 긴데?
준경      … (가만히 차갑게 보는)

| 진호 | 뭐 어쩔 낀데? 어!! 이거 안 푸나!! (경호원들과 준경 번갈아 노려보며 으르렁대는데) |
|---|---|
| 준경 | … 당신 덕에 지옥 문턱까지 다녀와서… 한 가지 깨달은 게 있어. 법으로 안 되는 놈들은 법으로 상대해선 안 되겠다. 내가 그렇게 싸우다 지면, 결국 피해는 또 법을 지키는 선량한 사람들에게 돌아갈 테니까. |
| 진호 | 그래가 뭐! 불법 감금에 고문이라도 할라꼬? |
| 준경 | 그럴까도 했는데… 그쪽한텐 필요 없지 싶어요. |

옆에 놓여 있던 마약 배달 건달의 백팩에서 마약 주사기를 하나 꺼내 앞에 놓는다.

| 진호 | !? |
|---|---|
| 준경 | 이거 안 맞으면, 그쪽은 어차피 고문보다 더한 고통을 겪을 거잖아요? (마약 주사기 들어 보이면) |
| 진호 | !! (갈망의 눈빛으로 보는데) |

준경은 진호의 눈앞에서 마약 주사기를 '툭!' 떨어뜨리더니 밟아 부숴 버리는!

| 진호 | 안 돼!! (중독자의 절망적인 표정인데) |
|---|---|
| 준경 | 여기서 벗어나고 싶으면, 쓸모 있는 얘기가 뭘까… 잘 생각해. 아니면, (귀엣말) 고통은 계속될 테니까. (마약 주사기 하나 더 부숴 버리는!) |
| 진호 | !! (중독자의 모습으로 바닥에 깨진 마약 주사기를 보며 괴로워하는…) |

**8화**

그 모습 지켜보는 얼음처럼 차가운 준경의 눈빛에서…


**S#25.**   **세희의 '요리家' (밤)**

김이 모락모락 나는 통영식 시락국과 간단한 반찬들로 차려진
소박한 밥상 보이고…
기석과 세희… 맞은편엔 명 회장이 앉아 있다.


명 회장    어이~ 국물 좋~네.

기석      … (아직 감정 안 풀린 듯… 묵묵하게 먹는)

명 회장    (슬쩍 눈치 살피며) 이래 내 좋아하는 시락국으로 밥 자리 하는 건,
         화가 좀 풀렸다는 뜻이가?

기석      (건조하게) 지난번에 손해 많이 보셨죠?

명 회장    아이다~ 내는 개안타~ 다~ 내가 잘못해가 그란긴데…

기석      그럼 됐고요. (무심하게 다시 먹으면)

명 회장    (아닌가?) 하~ 근데 마… 그 일 있고, 내가 요새 잠을 통~ 못 자…
         마음이 늘 아리아리 쓰린기, 잘라 카믄 깨고. (너스레 떠는데)


명 회장에게 서류 봉투 하나 건네는 기석이다.


명 회장    이기 뭔데?

기석      보세요.

명 회장    (열어 보더니… !!) 우리 사우~!! (표정 감격한)

기석      앞으로는 제가 드리는 정보로만 거래하시는 겁니다. 그래야 사

고 안 나요.

명 회장　　하모~!!

기석　　　또 한 번 상의 없이 움직이시면 그때는 진짜 끝입니다?

명 회장　　아 맞지~ 내 절대 명심하께~ 사우, 차말로 고맙데이~ (서류 봉투 꼭

　　　　　　안는 모습에서)


## S#26.　　태춘의 검사실, 영상 조사실 (밤)

나란히 앉아 사발면 먹는 은용과 태춘이다.


태춘　　　황기석은 금융 범죄 수사로 명예를 얻고, 명 회장은 그 정보 미

　　　　　　리 알아서 돈을 벌고… 장인 사위 간에 부당 거래로 쉽게 얻고,

　　　　　　쉽게 버네.

용　　　　부러워? 우리도 한 번 해 볼까? 조카 삼촌 간에 넌 명예, 난 돈,

　　　　　　쉽게 쉽게?

태춘　　　우린 그런 놈들 잡는 거 하자. 난 실적, 삼촌은, (음…) 삼촌은 딱

　　　　　　히 얻는 게 없나?

용　　　　내가 얻는 게 왜 없어, 인마~ 난 정의롭고 능력 있는 검사 조카

　　　　　　생기는데.

태춘　　　(픽…) 박준경 선배가 남겨 준 USB로 황기석이랑 거래했으면, 삼

　　　　　　촌 이러고 있지 않아도 될 텐데.

용　　　　야, 네가 황기석이랑 거래했다면, 황기석이 그걸로 끝냈을 거 같

　　　　　　아?

태춘　　　?

| | |
|---|---|
| 용 | 너랑 거래하고 그 거래 이용해 가지고 또 다른 악행을 저질렀겠지. 그거 막으려고 우리가 지금 이러고 있는 거야. |
| 태춘 | (흠…) |
| 용 | 빨리 먹어. 라면 다 붇겠다. |
| 태춘 | (먹으려는데) |
| 용 | 야. |
| 태춘 | ? |
| 용 | 너는 인마, 라면 먹는데 김치를 안 사 오면 어떡하냐? 모질이 새끼… 이거 진짜 누굴 닮아 가지고… |
| 태춘 | 아, 김치 하나 안 사 온 거 가지고 되게 뭐라 그러네. 그리고 내가 누굴 닮아. 삼촌 닮았지. |
| 용 | 지랄… |
| 태춘 | 아, 그럼 삼촌이 사 오든가! |

티격태격 라면 먹으며 즐거운 두 사람의 모습에서…


**S#27.**  **(다음 날) 명인 홀딩스, 명 회장의 집무실 (낮)**

다리 꼬고 거만하게 앉아 있는 명 회장이고… 앞에는 수동이 서류 넘기며 보고 있다.

| | |
|---|---|
| 수동 | 캬~ 그래도 역시 가족 밖에 없네. |
| 명회장 | 내 머라 해써~ 우리 사우가 내를 억수 챙긴다 안 했나? |
| 수동 | 아이고… 그런 말씀을 하셨어요? |

| 명 회장 | 짜슥이. (흘겨보지만 기분 좋은) 그래도 고마 이 껀이믄 손실 본 거 반까이는 하겠제? |
|---|---|
| 수동 | 바우펀드 돈 또 땡겨 와서 공매도 때리자고? |
| 명 회장 | 정보 학실하다 아이가~ 오클레이, 골든벨 증권에 공매도 이빠이 때리~!! (기분 좋은 얼굴 위로) |
| /태춘 | (na) 명 회장이 공매도 때린 회사들을… |

## S#28.    몽타주

- 업무 지시를 내리는 기석과 집중하고 있는 증권 범죄 특별 수사단 검사들 보이는…

| /태춘 | (na) 황기석이 이끄는 정의의 검사들이 박살낸다. |
|---|---|

- 거울 너머 조사실에는 이 부장에게 취조 받는 마이클 장… 수의를 입고 있는…
조사실을 바라보고 있는 기석…

| /태춘 | (na) 정의가 승리하면. |
|---|---|

- 기분 좋은 명 회장과 수동의 모습 보이는…

| /태춘 | (na) 내부 정보를 이용한 명 회장은 용이 삼촌이 계획한 대로 큰 수익을 얻는다. |
|---|---|

- 이 모든 것을 계획한 은용, 여유롭게 구치소 운동장을 산책하고…

S#29.    **태춘의 검사실 (낮)**

다시, 화이트보드 앞에 선 은용이 태춘과 남 계장에게 설명하는…

용       이번 아이템은 스팩. (SPAC 크게 쓰고) M&A만을 목적으로 하는 특수 목적 기업인데.

S#30.    **특수부 회의실 (낮)**

태춘은 기석과 특검사들 앞에서 브리핑한다.

태춘     실상은 주가 조작 기법 중 하나인 우회 상장을 합법화한 제도죠.
         [*브리핑하는 모습 위로 이어지는 내레이션]
/태춘    (na) 삼촌과 내가 다음 아이템을 찾으면.

S#31.    **몽타주**

- 특수단 회의실에서 급하게 나가는 특검사들… 그 모습 서늘하게 보는 기석…

/태춘           (na) 다시 황기석의 검사들이 공격하고…


                - 다른 회사를 압수 수색하고, 압색 박스 들고 건물 밖으로 나오
                는 태춘, 특검사와 수사관들…
                건물 밖으로 나오면 수많은 기자들에 둘러싸여 걸어가는 태춘
                이고…
                - 영상실에서 작업 중인 은용…
                - 조사실에서 신문하는 태춘… 거울 방에서 지켜보는 기석…
                - 사무실에서 명 회장은 수동과 머리를 맞대고 심각하게 논의하
                는…


/태춘           (na) 명 회장은 내부 정보를 이용해 투자한다.


                - 은용… 기석… 태춘… 명 회장이 각각 바쁘게 작업하는 모습
                보이고…
                - 명 회장 모니터에는 상한가를 치는 주식 그래프…
                주가 오르는 것을 보고 신나서 방정맞게 탭댄스 추는 명 회장과
                수동…
                - 은용이 쓰는 조사실 벽에 붙은 자료들이 점점 늘어나 가득 채
                워지는…


/태춘           (na) 이러한 패턴이 몇 번 더 반복됐을 때…

**태춘의 검사실 (낮)**

(장면 전환) 화이트보드의 보안 덮개 걷으면, 가득하게 채워진 '명 회장의 비자금 흐름도' 보이고…

/태춘    (na) 명 회장이 바우펀드에서 유용한 모든 비자금은 삼촌이 유도한 곳에 투자되었다.


나란히 서서 '흐름도'를 보는 은용과 태춘인데…

태춘    계획대로 된 건가?

용    (끄덕)

태춘    명 회장이 이렇게까지 예상대로 움직일 줄 알았어?

용    의심이 많은 사람이야. 확실한 정보가 아니면 절대 금고문을 열지 않는데… 뒤집으면, 확실한 정보만 제공해 주면 얼마든지 돈을 쏟아붓는단 얘기니까.

태춘    하~ 이게 다 얼마를 해 먹어야 만족을 하는 거야? 명 회장은 돈을 얼마나 벌어야 만족을 하는 거야?

용    얼마일 거 같아?

태춘    글쎄… 명 회장이면 백억은 가볍고, 천억도 넘을 텐데… 1조?

용    처음 자본 시장에 들어올 땐 얼마가 목표다, 얼마다… 다들 그런 생각하는데, 진짜 돈장사꾼이 되면 결론은 모두 같아져.

태춘    ??

용    목표가가 사라지지.

태춘    돈 자체가 목표가 되는, 끝도 없는 욕망 같은 건가?

| 용 | (끄덕이며) 나도 그랬어. |
|---|---|
| 태춘 | 지금은? |
| 용 | 후회해. 돈이 아무리 많아도 시간은 되돌릴 수 없으니까. |
| 태춘 | … (은용을 가만히 보다가) 그놈들도 후회하게 만들자. (굳게 보면) |
| 용 | (픽… 보드판 보며) 오케이, 그럼 명 회장이 다시 목표가를 가지도록 그 인간을 다시 처음으로 리셋 시켜 볼까? |

보드판 보며 눈빛 빛내는 은용과 태춘의 모습 위로.

| /태춘 | (na) 삼촌은 황기석의 검사들을 이용해 명 회장의 모든 투자처를 일제히 공격했다. |
|---|---|

### S#33.  (다른 날) 명 회장이 투자한 회사 사무실 (낮)

압색으로 엉망으로 어질러진… 텅 비어 있는 사무실에 서 있는
명 회장인데…
수동이 다가와 '법원 명령서' 건넨다.

| 수동 | 우리가 투자한 모든 돈들이 지금 동결 됐어요. |
|---|---|
| 명 회장 | (명령서 구겨 움키다, 비틀… 어지럼에 책상 짚고 가쁜 숨 몰아쉬는) |
| 수동 | 괜찮아요? |
| 명 회장 | (이 악물고) 하모… 내는 개안타… 내가 누고? 이래는 못 죽는다. |

결기 싸늘한 명 회장의 모습에서.

**구치소. 특별 면회실 (낮)**

마주 앉은 죄수복 은용과 기석이다.


기석      마무리 짓기 전에 잠깐 들렸어.

용        어젯밤에 전격적으로 싹 쓸었단 얘긴 늘었어. 회장님이 이번에
            는 상심이 좀 크시겠네. 바우펀드 이용해서 큰돈 벌려고 꿈꾸고
            있었는데, 그 꿈이 한순간에 악몽으로 바뀌었으니.

기석      바우펀드 펑크 난 금액이 워낙 규모가 크다 보니까.

용        회장님 전 재산을 쓸어 모아도 그 돈 메꿀 수 있을지 모르겠네.

기석      …

용        명 회장은 내가 막장으로 몰아 놨으니까, 마지막 협상은 네가 잘
            해 봐.

기석      (가만히 보다가…) 4816…

용        ?

기석      이번 거 마무리 잘 되면, 그 죄수복 벗고 교도소 담장 밖으로 나
            갈 수 있게 해 줄게. 약속대로.

용        당연히 그러셔야죠. 우리 태춘이도 잘 챙기시고.

기석      밖에 나가면 나하고 공이나 한번 치자. 이런 저런 비지니스 얘기
            도 하면서…

용        검사님하고 비지니스 얘길 하자?

기석      진짜… 나하고 한번 일해 볼 생각 없어?

용        왜? 내가 마음에 들어?

기석      솔직한 건 마음에 들어.

용        (픽) 남산증권까지 마무리나 잘해.

기석        오케이.


S#35.      **남산금융 빌딩, 전경 (낮)**
'바우펀드' 광고판 크게 붙은 남산금융 빌딩 전경 보이고…


S#36.      **남산금융그룹, 이 회장의 방 (낮)**
이 회장과 마주 앉은 명 회장은 단호한 태도로 말한다.

명 회장    보소 이 회장님. 인자 남산은행이 막아 주지 않으믄 다 같이 죽
          는 겁니데이.
이 회장    그건 어렵습니다.
명 회장    바우펀드 4호 고객이 누군지 아십니까? 지금 검찰 내 요직은 다
          맡고 있는 실세 중의 실세 검사장님들입니데이. 우리 사우가 누
          군진 잘 아시죠?
이 회장    잘 알죠. 저하고 방금도 통화했는데.
명 회장    !!
이 회장    뭘 말씀하시든. 아무것도 들어주지 말라고 합디다.
명 회장    !!!!! 뭐라꼬요?


S#37.      **골프장, 그늘집 / 달리는 명 회장의 차 안 (낮)**
기석과 세희, 곽 박사와 내연녀가 함께 브런치 식사하는데…

| 곽박사 | 요즘 특수단 활약이 아주 대단합니다~ 이거 한 번 봐 봐요. (파일 건네주면) |
|---|---|

기석과 세희가 보면, 여론 조사 분석표다.

| 곽박사 | 대외비로 여론 조사 돌린 건데, 황 차장 최근 인지도가 연일 상한가예요? |
|---|---|
| 기석/세희 | (마주 보며 뿌듯한데) |
| 곽박사 | 다음 주말쯤에 위원장님하고 자리 한번 마련할게요. |
| 기석 | 시간 비워 두겠습니다. |

이때, 기석이 울리는 전화기를 보더니, 곽 박사에게 눈인사하고 자리를 피하며 받는다.

/+ 달리는 차 안에서 기석과 통화하는 명 회장…

| /명 회장 | 남산증권 이 회장 만났다. 니 얘기 들었고. |
|---|---|
| 기석 | 그러셨어요? |
| /명 회장 | 인자 우짜자고? 내캉 바우펀드 망가지믄, 니는 멀쩡할 것 같나? |
| 기석 | 지금 좀 바쁘니까 만나서 얘기하시죠. 별장에서 봬요. (서늘한 눈빛에서…) |

## S#38.     은용의 펜트하우스 (석양)
여전히 묶여 있는… 수염 웃자라고 퀭한 눈에 수척한 진호… 금단 증세로 심하게 긁어 댄 팔뚝과 몸에는 스크래치 자국 흉측한데…

진호 (덜덜 떨고… 긁어 대며) 명 회장 별장 금고 안에 보면 시체들이 버글버글 합니데이. 이제 됐지요? 이제 약 좀 주이소… 약 좀!! 약 좀 달라고!! 이제 제발!! 약 좀!!… (거칠게 움직여 묶인 팔목과 발목에 핏자국 배어나는데)

약 달라며 헛소리해 대는 진호의 옆으로…
일각 테이블에서 쌓여 있는 기록들을 검토 중인 준경이다. 무섭도록 냉정한…

**S#39.** **명 회장의 별장 (밤)**
거실 창밖을 내다보며 싸늘하게 생각에 잠긴 명 회장인데… 이때, 누군가 들어오는 인기척 들린다.

명 회장 사우 왔나. (보는데) !??

들어온 이는, 기석이 아닌 세희다.

세희 바빠서 제가 대신 왔어요.
명 회장 (미간에 주름 '팍!' 생겨 보는데)

서늘한 표정으로 앉는 세희. 다가와 마주 앉는 명 회장…

세희        바우펀드 펑크 낸 금액이 총 얼마예요?

명 회장     그거 물어보라 시키드나.

세희        아뇨. 뭐 듣고 전할 건 아니고. 제가 아빠 살려 드리러 왔어요.

명 회장     니가?

세희        살 방법은 하나예요. 펑크 난 금액, 아빠 자산으로 다 채워 넣으
               시고 바우펀드 대표 자리는 저한테 넘겨 주세요.

명 회장     !! 니한테??

세희        상속 좀 일찍 한다 생각하세요.

명 회장     하~ 내 돈을 싹 다 니 주고 인자 뒷방 늙은이로 짜지라 이 말이재?

세희        네.

명 회장     내 한 개만 묻자. 이 일 꾸민 기 아무리 생각해도 사우 스타일은
               아인데… 은용이. 맞재?

세희        … (미소 서늘한)

명 회장     우리 사우가 내 죽일라꼬 은용이캉 손잡았다 이 말이가? (기가 찬데)

세희        아직 모르시겠어요? 아빠 빼고 다 적이에요. 아빠 편, 아무도 없
               어. (차가운)

명 회장     ! (노려보는데…)


S#40.     **구치소 전경 (밤)**
               밤이 깊은 구치소 전경 보이고…

S#41.        **구치소. 은용의 독방 (밤)**

잠자리에 누워 뜬 눈으로 생각에 잠긴 은용인데… 이때, '탁!' 하
고 쪽창문 열리며…

교도관1      4816, 검찰 출정.
용           ??


S#42.        **검찰청. 태춘의 검사실 (밤)**

어둑한 검사실로 들어가는 은용과 교도관1인데…
안에는 태춘이 아닌 이 부장이다?!

용           ?
이 부장      근처 사우나 가서 눈 좀 붙이고 오세요. (교도관1에게 오만 원짜리 두
             장 꺼내 주면)
교도관1      (받아 챙기며) 마치면 연락 주세요~ (나가고)

이 부장과 마주 선 은용인데…

용           뭡니까?
이 부장      (옆에 뒀던 쇼핑백 '툭!' 던지며) 사이즈 대충 맞춰 산 건데. 갈아입어요.

보면, 사복 들어 있는데…

**은용의 펜트하우스 (밤)**

늦은 밤의 어둑한 실내… 일각 벽(혹은, 보드판)에 붙여 놓은 사건 스크랩들 보이는…
기록들 쌓아 놓고 검토 중인 준경인데…

준경       !! (출력된 파일의 날짜에 동그라미 치더니, 보드판의 오 대표 사망 기사 떼 오는…)


책상에 놓인 엑셀파일은 '개인별 출정 기록' 수용자 성명 명인 주… 자정을 넘기고 새벽에 들어온 날짜에 동그라미 쳐 있는데… 준경이 찾아 든 '오 대표 사망 신문 기사'의 날짜와 동일하다!
굳은 눈빛의 준경이 일각을 돌아보고, 다가가면…
일각에 묶인 진호는 멍하게 넋 나간 눈빛으로 허공을 보고 앉아 있다.


준경       오 대표 사망과 관련해 아는 거 있어? 오 대표가 자살했다는 건 말도 안 되는 얘기고, 명 회장이 어떤 식으로든 연관이 있을 거라 생각하는데(O.L)
진호       서울 법대… (말 끊으며 물끄러미 보는)
준경       !?
진호       기억나네. 요장이 늘 그래 불렀던 거…


진호의 눈빛은 이젠 약 기운이 어느 정도 빠진 느낌이다.

| 진호 | 물 한 잔만 줄랍니까. |
|------|-------------------|
| 준경 | … (가만히 진호를 보는 모습에서…) |

**S#44.** **한적한 외곽 도로. 달리는 이 부장의 세단 안 (밤)**

운전하는 이 부장의 옆으로… 모자를 눌러쓴 은용인데…

/달리는 세단은 '길 없음' 도로 표지판이 있는 이면 도로로 꺾여

들어가고…

**S#45.** **명 회장의 별장 앞 (밤)**

별장 정원으로 들어서는 세단.

라이트 불빛 앞에 서 있는 명 회장.

차에서 내리는 은용과 이 부장. 명 회장에게 다가간다.

| 명 회장 | 들어가자. 니캉 내캉 할 말 많재? |
|---------|------------------------------|
| 용 | … |

**S#46.** **명 회장의 별장 안 (밤)**

마주 앉은 두 사람인데… 명 회장은 양주 따라 준다.

| 명 회장 | 한 잔 무라. 안에서 욕볼낀데. (따라 주면) |
|---------|-----------------------------------|
| 용 | 저도 한 잔 올리겠습니다. |

**8화**

| | |
|---|---|
| 명 회장 | (픽…) 그래. 간만이네. |
| 용 | (따라 주면) |
| 명 회장 | (건배하고 한 모금 마시고…) 비싼 술이 와 이리 쓰노… |
| 용 | … |
| 명 회상 | 니 기억하나? 묵호건설. |
| 용 | (픽…) 그럼요. 기억하죠. |
| 명 회장 | 그때 내한테 통수 맞고 다들 깡통 찼는데, 니만 벌었재? |
| 용 | 알고 계셨구나. |
| 명 회장 | 초장에 싹수를 학실히 꺾었어야 했는데… 후회막심이다. |
| 용 | 제가 벌어 드릴 돈이 보이셨겠죠. |
| 명 회장 | 니도 잘 아네. ('픽!' 웃으면) |
| 용 | 그래서 오늘 거래는 얼맙니까? |
| 명 회장 | … (가만히 보면) |
| 용 | 펑크 난 금액이 대충 짐작은 가긴 합니다만. (보면) |
| 명 회장 | 조 단위가 넘지~ 1조 5천 억쯤 있으믄 급한 불은 끌 꺼 같다. |
| 용 | (빙긋) 그렇게 말씀하시는 거 보면, 끝쩐 떼고 6천 억이면 급한 불은 끄겠네요. 회장님 계산법은 제가 잘 압니다. |
| 명 회장 | 하~ 우리 은 실장 역시 빼꼼하네~ |
| 용 | 급한 돈 메꿔서 살려 드리면, 저한테 뭐 주실 겁니까? |
| 명 회장 | (USB 두 개 꺼내 놓으며) 윤 대표 딸내미한테 뺏은 이거는 돌리 주야지. 그라고, 이거는 기자들이 좋아할 우리 사우 사진들 몇 장 넣었데이. |
| 용 | … |
| 명 회장 | 여기가… 여기저기 카메라가 많거든… |

| 용 | … |
|---|---|
| 명 회장 | 어떻노. 거래 할 만하나? |
| 용 | USB 두 개에 6000억이라… 제가 한 거래 중에 가장 어이없는 거래네요. |
| 명 회장 | 대통령도 될라 카는 황기석이 모가지 값 아이가. |
| 용 | 좋습니다. 내일 홍 대표 보낼 테니 이 조건으로 거래 진행하시죠. 그러고 보니 처음이네. 회장님하고 뭐 거래한 건. |
| 명 회장 | 첫 거래 아이다. |
| 용 | ? |
| 명 회장 | 내는 이 거래 안 할 꺼거든. (비릿한) |
| 용 | ?! (물음표 크게 생긴 얼굴에서) |

## S#47.  은용의 펜트하우스 (밤)

빈 생수병 놓여 있고… 진호는 준경이 건넨 명 회장의 출정 기록을 보고 있다.

| 진호 | 아다리 딱 맞게 밤샘 조사 나갔네… 회장님쯤 되면 슬쩍 나가가 바깥바람 쐬고 왔을 수도 있어. |
|---|---|
| 준경 | 그게 가능해? |
| 진호 | 사위 빽 좋잖다 아이가… 돈 있고, 권력 있는 놈들 중에 법대로 징역 사는 놈 봤나? |
| 준경 | !! 그럼 오 대표 사망 시각에 명 회장 알리바이가 깨질 수도 있단 얘긴데… 오 대표가 죽은 거… 자살이 아닐 수도 있겠네? |

| | |
|---|---|
| 진호 | 회장님이라믄 그럴 수 있지… 요장도, 당신도… 다 보내 뿔라 했다 아이가… |
| 준경 | 밖으로 빠져나간 증거나 증인은, 찾을 수 있어? |
| 진호 | 법 앞의 박사님들이 그런 걸 남겼겠나?… |
| 준경 | … (답답한 표정인데…) |
| 진호 | 대신 요장이 빵에서 뒤집어 쓴 누명은 어째 해 볼 수도 있을 거 같은데…? |
| 준경 | 어떻게? |
| 진호 | (비릿하게) 궁금하재? 그라믄 약 한 짝대기 주 봐. |
| 준경 | !! (노려보면) |
| 진호 | 법 같은 거 신경 안 쓰고 무슨 짓이든 하겠다매? 괜찮은 거래 아이가? |
| 준경 | … (굳은 눈빛에서…) |

## S#48.  명 회장의 별장 [밤]

명 회장은 비릿한 표정으로 이어 간다.

| | |
|---|---|
| 명회장 | 니는 처음부터 내가 아니라 우리 사우를 노렸던 판 아이가? 내는 돈이면 거래가 되는 사람이니까. |
| 용 | 그러니까요. 이 돈 안 받고 어쩌시려고요? 회장님은 자식 없인 살아도 돈 없인 못 사시잖아요? |
| 명회장 | 니 오기 전에 남산증권에 통보했다. 바우펀드, 내일부터 환매 중단이다. |

| 용 | ‼ 환매 중단이라고요? 펀드 파산시킨다고요? |
|---|---|
| 명 회장 | 니는 대충 그림이 그려지제? 단군이래 처음일끼야. 이런 대형 금융 사고는. |
| 용 | ‼ |

(플래시 포워드) 증권사 창구에 잔뜩 몰려 악을 써 대는 서민들 모습 보이는…

| /명 회장 | 피해 규모가 조 단위를 넘으니까, 피해자는 수십만 쯤 될 끼고… 세상이 시끄럽겠지. |
|---|---|

(플래시 포워드) 증권사 앞과 국회 앞에서 격렬히 데모하는 피해자들 보이는…

| /명 회장 | 원성이 하늘을 흔들고, 반도 땅은 피로 물들 끼야. 자살도 몇 놈 하겠지. |
|---|---|

(플래시 포워드) '바우펀드 환매 중단!'을 긴급하게 속보로 내보내는 뉴스들 보이고…

| /명 회장 | 바우펀드를 이래 만든 주범은 대한민국 금융 역사상 최악의 악당이 될 낀데… |
|---|---|

| 용 | ! |
|---|---|

| 명 회장 | 내 돈 받아 처묵은 영감쟁이들이 과연 내를 그래 만들 수 있을까? 내가 입만 뺑끗하면 내캉 같이 손 붙잡고 골로 가 뿌는데? 내는 절대 안 죽는다. |
| --- | --- |
| 용 | 그렇다고 펀드를 터뜨리겠다는 겁니까! 그 많은 사람들의 돈을 허공에 날리면서! |
| 명 회장 | 그기 내캉 무슨 상관인데? |
| 용 | !! |

## S#49.  은용의 펜트하우스 (밤)

배달 건달의 백팩에서 마약 주사기를 꺼내 놓고 고민하는 준경이고…

| 진호 | 그래, 그거… 그거 한 짝대기만 주이소… (퀭한 눈빛으로 입맛을 다시는) |
| --- | --- |
| 준경 | … (가만히 보는 차가운 눈빛에서…) |

## S#50.  명 회장의 별장 (밤)

| 명 회장 | 위에서 내를 덮어 주면, 이번에 내가 펑크 낸 손실은 개미 새끼들이 책임지겠지. 내 자리도, 돈도 문제없다. |
| --- | --- |
| 용 | … |
| 명 회장 | 이번 판은 니가 졌다, 은 실장. |
| 용 | !! |

이를 악물고 노려보는 은용의 얼굴에서…


## S#51.　　은용의 펜트하우스 [밤]

준경　　(주사기 들어 보이며) 이거 독약이야. 맞으면 죽어.

진호　　그게 뭔 소리고?

준경　　배달꾼이 가져온 마약 중에 당신한테 준 약에만 특별한 표식이
　　　　돼 있었어.

　　　　백팩에서 다른 마약 주사기들을 꺼내 보는데… 진호 몫에만 특
　　　　별한 표식이 있다.

준경　　뭔가 이상하다 싶어 성분 분석을 해 봤는데, 치사량의 독극물이
　　　　검출됐어.

　　　　진호가 들어 보는 '독극물 검사 보고서'에는 복잡한 화학 성분
　　　　분석 아래에 적힌 소견 메모…

　　　　> (인서트) '성인 치사량에 해당하는 시안화칼륨(청산가리) 350mg
　　　　이 검출됨.'

진호　　명 회장이 내를 죽이라 캤다? 꼴랑 이 종이 쪼가리 하나로 수작
　　　　부리는 기가?

| 준경 | 못 믿겠다면 맘대로 해. (주사기 앞에 놓으며) 말릴 생각 없으니까. |
| | 풀어 줘요. |
| 진호 | ! |

진호는 주사기를 집어 들고 갈등하며 노려보다⋯ '으아아악!!'
소리 지르며 벽에 던져 박살낸다!
씩씩거리는 진호⋯ 그런 진호를 차갑게 보는 준경의 모습에서.


**S#52.** **구치소. 앞 복도 + 은용의 독방 (밤)**
죄수복을 입은 은용이 독방으로 들어서는⋯

| /용 | (na) 명 회장은 자신만이 살아남기 위해 모든 것을 파괴하는 선 |
| | 택을 했고⋯ |

교도관은 밖에서 문을 철컥 걸어 잠그고⋯ 다시 독방에 갇힌⋯

| /용 | (na) 결국 내가 졌다. 내 계획의 어디가 잘못 됐던 것일까. |

깊은 생각에 잠긴 은용의 모습에서⋯


**S#53.** **(시간 경과 - 아침)**
독방 창문 일각의 거미줄이 햇살에 반짝이는⋯

뜬눈으로 밤을 새운 은용인데…

/용     (na) 밤을 새워 되짚었고, 아침이 밝았을 때… 다시 싸우기 위해
        내가 해야 할 일들이 떠올랐다.

        복도 저편에서 "5사동! 점호~!!" 외치는 소리에 이어… 권 주임
        이 독방 앞으로 와 안부를 묻는다.

권 주임  밤새 안녕하셨습니까~
용      주임님, 전화 좀 씁시다. 지금 당장. (빛내는 눈빛에서…)


S#54.   **도심 전경 (낮)**
        차량들 분주히 오가는 도심 전경… 일각 전광판에는 '바우펀드
        환매 중단' 뉴스 속보 보이는…

/태춘    (na) 검은 수요일로 불리는 이날 오전…


S#55.   **거리, 정류장 일각 (낮)**
        정류장의 사람들 속, 태춘은 굳은 표정으로 일각 전광판의 뉴스
        속보를 보는…

앵커    국내 최대 규모 바우펀드가 1조 5천억 규모의 일부 환매 중단을

결정했습니다.

/태춘    (na) 바우펀드는 환매 중단을 선언했고…

(인서트) 증권사 창구에 잔뜩 몰려 악을 써 대는 서민들 모습 보이
는…

/앵커    (E) 이후, 추가 환매 중단이 이어질 경우 피해 규모는 3조 원이
넘는 사상 최악의 금융 사고가 예상되는 가운데… 오늘 주식 시
장은 일제히 폭락했습니다.

/태춘    (na) 단일 펀드의 금융 사고로는 사상 최대 규모의 피해액이 발
표되면서.


S#56.    **체인지 사모펀드, 한나의 오피스 (낮)**
모니터에는 폭락하는 주가 그래프 보이고… 굳은 표정의 한나
인데…

/태춘    (na) 주식 시장은 폭락했다.


S#57.    **태춘의 검사실 (낮)**
문을 박차고 들어오는 태춘은 잔뜩 열 받아 씩씩거린다.

태춘    명 회장 미친 거 아닙니까! 이 정도 대형 사고면 그냥 다 같이 죽

자, 이런 거죠?

남 계장    (굳은 표정으로 모니터 보며) 아뇨, 다 죽이고 지만 살겠단 거죠.

태춘    예? 지 혼자 어떻게 살아요?

남 계장    역대급 태풍을 일으켰잖아요. (검지로 위쪽 가리키며) 받아먹은 놈
들은 절대 못 건드려요. 명 회장이 같이 죽자 달려들면 다 같이
날라 가는 거니까.

태춘    (잔뜩 인상 쓴 얼굴에서)


S#58.    **명 회장의 별장 (낮)**

따스한 햇볕 받으며… 느긋한 포즈로 앉아 떠드는 명 회장…

명 회장    하 참내… 내도 피해자라니까요~

스피커폰 모드로 놓여 있는 기석의 폰… 맞은편엔 굳은 표정의
기석 보이고…


S#59.    **대검, 대형 회의실 (낮)**

별장 명 회장 쪽과 달리 블라인드 쳐 있어 어둑한 회의실. 감찰
부장의 스피커폰을 가운데 놓고 둘러앉은 수뇌부들은 모두 무
거운 표정이다.

[*여기 모인 감찰 부장을 비롯한 5~6명의 대검 간부급 고위 수뇌부는 이후 연결
있음.]

| /명 회장 | (F) 이기 전부 부사장으로 일 보던 이수동이, 글마가 벌인 짓이다 아입니까~ |
|---|---|
| 감찰 부장 | 아니, 이 큰 대형 사고를 어떻게 부사장으로 덮습니까! |

## S#60.　명 회장의 별장 / (교차) 대검, 회의실 (낮)

| 명 회장 | 그라믄 우짤까요? 별장서 술판 벌일 때 맹쿠로 깜빵에 다 같이 모이가 콩밥이나 노나 묵을까요? |
|---|---|

/'으흠…' 감찰 부장을 비롯한 수뇌부들은 똥 씹은 표정들이지만, 누구하나 선뜻 나서지 못하는데…

| 명 회장 | 이런 사건 원투데입니까~ 황 셰프가 단디 처리할 껍니다. 안 그렇나 우리 사우~? |
|---|---|

명 회장이 비릿하게 보면… 마주 앉은 굳은 표정의 기석은 폰에 대고 수뇌부들에게…

| 기석 | 황기석입니다. 오늘 안에 수사 방향 정리해서 보고 올리겠습니다. (차분히 말하는데) |
|---|---|
| /감찰 부장 | (잔뜩 노기 서린) 황 차장, 황기석 너 이 새끼야! 이거 제대로 정리 못 하면 제일 먼저 너부터 죽는 거 알지! |
| 기석 | 아무 문제없게 정리하겠… (하는데, '띠릭-' 전화 끊기면) |

| 명 회장 | ('꼴 좋네…' 싶은 표정으로 보는데) |
|---|---|
| 기석 | 이수동은 지금 어딨습니까? |
| 명 회장 | 뒷뺏지~ 이래 사고 친 놈이 나 잡아가소, 하고 그냥 있겠나? 글마는 걱정 안 해도 된다. (잔인한 미소 배이는 얼굴에서) |

### S#61.　불법 도박장, 안쪽 사무실 (낮)

일각 구석에 입과 손발이 꽁꽁 묶여 있는 수동… 잔뜩 공포에
질린 눈빛인데…
내려다보는 창해에게 건달1이 묻는다.

| 건달1 | 오늘 밤에 작업할까요? |
|---|---|
| 창해 | 타이밍 잡히면 위에서 오다 떨어질 거야. 유서 날짜하고 시체 상태하고 맞춰야 하니까, 그때까진 살아 있게 창고에 가둬 놔. |
| 건달1 | 예, 형님. |

건달들에게 끌려가며 묶인 채로 울며불며 발악하는 수동이고…

### S#62.　명 회장의 별장 (낮)

다시, 비릿한 미소의 명 회장인데… 굳은 표정의 기석이 폰을 챙
겨 일어선다.

| 기석 | 수습 방안 정리되면 연락드리겠습니다. 그동안 외부 출입은 마 |
|---|---|

세요. 특히 기자들 조심하시고.

명 회장    하모 하모.

기석    (가려는데)

명 회장    근데 우리 사우… 인자 좀 알겠나?

기석    !? (돌아보면)

명 회장    니는 결국엔 나의 개다. 돈 지키는 개새끼.

기석    …

명 회장    (은용이 사려 했던 USB 2개 꺼내 보이며) 니 목줄은 내가 쥐고 있데이.
그라이까네, 열심히 뛰댕기가 사태 수습 학실히 잘 하자~ 알았
제? (미소 싸늘한)

기석    … (꾹 눌러 참는 모습에서…)


**S#63.**    **구치소, 복도에서 특별 면회실 (낮)**

수갑을 차고 구치소 복도를 걷는 은용… 앞서 간 권 주임이 문
을 열어 주면, 은용이 들어선 특별 면회실에는 기석이 기다리고
있다. 마주 선 두 사람인데…


기석    … (노려보면)

용    명 회장이 사고 친 거 수습하느라 많이 바쁠 텐데… 여기 올 시
간이 있었네?

기석    어젯밤에 장인 만났다며? 쓰레기 같은 새끼가, 이중 거래로 뒤
통수를 쳐!?

용    우리가 공정 거래를 기대할 사이는 아니지 않나? 너도 기회만

있으면 언제든 그랬을 거잖아?

기석  이 새끼가! (멱살 쥐고 주먹 들면)

용   (픽…) 여기서 둘 중 하나 죽는 걸로 끝장 볼 거 아니면, 이쯤 하
    지? (멱살 잡은 손, '탁!' 쳐 내며) 원하는 게 뭐야? 이런 델 몸소 오신
    거 보면 남들 모르게 할 얘기 있는 거잖아?

기석  ('후…' 옷매무새 다잡으며 다시 여유 찾고…) 바우펀드 사건, 이수동으로
    정리할 건데 너도 알다시피 그 정도로는 사이즈가 안 나와서…
    검찰 쪽 내부 정보 흘린 내부자로 우리 장태춘 검사를 엮어 볼
    까 하는데. 삼촌 생각은 어때? (미소 비릿한…)

용   … (가만히 보는 얼굴 위로)

/용  (na) 밤새 분석했던 첫 번째 리스크.


**S#64.**  **검찰청 복도 (낮)**

굳은 눈빛으로 복도를 걸어가며 통화하는 태춘의 모습 보이
고…

태춘  네, 계장님. 오늘 회의 취소됐어요. 지금 검사실 들어갑니다. (통
    화하는 모습 위로)

/용  (na) 이들과의 싸움에서 태춘이는 가장 크게 노출된 나의 약점이
    다.


**S#65.**  **구치소, 특별 면회실 (낮)**

다시, 면회실의 은용과 기석… 기석을 노려보는 은용의 얼굴에
서…

8화 엔딩

# 괴물이 되어야 하니까

자신이 살아남기 위해
모든 것을 파괴하는 선택을 내린 명 회장.
계획이 실패한 은용은 명 회장의 파괴에
동참해 공매도로 넘성난 본틀 들어 팀는데!
은용의 진짜 목적은 탐욕일까.
아니면, 명 회장을 잡을 계획일까.

**S#1.** **[과거] 검찰청 전경 [낮]**

(자막)_2003년… 은용이 PC방 작전을 하던 해의 검찰청 전경 보이고…


**S#2.** **[과거] 이수동의 검사실 [낮]**

검사 법복을 벗어 일각 옷걸이에 걸어 두는 수동…

수동      선생 두들겨 팼던 조카 분께서 또 무슨 사고를 치셨나?

용        …


검사 책상 맞은편에 앉아 있는 은용…
수동은 '검사 이수동' 명패 보이는 너머로 자리에 앉으며.

수동      우리 은 실장님이 오늘은 또 무슨 일이실까? (비릿하게 보면)

용        명 회장 상대로 주가 조작 작전을 하나 했습니다.


**9화**                                                                              163

| 수동 | 역시 그게 은 실장 작품이었네~ 천하의 명 회장이 역작전 제대로 걸려 가지고 손실이 이만 저만이 아니라고 소문이 크게 돌던데. 얼마나 벌었어요? |
|---|---|
| 용 | 열 한 자리 조금 넘겼습니다. |
| 수동 | 열 한 자리면, 일십백천만십만… (손가락 꼽아 보는) |
| 용 | … |
| 수동 | 억십억백억… (손가락 꼽아 보더니) !! 뭐야 백억?? 와 대박!! 진짜?!! (호들갑) |
| 용 | 네. (여유 있는 태도…) |
| 수동 | (방정맞던 방금 모습 짐짓 다잡으며, 흠…) 근데 주가 조작 작전해서 돈 번 걸 검사 앞에 자랑하러 온 건 아닐 거고, 그렇다고 자백 같지도 않은데… 바라는 게 뭐야? |
| 용 | (가만히 보는 얼굴에서…) |

## S#3.　[과거] 일식집, 룸 안 [밤]

의아한 명 회장인데… 들어온 이는, 은용이다!

| 명 회장 | !! 이게 누고? |
|---|---|
| 용 | 회장님, 오랜만에 뵙습니다. (맞은편으로 앉고) |
| 명 회장 | … (노려보는데) |
| 수동 | (은용에게 잔 건네고 따라 주며) 은 실장이 숫자 기억하는 재주가 신기하시더만. 회장님 차명 계좌 몇 개를 적어 줬는데 그거 따 보니까 문제가 좀 많아요? |

씩 웃는 수동의 모습… 기가 찬 명 회장의 모습에서…


**S#4.** **명 회장의 별장 (낮)**

심기 불편한 표정의 명 회장인데… 이때… 건들거리며 들어오
는 성태다.


성태      은 실장은 새벽 비행기로 한국 떴습니다.

명 회장      찢어 죽일 새끼…

성태      이수동 검사에게는 무기명 채권으로 10억 정도 뇌물 준 걸로 보
         입니다. 어제 노름방 와서 담보로 맡긴 채권입니다. ('5백만 원' 채
         권 10장 묶음 건네는)

명 회장      (슥 보더니 툭 던져 놓고) 이 검사는 어제 노름방에서 얼마 날렸노?

성태      어제 5천 빌린 거 싹 다 잃고 검찰 출입증 맡기고 2천 더 썼습니
         다.

명 회장      이 검사 노름판에 타짜 선수들 보내가 작업 치는 거는 눈치 못
         챘제?

성태      카드만 손에 잡았다 하면 정신 못 차리는 스타일이라 전혀 눈치
         못 채고 있습니다. 이런 식이면 두세 달 안에 이 검사에게 넘어
         간 10억은 회수 가능하겠는데요?

명 회장      채권 회수 끝나도 한 50억까지는 차용증 받으면서 더 빌리주라.
         돈은 내가 대줄 테니까.

성태      어차피 타짜들이 딴 돈이야 다시 회수되는 돈이긴 한데… 그래
         도 그렇게 많이요?

| 명 회장 | 은용이 그 쉐끼가 영감님들 차명 계좌까지 이 검사 손에 쥐어 |
| | 줬다 아이가! 그거까지 회수할라 카믄 확실히 엮어야 한데이. |
| 성태 | 네. |

**S#5.** **(과거 / 다른 날) 이수동의 검사실 (낮)**
검사 명패 박스에 넣고… 우울한 표정으로 짐 챙기는 수동…
선배 검사1은 팔짱 끼고 깝깝한 표정으로 보고 있다.

| 선배1 | 얌마, 그러니까 넌 왜 술 처먹고 운전을 해서… 아유… |
| 수동 | 대리 기사가 너무 늦게 오잖아요… |
| 선배1 | 그렇다고 만취로 파출소를 들이받아? 온 천지에 카메란데? 이건 |
| | 커버가 안 돼. 이제 국민 정서법상 음주 운전은 바로 아웃이야. |
| 수동 | … 선배, 저녁에 뭐 해요? 술이나 한잔 사요. |
| 선배1 | 넌 마 이 와중에 술 얘기가 나와! 아유… 저것도 학교 후배라 |
| | 고… 너 이제 동문회도 나오지 마, 알았어? 하여튼 등신 같은 새 |
| | 끼… (나가며) |
| 수동 | 선배님, 선배, 아 형!… 지가 나한테 해 준 게 뭐가 있다고… |

한숨 '푹…' 쉬며 깝깝한 표정으로 짐 챙기는 수동인데…
이때, 서류 가방 든 명 회장이 들어온다.

| 명 회장 | 아이고, 우리 검사님 보소… 꼴이 이게 뭡니까 그래… |
| 수동 | 회장님이 이 시간에 여긴 어쩐 일이세요? |

| 명 회장 | 어쩐 일은… 검사님 인자 옷 벗는다 카이 빌려준 내 돈 찾으러 왔지요. (싸늘한) |
|---|---|
| 수동 | … (답답한 표정으로 보는데) |

명 회장은 가방에서 이수동이 노름돈 빌리며 맡긴 검찰 출입증과 한 뭉치의 차용증 꺼내 놓는다.

| 명 회장 | 출입증 이거는 인자 담보 효력도 날라 가뿟고… 무기명 채권 담보 10억 빼고도, 끝쩐 떼고 27억 6천입니데이. 이 돈 이거 우짤랍니까? |
|---|---|
| 수동 | … (가만히 노려보다 가방에서 뭔가 꺼내는) |

수동은 가방에 들어 있던 '명인주 차명 계좌 조회 내역 및 수사 보고서' 꺼내 놓는다.

| 수동 | 전에 은 실장한테 받아서 까 봤던 회장님 차명 계좌 수사 기록입니다. 이걸로 퉁 치시죠? |
|---|---|
| 명 회장 | (픽) 양심도 없다… 27억 6천을 이걸로 퉁치자꼬? |
| 수동 | 그럼 뭐 어떻게, 검사 인생 망가져서 옷 벗는 마당에 이거 들고 신문사 찾아가서 이판사판 까발리고 같이 죽을까요? |
| 명 회장 | … (차갑게 노려보는) |
| 수동 | 노름빚 말고는 악 밖에 안 남은 인생, 같이 죽을까요? 나야 더 잃을 것도 없어…! |
| 명 회장 | (픽…) 바라 이수동이. 니가 와 잃을 께 없노… |

| 수동 | !? |
|---|---|
| 명회장 | 내 앞에 무릎 한 번 꿇고 앉아 봐라. 할 수 있겠나? |
| 수동 | !!… |
| 명회장 | (싸늘하게 수사 기록 들어 보이며) 이걸로 이자는 퉁쳐 줄라니까, 원금은 변호사로 열심히 일해가 갚으소 고마… |

수사 기록과 차용증 뭉치 다시 가방에 챙겨 넣고 나가려는 명회장인데…
내내 생각에 잠겨 있던 이수동이 자리에서 일어서더니 바닥에 무릎을 꿇는다!?

| 수동 | 회장님. 저 좀 살려 주십쇼. |
|---|---|
| 명회장 | !? |
| 수동 | 음주 불명예 퇴직인데, 평검사로 옷 벗고 변호사 해 봐야 그 돈을 어떻게 갚겠습니까? 회장님 밑에서 돈장사 일 좀 같이 하게 해 주십쇼. 시키는 거 뭐든 하겠습니다. |
| 명회장 | (흠… 가만히 보는 얼굴에서…) |

## S#6.　(과거 / 다른 날) 명 회장의 별장 (낮)

테이블에 앉아 장부를 보는 명 회장인데…
은갈치 양복을 쫙 빼입은 수동이 들어온다. 지금의 모습처럼 흥에 겨운…

| 수동 | 회장님, 회장님, 우리 회장님~ 말씀하신 대로 온다물산은 알맹이 쏙~ 빼 먹고 상장 폐지 들어갑니다~ |
|---|---|
| 명 회장 | 그래 욕봤데이. |
| 수동 | 피해 주주들 고소 들어온 거 막으려면 수원지검 선배들하고 저녁에 쪽~ 빠라삐리뿌 약속 잡았는데… 비용 처린 어떻게…? (비릿하게 보면) |
| 명 회장 | 내캉 원투데이가. 고마 술은 양껏 맥이는데, 대신에 일 처리는 단디 하래이. |
| 수동 | 하모요~ 충성 충성~!! |
| 명 회장 | 내 알아보라는 뒷조사는 우예 됐노? |
| 수동 | 형사부 황기석 검사요? 재벌가 마담뚜들이 엄청 들이대나 본데, 아직 애인 없습니다. 술, 도박, 여자 문제 모두 깨끗하고요. |
| 명 회장 | 집안은? |
| 수동 | 아버지가 화물 기사하는데, 빚이 좀 있는 거 같고. |
| 명 회장 | 맞나… (흠…) 인자 제대로 오래 쓸 놈을 하나 들이야겠다. |
| 수동 | 근데 이놈 이거… 들어보니까 야망이 아주 커요? 자존심도 엄~청 쎄고. |
| 명 회장 | 잘 됐네. (비릿한 미소 배이는) |
| 수동 | 어쩌시게? |
| 명 회장 | 내 다 생각이 있다 아이가… (비릿한 얼굴에서 / 장면 전환) |

**S#7.** **[다시, 현재] 명 회장의 별장 [낮]**

일각 창가에 서서… 생각에 잠긴 서늘한 눈빛의 명 회장에서…

S#8.     구치소, 복도에서 특별 면회실 (낮)
다시, 면회실의 은용과 기석…


용       원하는 게 뭐야? 이런 델 몸소 오신 거 보면 남들 모르게 할 애
         기 있는 거잖아?
기석     ('후…' 옷매무새 다잡으며 다시 여유 찾고…) 바우펀드 사건, 이수동으로
         정리할 건데 너도 알다시피 그 정도로는 사이즈가 안 나와서…
         검찰 쪽 내부 정보 흘린 내부자로 우리 장태춘 검사를 엮어 볼
         까 하는데. 삼촌 생각은 어때? (미소 비릿한…)
용       … (가만히 보는…) [*8화 엔딩 이어서.]
기석     근데 네가 나서 준다면 좀 다른 그림도 가능하고. 어차피 너야
         여기서 푹 썩을 건데 굳이 조카까지 감옥 보낼 필욘 없잖아?
용       태춘이 대신 나보고 총대 매라? 나는 국제적인 사모펀드 사기꾼
         에, 구치소에서 살인까지 저지른 흉악범이니까 그림이 훨씬 그
         럴듯하겠네…
기석     말귀 바로바로 알아듣는 건 진짜 맘에 들어?
용       근데 그림이 좀 진부하지 않아? 권 주임님~! (부르면)


밖에 있던 권 주임이 건넨 서류 봉투 받아든… 은용의 눈빛 빛
내는 얼굴에서. (장면 전환)


S#9.     (플래시백) 구치소, 외판 일각 (혹은, 독방) /
         (교차) 거리 일각 (혹은, 오피스) (낮)

권 주임이 망보는 가운데, 전화하는 은용… / 아침 조깅하며 전화 받는 한나다…

| 용 | 어, 난데… 주키치 54, 뮤추얼 펀드 관련해 미국 쪽 수사 상황 어때? |
|---|---|
| /한나 | 주키치 펀드? 아침부터 러시아 양아치들 소식은 왜? |
| 용 | 지금 바로 자료 정리해서 권 주임 쪽으로 보내 줘. |

**S#10.** **(다시, 현재) 구치소, 특별 면회실 (낮)**

한나가 보내 준 서류들을 보고 있는 기석이다.

| 용 | 뉴욕의 헤지펀드 주키치 54, 거기 CEO가 러시아 출신인데 지저분한 거래로 유명해. |
|---|---|
| 기석 | 이렇게 대놓고 들이대는 걸 보면 약 타는 건 아닌 것 같고… 이 정보, 확실한 거야? |
| 용 | 그럼~ (옅은 미소로 기석을 가만히 보는…) |
| 기석 | … (열심히 보는 모습 위로) |
| /용 | (na) 그동안 파악한 황기석을 투자 스타일로 분류해 보자면 화려하고 글로벌한 포트폴리오를 좋아하는 브랜드 투자형이다. |

**S#11.** **(그날, 오후) 검찰청, 기자실 (낮)**

스크린에는 '주키치 54 헤지펀드' 관련 자료들과 CEO 사진, 바

우펀드와 관계도 보이는…

기석       바우펀드의 자금이 투자된 글로벌 헤지펀드 주키치 54는 현재 내부 거래 혐의로 FBI에서 수사 중이며, 모든 자금이 동결 상태입니다.

## S#12.    **(플래시백) 특별 면회실 (낮)**

용       펀드 파산의 책임에 탐욕의 월 스트리트를 포함시키면 국민적 분노를 외부로 분산시킬 수 있지 않겠어? 부사장 횡령보단 훨씬 그럴듯하잖아? FBI와 공조 수사, 이러면 검찰 쪽 그림도 훨씬 좋고.

## S#13.    **(그날, 오후) 검찰청, 기자실 (낮)**

스크린에는 FBI가 펀드 압수 수색하는 사진 등 관련 자료 보이며…

기석       이에 저희 검찰은 FBI와 공조 수사하는 한편, 피해액 환수에도 총력을 다할 예정입니다.

## S#14.    **(플래시백) 특별 면회실 (낮)**

기서       거래 조건이 뭐야?

| 용 | 너도 입장 곤란한 상황인데 많은 걸 바라진 않아. (빙긋) |
|---|---|
| 기석 | (욱… 하지만 눌러 참는) |

## S#15.　[그날, 오후] 검찰청, 기자실 + 구치소 일각 [낮]

| 기석 | 특수단의 단장인 저는 수사의 공정성을 위해 수사팀에서 자진<br>해서 빠집니다. (담담한 얼굴 위로 '파바밧' 플래시 터지고…) |
|---|---|

스크린에는 '바우펀드 특별 수사팀 조직도' 뜨고…

| 기석 | 새롭게 구성되는 바우펀드 특수팀은 특수 수사 경험이 풍부한<br>이영진 부장 검사가 검찰 총장 직속의 특임 검사로 수사팀을 이<br>끌게 됩니다. |
|---|---|

단상 옆으로 서 있는 이 부장과 특수단 검사들에게 플래시 터지<br>는…

| /용 | (E) 확실한 안전 보장 차원에서 장태춘 검사, 수사팀에 포함시켜. |
|---|---|

말석에 서 있는 태춘의 모습 보이고…

| 기석 | 이번 수사팀은 실력과 청렴함이 확실히 검증된, 단언컨대 검찰<br>최고의 에이스들입니다. |
|---|---|

플래시 세례 받는 기석… 그리고, 말석의 태춘…

+ 구치소 일각… 기분 좋은 표정의 은용 모습에서…


**S#16.** **(다음 날) 인천지검, 전경 (낮)**

인천지검 전경 보이고…


**S#17.** **인천지검, 함진의 부장검사실 (낮)**

굳은 표정의 함진과 마주 앉은 준경이다.


진          주키치 어쩌구 하는 게 은용 씨 아이디어라는 거지?

준경        홍 대표님 쪽하고 통화했는데, 거기서 만들어 준 정보인 거 확인
           했어요.

진          이 와중에 장 검사 붙어 있는 게 뭔가 싶었는데, 역시 그랬구
           나…

준경        선배 쪽은 어때요?

진          안 괜찮지. 내가 하던 명 회장 수사까지 전부 특별 수사팀인지
           봐주기팀인지가 뺏어 갔어. 난 이제 다시 빈손에 맨땅이야.

준경        … 명 회장이 이렇게까지 미친 짓을 벌일 줄은 예상 못 했어요.
           죄송해요.

진          누가 죄송할 일은 아니야. 내 책임도 커.

준경        방법을 찾아볼게요.

진          지금은 다들 조심해야 돼. 특히 안에 있는 사람이 제일 걱정이다.

은용 씨 접견 가면 일단 몸 사리면서 잘 버티라고 전해. 명 회장
이 인간, 한 번 폭주했으니 어디까지 갈지 몰라.

준경         … (굳은 표정에서…)


**S#18.    검찰청, 엘베에서 특수부 복도 (낮)**
엘베에서 내리는 잘 차려입은 명 회장… 기다리던 이 부장이 고
개 숙여 인사하면.

명 회장     아이고~ 우리 특임검사 팀장님께서 우예 이리 직접 나오셨습니
           까?
이 부장     제가 모셔야죠. 가시죠.

           너스레 떠는 명 회장을 차분히 직접 의전해 복도를 걸어가는 이
           부장이다.

이 부장     형식적인 소환이니까 적당히 시간 좀 보내고 가시면 됩니다.
명 회장     예, 예, 고마 시끄러븐 일 좀 지나가믄, 별장서 한잔 올리겠습니
           다. (하더니) 근데… 부탁드린 구치소 건은 처리됐습니까?
이 부장     오늘 안에 정리될 겁니다.
명 회장     아~ 맞습니까… (기분 좋은 표정에서)


**S#19.    구치소, 철망길 (낮)**


밥전

교도관1의 뒤를 따라 걷는 은용인데… 이때, 슬몃 옆으로 다가
와 따라 걷는 권 주임이 심각하다.

권주임    4816, 무슨 문제 있습니까?

용       (보면)

권주임    선생님 보디가드 하던 건달 애들, 다른 구치소로 이감 보내라는
         오다 떨어졌어요.

용       !…

권주임    나도 여자 사동으로 발령 나서 당분간은 못 챙겨 줘요. 돌아가는
         분위기 요상하니까, 몸조심 하세요. (가면)

용       …

/용      (na) 황기석 스타일은 아니고… 이건 명 회장이 움직인 거다. 두
         번째 리스크… 구치소에서 내가 만든 보호막은 언제든 걷어 내
         질 수 있다.


         걸어가는 은용의 시선으로 보이는… 일각 운동장에 모여 있는
         성태와 건달패거리들…
         썩쏘 날리는 성태와 시선 부딪치는 은용인데…


/용      (na) 돈이든 빽이든 주먹이든 밀릴 건 없다. 버티며 싸운다.



S#20.    **구치소. 특별 면회실 (낮)**
         단단한 눈빛의 은용… 맞은편엔 소식 듣고 심각해진 준경이다.

| 용 | 한나한테 안에 상황 전해 주고 교정 국장하고 공 한번 치라고 해. 그럼 다시 정리될 거야. |
|---|---|
| 준경 | 진짜 괜찮겠어? 아님 내가 지금 바로 구치소장 면담 신청해서 (O.L) |
| 용 | 그런 식으로 되는 일 아니란 거 알잖아. 걱정 마. 나, 그 무섭다는 소년 교도소에서도 짱 먹고 나온 사람이야. |
| 준경 | … 쫌만 버텨. 뭐든 해서 곧 나오게 할게. |
| 용 | 어떻게 하려고? 총 들고 탈옥이라도 시켜 주게? |
| 준경 | 오빠가 원하면. |
| 용 | (픽…) 걱정 하지 마. 돈 있으면 여기도 지낼 만해. 그래도 우리 변호사님 군 출신이라 든든하네~ |
| 준경 | … (안심시키는 은용을 가만히 보는 굳은 눈빛에서…) |

## S#21.   은용의 펜트하우스 (낮)

은용이 늘 서 있던… 커다란 통유리 창 앞에 서 있는 진호…
물끄러미 창밖을 보던 진호가 콜록콜록 기침하면 피가래 섞여 나오는…
살짝 인상 쓰며 피가래 보는 진호인데…
이때, 엘베에서 내려 펜트하우스 안으로 들어오는 준경…
경호원1,2와 짧은 눈인사 나누고 일각의 진호 앞으로 가는데…
진호는 준경에게 보이지 않게 적당히 주머니에 손 찔러 넣으며.

| 진호 | 요장은 보고 왔습니까. |
|---|---|

| | |
|---|---|
| 준경 | 괜찮다고는 하는데, 상황은 안 좋아 보여요. |
| 진호 | (흠…) 글마가 씩씩하게 괜찮다 캤으믄… 진짜 상황 안 좋은 긴데… |
| 준경 | 오빠 누명 벗길 수 있다는 거, 확실한 겁니까? |
| 진호 | … (가만히 보는) |
| 준경 | 이번 일만 잘 끝내면, 이진호 씨가 원하는 밀항은 제가 책임지겠습니다. |
| 진호 | 전부터 궁금한 게 있었는데… 둘이 무슨 사입니까? |
| 준경 | … 가족입니다. |
| 진호 | 가족?… 가족… 맞네… 요장이 가족 생각은 항상 별났어… (씁쓸한 미소 스치더니) 박준경 변호사님… 내 약속한 거는 학실히 지킵니데이. 대신에… |
| 준경 | (보면) |
| 진호 | 작업 시작하기 전에 한 군데 들를 곳이 있습니데이. |
| 준경 | ? |

S#22.     **검찰청, 특수부 조사실 (낮)**

휴대용 버너에 보글보글 끓고 있는 생선국… 옆으로 고급 찬합에 담긴 정갈한 반찬들 보인다.

조사실에 음식을 싸 온 세희가 국을 떠서 명 회장 앞에 놓으면.

| | |
|---|---|
| 명 회장 | 국물이 씨원하이 좋네. 우리 딸이 참 효녀야? |
| 세희 | … |

| 명회장 | 명의 변경 서류들에는 사인했나. |
|---|---|
| 세희 | 지금 사는 아파트까지 전부 가져간다고요? |
| 명회장 | 느그 이름으로 된 재산은 인자 한 푼도 없데이. |
| 세희 | (노려보면) |
| 명회장 | 그래 보지 마라. 니가 내 딸이라 돈으로만 해결 보는 기다. 남 같으면 이래 안 끝낸 데이… (쏘아보는) |
| 세희 | (섬뜩함에 겁먹은…) |

### S#23.  검찰청 일각 / (교차) 어딘가 (납골당) (낮)

펜트하우스 일각(주차장)에서 찍힌 준경과 경호원들 사진…
굳은 표정으로 사진을 보고 있는 태춘의 맞은편엔 원 형사가 앉아 있다.

| 태춘 | 이진호 납치 용의자가… 박 선배 경호원들이라고요? |
|---|---|
| 원형사 | 납치 현장에 사소한 증거 하나 안 남겼어요. 그래서 한 가지는 확실합니다. (사진 가리키며) 여기 경호원들처럼 이런 일에 능숙한 프로페셔널이라는 거. |
| 태춘 | 증거가 없는 게 증거라고요? |
| 원형사 | 배후로 추정되는 박준경에겐 충분한 동기가 있죠. |
| 태춘 | 그렇다고 이런 추정만으로는(O.L) |
| 원형사 | 추정뿐이라 영장은 택도 없어서요. 박준경 씨가 거주 중인 삼촌 분 펜트하우스, 문 좀 따 주세요. |
| 태춘 | 검사가 아니라, 집주인 조카로 부탁인 겁니까? |

| 원형사 | 네. |
|---|---|
| 태춘 | … |

잠시 생각하던 태춘이 폰 꺼내 전화를 걸고… / 어딘가(납골당)의
준경이 전화를 받는다.

| /준경 | 어, 장 검사. |
|---|---|
| 태춘 | 선배가 이진호 납치했습니까? |
| 원형사 | !! |
| 태춘 | 검사 아니라, 사적인 후배로 묻는 겁니다. 이진호 납치했습니까? |
| /준경 | 어. |
| 태춘 | !! |
| /준경 | 지금 좀 바빠서. 나중에 통화해. (끊는) |

원 형사와 굳은 눈빛 부딪치는… 태춘의 모습에서.


**S#24.   납골당 (낮)**

전화를 끊은 어딘가의 준경이 일각을 향해 걸으면… 스테인드
글라스 반짝이는 납골당이다.
할머니 납골함 앞에 있는 진호의 옆으로 멈춰 서는 준경인데…

| 준경 | 서둘러야겠어요. 장 검사가 알았어요. |
|---|---|

진호      하~ 우리 짱태추이 검사님 된 건 진짜 멋지다 아입니까~ 할매 맞지요?

준경      …

진호      그라고 할매요, 저 양반이 서울 법댑니다. 요장이 맨날 자랑해 쌌던.

준경      …

진호      우리 할매, 내보다 요장하고 더 친했다 아입니까. 내 빵에 있는 동안, 우리 할매 병원도 특실로 모시 주고…

준경      용이 오빠답네요.

진호      내도 요장 같이 폼 나게 살고 싶어가 별 지랄 다했는데… 인생 참 뭐~ 같다… (하는데 콜록콜록 마약쟁이 기침하더니) 내는… 오래 살 진 못 하겠죠?

준경      … 마약을 계속하면 그렇겠죠.

진호      맞네… (픽…) 할매한테 인사도 드렸고… 인자 가입시다. 받은 건 갚아 주야 건달 아입니까. (씩 웃고)


cut to/


납골당을 걸어 나가 오후의 햇살 속으로 사라지는 두 사람 모습 에서…



S#25.      **불법 도박장, 홀 (밤)**
      딜러들이 영업 준비 청소하는 업장 안으로 들어서는 진호다. 휘

적휘적 들어가고…

S#26.  **불법 도박장, 안쪽 사무실 (밤)**
창해가 똘마니 건달2와 칩 박스 정리 중인데, 문 열고 들어오는 진호다!

창해    !! 형님, 여긴 어떻게…(하는데)
진호    우리 창해 간만이네?

S#27.  **불법 도박장, 창고 안 (밤)**
진호와 창해 목소리 들리는 와중에…
감금된 수동이 필사적으로 묶인 끈을 날카로운 모서리에 갈아 대는 모습 보이고!

S#28.  **다시 불법 도박장, 안쪽 사무실 (밤)**
순간, 진호가 버터플라이 꺼내 안에 있던 창해와 건달2를 찔러 쓰러뜨린다!
일격을 당하고 쓰러진 창해는 고통스런 표정으로.

창해    뭔데!! 미친 거야?! 약 필요하면 말로 하면 될 거 아니야!!
진호    (사무실 문 잠그고, 철제 책상 밀어 막아 버리며) 약은 개자슥아, 독약도

약이가! 내 준 거 니 필에도 한 짝대기 놔 줄까!

| 창해 | !! |
|---|---|
| 진호 | (버터플라이 돌리며 다가가 창해 얼굴에 피 슥슥 닦으며) 행님 승질 알제? |
| 창해 | (겁에 질려 끄덕끄덕) |
| 진호 | 묻는 말에 한 번에 대답해라. 장부 이딨노? |
| 창해 | 무슨 장부요? |
| 진호 | (인상 '팍!' 쓰며) 교도관들한테 상납했던 장부 있다 아이가. |

진호 손목에 반짝이는 스마트 워치 보이다가…


S#29.  **불법 도박장 앞 거리, 일각 준경의 차 안 (밤)**
준경의 폰 스피커 모드로 안쪽 상황 소리 들리는…
준경과 최 팀장 등이 창밖 도박장 건물 주시하며 소리 듣고 있
는데…


/창해     (F) 몰라… 난… 몰라… 진짜… (하는데, 푹 쑤시는 소리와 외마디 비명)
악!!!!

잔인한 사운드에 살짝 눈에 힘들어 가는 준경의 모습에서.


S#30.  **불법 도박장, 안쪽 사무실 (밤)**
다시, 사무실 안. 창해 허벅지에 칼을 꽂은 진호의 눈빛이 매서

운…

진호       다음은 눈까리에 꼽아 뺀다? 단디 대답해라. 장부 어딨노.

창해       저…저기 그…금고에… (하는데)

이때, "형님!! 무슨 일입니까 형님!!" 건달1이 사무실 문 밖에서 문을 '쾅쾅!' 두드리는!

진호       비밀번호는 뭔데!… (긴박하게 묻는 모습에서)

## S#31.    도로, 달리는 원 형사의 차 안 (밤)

'에에엥~' 외등 사이렌 올리고 달리는… 운전하는 원 형사가 무전 중이고, 조수석엔 태춘이다.

/무전소리    (F) 박준경 씨 핸드폰 발신 찾았습니다. 위치는 김성태 쪽 건달들이 관리하는 불법 도박장입니다.

태춘       !!

원형사    느낌 안 좋다. 난 지금 가고 있으니까, 니들도 전부 무장해서 현장으로 와!

태춘       …

## S#32.    불법 도박장, 안쪽 사무실 앞 (밤)

**9화**                                               

건달1이 지켜보는 가운데 오함마로 문짝을 부수는 건달들이다.

건달1    얌마 더 쎄게!! (소리 버럭 지르고)


**S#33.    불법 도박장 앞 거리, 일각 준경의 차 안 (밤)**
차가운 눈빛의 준경… 진호의 스마트 워치로 중계되는 안쪽 상
황 들리는데…


**S#34.    불법 도박장, 안쪽 사무실 (밤)**
금고 안의 장부들을 뒤지는 진호…
"야 더 쎄게!", "하나 둘!" '쾅! 쾅!' 책상으로 막아 놓은 문짝을 부
수는 밖의 건달들인데…

진호    찾았네. (하고 장부 뒤춤에 챙겨 넣는데)


'와지끈!!' 사무실 문 부서지고!! 밖에 있던 파이프에 사시미 든
건달들과 마주한다!

진호    하~ (인상 팍 쓰는 얼굴에서)


달려드는 건달들과 한바탕 싸우는 진호!
진호는 독기 어린 눈빛으로 이를 악물고 치고 피하며 싸우는!!

고군분투 싸워 보지만, 진호는 수적인 열세로 점점 구석으로 밀리며 불리해지는데…


S#35.  **불법 도박장 앞 거리, 일각 + 달리는 원 형사의 차 안 (밤)**
차에서 뛰쳐나오는 준경과 경호원들…
준경은 목검, 경호원들은 '촤락, 촤락', 삼단봉 펼쳐 들며 안으로 달려 들어가는…

- 사이렌 울리며 달리는 차 안, 태춘의 굳은 눈빛…
- 거리를 달려가는 준경의 매서운 눈빛에서…


S#36.  **구치소, 복도 (밤)**
교도관을 따라 걷는 은용의 모습 보이다가…


S#37.  **구치소, 특별 면회실 (밤)**
교도관이 문을 열어 준 특별 면회실에는 태춘이 기다리며 서 있다.

용      이 시간에 네가 무슨 일이야?
태춘    목공장 살인 누명, 벗을 수 있을 거 같아. 거짓 증언한 죄수들하고, 뒤봐 준 교도관들한테 돈 먹인 장부를 찾았어.

| 용 | 진짜? 그걸 어떻게 찾았어? |
|---|---|
| 태춘 | 진호 삼촌이. |
| 용 | 진호가? |
| 태춘 | 어. 그런데 진호 산촌이… 죽었어… |

(인서트) 온 몸에 칼침을 맞고 사망한 진호의 몸에서 감식반이 피 묻은 장부를 발견하는…

| 용 | !! |
|---|---|

굳은 눈빛의 은용 앞으로 태춘이 증거물 봉투에 담긴 스마트 워 치를 꺼내 놓는다.

| 태춘 | 삼촌한테 남긴 메시지가 있어서 가져왔어. |
|---|---|

태춘이 플레이 시키면, 들리는 진호의 목소리…

| /진호 | (F) 아… 아… 용아, 내다… |
|---|---|
| 용 | !… (굳은 눈빛에서…) |

S#38.　**(플래시백) 불법 도박장, 안쪽 사무실 (밤)**

밖에서는 시끄럽게 싸우는 소리 들리는…

임각에 칼침 잔뜩 맞고 쓰러져 죽어 가는 진호가 힘겹게 마지막 말을 스마트 워치에 남긴다.

진호        미안하다. 얼굴 보고 니한테 꼭 미안하단 말하고 싶었는데… 사는 게 끝까지 뭣 같네…

- (인서트) 진호의 유언을 듣는 은용의 눈시울이 붉어지고…

진호        요장 니 소년원에서 내한테 했던 말 생각나나? 이 지옥 같은 데서 버틸 수 있는 이유가, 가족 때문이라고…

- (인서트) 눈시울 붉은 은용… 묵묵히 듣고 있는 태춘…

진호        사는 게 암만 지옥 같아도 니는 꼭 버티라. 니한테는 짱태추이도 있고, 서울 법대도 있다 아이가… 난 인자… (눈 가물가물…) 우리 할매 보러 간다… 친구야… 보고 싶네… 건강해라. (스르르 눈 감는)


**S#39.**    **(다시, 현재) 구치소, 특별 면회실 (밤)**
플레이 불빛이 꺼진 스마트 워치…

용        …

교도관이 태춘에게 검은 봉지 하나 건네고 간다. 태춘은 안에서 소주와 종이컵을 꺼낸다.

| 태춘 | 검사 신분증으로 직권 남용 좀 했어. (종이컵에 소주 따라 건네고… 자 |
| | 작하는…) |
| 용 | … |

(인서트 플래시백) 은용과 진호의 과거 추억들 스쳐가고…

| 태춘 | (마시고… '후…') 내가 만나면 진짜 한 대 패 줄라 그랬는데… |
| 용 | … |
| 태춘 | 그거 알아? 진호 삼촌이 중학교 때 나한테 담배 처음 가르쳐 준 |
| | 거? (보면) |
| 용 | … (생각에 잠긴 채로…) 개새끼네… (눈빛 먹먹한…) |
| 태춘 | … |

창밖으로 장대비 소리 들리고…
한동안 아무 말이 없는… 은용과 태춘의 모습에서…

**S#40.** **(다음 날) 인천지검, 함진의 부장검사실 (낮)**
피 묻은 장부를 열심히 보고 있는 함진의 모습 위로…

| /태춘 | (na) 진호 삼촌이 끝까지 지켜 낸 장부를 근거로… |

**S#41.** **구치소, 곳곳 [낮]**

함진과 수사관들 밀고 들어가는…

곳곳에서 교도관들과 성태, 성태 패거리의 건달 죄수들이 체포
되는 모습 보이는 위로.

/태춘     (E) 함진 부장님은 구치소 비리에 대한 대대적인 수사를 시작했
고…

**S#42.** **인천지검, 조사실 [낮 / 밤]**

교도관… 그리고 건달 죄수들을 어르고 달래는 함진의 모습 보
이는 위로…

/태춘     (E) 교도관과 건달 죄수 중 일부가 자백하면서 삼촌의 살인 누명
은 벗겨졌다.

**S#43.** **구치소, 일각 [밤]**

사복으로 갈아입은 은용이 구치소 나가는 문을 향해 걷는…

/태춘     (E) 다시 신청한 구속적부심이 받아들여지면서, 삼촌은 풀려났
다.

**검찰청, 기석의 차장검사실 [밤]**

응접 테이블 상석엔 인상 잔뜩 쓴 감찰 부장이고… 옆으로 굳은
표정의 기석이다.


감찰 부장    너 이제 어떡할 건데~~!!

기석    김성태는 단독 범행으로 진술할 겁니다. 그쪽은 걱정 안 하셔도
(O.L)

감찰 부장    지금 누가 깡패 새끼 걱정한대! 네 장인 어떡할 거냐고!! 바우펀
드로도 봐주기네 뭐네 아직 시끄러운데, 살인 교사에 위증 교사,
뇌물 등등 해서 지금 걸리는 죄가 한둘이야!

기석    제가 확실히 수습하도록(O.L)

감찰 부장    네가 뭘 어떻게 수습해? 인천지검 함진 그 꼴통이 설치는 걸 어
떻게 수습할 거냐고!!

기석    … (굳은 표정인데)

/이 부장    차장님, 문제가 생겼…


다급하게 들어오던 이 부장이 감찰 부장을 보고 멈칫하면.


감찰 부장    (짜증 팍!) 또 무슨 문젠데!

이 부장    저 그게… (눈치 살피면)

기석    얘기해.

이 부장    경찰 쪽 라인 통해 확인해 봤는데…


(인서트) 불법 도박장, 창고 안. 수동이 묶여 있던 줄을 풀어 놓고

도망친 흔적 보이는…

| /이부장 | ⒠ 도박장에 있던 이수동은 마약반이 덮치기 전에 탈출한 것으로 보입니다. |
| 기석 | … |
| 감찰부장 | 경사났네, 아주 겹경사났어~ 이수동이는 거기 잡아다 놨었어? 근데 도망쳤고? 해외 펀드, FBI 어쩌구도 약발 하루이틀이지, 이수동 잃었으면 바우펀드는 손에 쥔 카드가 한 개도 없는 거네? |
| 기석 | … (어금니 꽉 문 모습에서…) |

## S#45.　　함진의 부장검사실 (밤)

외등 불빛 사이에 두고… 수갑 찬 죄수복 성태와 마주 앉은 함진이다.

| 진 | 살인, 위증 교사, 교도관 뇌물죄까지 당신 혼자 다 뒤집어 쓸 겁니까? |
| 성태 | 말씀드렸잖아요. 제가 원래 은용이 그 자식하고 원한이 좀 있어서 시비가 붙은 건데… 몇 대 치고받다가 실수로 엉뚱한 놈을 찔러서… 죄송합니다. 깊이 반성하고 있습니다. |
| 진 | 당신이 믿는 뒷배가 주가 조작 같은 거야 적당히 빼줄 수도 있지만, 이건 사면이나 가석방도 절대 안 될 겁니다. 그 많은 재산 밖에 두고 남은 평생 안에서 썩을 거예요? |
| 성태 | … 죽는 거 보다야 낫죠… |

법전

| 진 | 신변 보호는 확실히 해 드릴게요. 이대로 전부 때려 맞으면 당신 외동딸, 대학가고 시집가고… 아무것도 못 봐요. 아마 칠순잔치까지 감옥에서 해야 할 걸요? |
| --- | --- |
| 성태 | (한숨 푹 쉬는… 흔들리는 눈빛에서…) |

## S#46.   검찰청, 조사실 [낮]

조사실 녹화 카메라에 잡힌 준경… 태춘이 들어와 맞은편으로 앉으며.

| 태춘 | 경호원들이 모두 입이 무겁네요. 이틀째 밤샘 조산데도 한 마디를 안 하네… |
| --- | --- |
| 준경 | … 긴급 체포 48시간 다 돼 가는데 증거 없으면 이제 풀어 주시죠? |

노려보던 태춘이 옆에 놓인 카메라 버튼 꺼 버리고.

| 태춘 | 이런 일을 벌여 놓고, 이제는 법대로 하자? |
| --- | --- |
| 준경 | … (가만히 보면) |
| 태춘 | (노려보며) 진호 삼촌, 무모하게 혼자 가지 않았으면, 죽지 않을 수도 있었습니다…! |
| 준경 | 본인이 선택한 일이야. 혼자 해야 성공한다고 누구에게도 알리지 말라고 했어. |
| 태춘 | 나한테는 알렸어야죠! 장부는 압수 수색을 할 수도 있었고(O.L) |

| | |
|---|---|
| 준경 | 특히 장 검사한텐 절대 알리지 말라고 했어. 그랬다간 증거, 증인 전부 날라 간다고. |
| 태춘 | !! |
| 준경 | 그동안 겪어 봐서 장 검사도 잘 알잖아? |
| 태춘 | 그렇다고 수단 방법 가리지 않으면, 우리가 명 회장이나 황기석하고 다를 게 뭡니까! |
| 준경 | 같아. 괴물하고 싸우기 위해서는 괴물이 돼야 하니까. |
| 태춘 | !… |
| 준경 | 법으로 싸워서는 못 이겨. 봐, 그 잘난 법으론 지금 나 하나도 잡아 놓지 못하잖아? |
| 태춘 | !! |
| 준경 | 용이 오빠 나왔으니까, 장 검사는 이제 이 더러운 싸움에서 빠져. |
| 태춘 | 선배!! |
| 준경 | (시계 보더니) 48시간 지났다. 이제 나가도 될까요, 장태춘 검사님? |
| 태춘 | !!! |


**S#47.  검찰청 앞, 주차장 일각 (낮)**

굳은 눈빛으로 검찰청을 나서는 준경인데…


| | |
|---|---|
| /용 | (E) 얌마 박준경!! |

부며, 씩씩거리며 다가와 서는 은용이다.

| 용 | 넌 인마 변호사란 놈이 의뢰인을 검찰청 앞에서 기다리게 만들어? |
|---|---|
| 준경 | … |
| 용 | 왜 나한테 얘기 안 했어? 왜 나랑 상의도 없이 혼자 이런 일을 벌이고 다녀!! |
| 준경 | 건강은 괜찮아 보이네. 배고프다. 뭐 좀 먹으면서 얘기하자. (가면) |
| 용 | 아오… 저 자식을 진짜… ('후…' 한숨 크게 내쉬며 따라가는) 얌마! 같이 가! |

## S#48.   준경의 집, 주방 식탁 (낮)

두부 요리가 한 상 가득 차려져 있다. 열심히 먹는 준경과 여전히 마뜩잖게 보는 은용인데…

| 용 | … |
|---|---|
| 준경 | (두부 먹으며) 언제까지 그 표정일 건데? |
| 용 | 약속해. 다신 이런 위험한 짓 절대 하지 않겠다고. |
| 준경 | 약속 못 해. 오빠였어도 나처럼 똑같이 했을 거잖아? |
| 용 | 한국 들어와 내가 처음 한 약속 기억 안 나? 개 같은 놈들, 개 같이 상대하는 건 내가 한다고! 위험하고 더러운 싸움은 내가 하겠다고 했잖아! 왜 네가 나서!! |
| 준경 | 이제 나한테 가족은 오빠 밖에 없잖아… |
| 용 | ! |

| 준경 | (똑바로 보며) 그러니까 이제 오빠가 약속해. 다시는 감옥에도 안 가고, 끝까지. 무사하게 내 옆에서 같이 싸우겠다고. |
| 용 | … |
| 준경 | … (양보 없는 눈빛으로 보는) |
| 용 | … 그래. 약속할게. |
| 준경 | … |
| 용 | 미안하다. 너 혼자 밖에서 감당하게 해서. (가만히 보면) |
| 준경 | … (살짝 울컥해지는 마음 누르고, 괜히 두부에게) 두부 이런 거 먹어 봐야 소용도 없네. 오빠하고 처음 유치장 갔다 온 날도 엄마가 두부 잔뜩 해 줬었는데… |
| 용 | 아니야. 나한텐 소용 있었어. 아줌마 두부 아니었으면, 아마 나도 명 회장처럼 살았을 거야. (두부 먹는) |
| 준경 | … (가만히 보다가… 두부 먹는…) |

식탁에 마주 앉아 두부를 먹는… 두 사람의 모습에서…


S#49.   **구치소, 성태의 5인실 감방 (낮)**
출정을 다녀온 성태가 방으로 들어오면… 고개 숙여 인사하는 같은 방 죄수들…

| 성태 | (바깥쪽 눈치 슥 살피더니… 막내 죄수 보고 손 V자로 벌리면) |

막내 죄수가 숨겨 둔 담배를 꺼내 건네고… 방 안 화장실로 들

어가는 성태인데…

남아 있는 죄수들끼리 주고받는 눈빛 심상치 않은…


**S#50.** **준경의 집, 서재 (혹은, 마당 응접 테이블) (밤)**

은용에게 가방에 든 파일철에서 자료 꺼내 보이는 준경이다.


준경 목공장 살인 누명은 풀렸지만, 오빠가 다시 감옥 안 가려면 아직
오 대표 자살 건이 남았는데…


준경이 보이는 자료는 같은 날짜에 동그라미 쳐진 오 대표 사망
기사와 명 회장의 출정 기록…


준경 여기 보면 명 회장이 오 대표 사망 시각을 전후해 동부지검으로
출정 나간 기록이 있어.

용 내가 명 회장 별장 갔듯이, 명 회장도 출정을 명목으로 외부로
나갔을 가능성이 있지…

준경 그랬다면 오 대표 사망은 자살이 아닐 가능성이 있어.

용 동부지검 담당 검사가 황기석 라인인가?

준경 그건 아닌데, 알아보니까 황기석 오른팔인 이영진 부장과 연수
원 동기야.

용 아직 동부에 있어?

준경 아니. 지금은 없어. 성 접대 스캔들로 시끄러웠는데, 이 날짜 지
나고 법무부에서 미국 연수 보냈어.

법전

| 용 | 뭐가 있긴 있네… |
|---|---|
| 준경 | 오 대표 죽음에 명 회장이 연관된 걸 밝힐 수 있다면, 오빠 누명 벗는 건 물론이고 명 회장, 황기석의 검찰 커넥션을 끝장낼 결정 적 한 방이 될 수도 있어. |
| 용 | 끝장낼 한 방… 글쎄… 그걸 밝힌다고 끝장낼 수 있을까? |
| 준경 | ? |
| 용 | 그들이 가진 권력으로 진실은 너무 쉽게 사라지고, 덮어 버리잖아. |
| 준경 | … |

S#51.　구치소, 복도 (밤)

교도관들 뒤를 따라 굳은 표정으로 걷는 함진과 수사관들…
인상 잔뜩 쓰고 걷는 함진의 모습에서.

S#52.　구치소, 성태의 5인실 감방 안 / 앞 (밤)

'팟! 팟!' 플래시 터뜨리며 현장 사진 찍는 국과수 감식반들…
열려 있는 감방 화장실 안에 목을 매달아 자살한 성태 모습 보 이고!!
어금니 꽉 물고 노려보는 함진이다.

| 진 | 김성태 자살 아니야… 같은 방 재소자들 어딨습니까? 교도관!! |
|---|---|
| | (소리쳐 부르는데) |

함진의 앞으로 다가와 서는 대검 감찰부 수사관이다.

감찰1    (신분증 보이며) 대검 감찰부에서 나왔습니다.
진      감찰이 여긴 왜요?
감찰1    같은 방 재소자들 증언에 따르면, 자살한 김성태 씨가 최근 담당
        검사의 협박과 강압에 괴로워했다고 합니다. 부장님이 직접 신
        문하셨죠? (차갑게 보면)
진      그건 또 무슨 개 같은 소립니까!!


S#53.   검찰청, 엘베에서 로비 / (교차) 명 회장의 별장 (밤)
        엘베에서 내린 기석이 로비를 걸어가며 전화하고… / 별장의
        명 회장이다.

기석     지금 같이 예민한 상황에 저하고 상의도 없이 이런 일을 벌이시
        면 어떡합니까!
/명 회장  뭐를?
기석     김성태 전무, 아버님 작품이죠?
/명 회장  와? 성태 무슨 일 있나?
기석     아닙니까? (가웃?' 하는데)

        이때, "황기석 차장이다!" 외치는 소리와 함께 기석을 발견한 기
        자들이 몰려든다!


204                                                    법전

| 기석 | 다시, 연락드릴게요. (끊고) 우리 바쁘신 기자님들께서 늦은 시간에 무슨 일이십니까? |
|---|---|
| 기자1 | 바우펀드 이수동의 검찰 쪽 내부자가 차장님이란 얘기가 사실입니까! |
| 기자2 | 황 차장님! 바우펀드 이수동과 찍은 사진에 대해 한 말씀해 주시죠! (폰 보이면) |
| 기석 | !!? 사진이요? |

가자2의 폰을 빼앗어 들어 보면, 술자리에서 이수동과 건배하는 기석이 찍힌 몰카 사진이다!

[*몰카 사진: 머리에 넥타이를 매고 잔뜩 흐트러진 모습의 수동이 옆에는 얼굴 모자이크 처리된 여자를 끼고 잔을 든··· 취했으나 매무새는 단정한, 여자 없이 잔을 든 기석이 함께 건배하는 순간이 잡힌 몰카··· 명 회장의 별장에서 벌어진 술판이지만, 유출된 사진 상에서는 술집인지 별장인지 알 수 없을 정도의 앵글이다.]

| 기석 | !! (미간에 주름 '팍!' 생기는 얼굴에서) |
|---|---|

## S#54.   명 회장의 별장 (밤)

전화를 끊은 명 회장··· 잠시 묘한 표정 짓는데.

| 감찰 부장 | 황 차장입니까? |
|---|---|

차려진 술상 보이는… 맞은편엔 김찰 부장이다.

명 회장    (픽…) 일마 인자 똥줄 좀 탈낀데… (술 따르며) 성태 글마는 제 선
          에서 정리했고, 그라모 시끄러븐 암탉 모가지는 영감님이 책임
          지시는 거 맞지요?

감찰 부장   함진 부장은 우리도 애로점이 많아서, 이번에 감찰에서 확실
          히 정리할 겁니다.

명 회장    바우펀드도 학실히 정리되는 거 맞지요?

감찰 부장   근데 황 차장은 어쩔 수가 없어요. 회장님 이름 빼 드리려면, 그
          정도 사진은 나와 줘야 여론 수습이 가능할 거란 게 우리 쪽 판
          단입니다.

명 회장    마 우짜겠습니까. 우리 사우가 총대 매야지예… (감찰 부장 보며)
          영감님 같은 윗분들 사진으로 막을 수는 없다 아입니까? (비릿한)

감찰 부장   (으흠… 시선 피하며 잔 비우는)

명 회장    (가만히 보는 싸늘한 미소에서…)


S#55.    [다음 날] 검찰청, 기석의 차장검사실 [낮]
         대기 발령 명령이 적혀 있는 인사 명령서 보는 굳은 기석의 모
         습인데…
         인사 명령서 구겨 버리는 분노한 기석에서…


S#56.    은용의 펜트하우스 [밤]

법전

트레이딩 모니터 앞에서 집중하고 있는 은용인데… 커피 사 들고 한나 들어온다.

[*준경의 짐들과 자료들은 가져갔고, 예전 은용의 공간으로 돌아온 모습이다.]

한나　　　고생하다 나왔는데 며칠 푹 좀 쉬지~

용　　　　해외 펀드들, 숫자 정리해서 포트폴리오 다시 짰어. (모니터 돌려놓고 커피 마시며 일각으로 가고)

한나　　　(모니터 보며) 오~ 숫자 예쁘네~ 돈 버는 대표님 모습, 감격스럽다.


일각의 은용은 가려진 너머에서 옷을 벗고 걸려 있던 검은 색 명품 슈트로 갈아입는다.


한나　　　근데 황기석 대기 발령 소식 들었어? 완전 새 됐던데? 너무 쌤통이라 주일에 교회 가서 감사 헌금 많이 할라고.

용　　　　국내 주식은 손실 규모 너무 커서 복구까지 시간 좀 걸릴 거야.

한나　　　뭐 이렇게 열심이야. 우리 돈 많잖아?

용　　　　(흠…) 내가 얘기했던 찌라시는?

한나　　　어제 장 마감하고 석간으로 뿌렸으니까, 지금쯤은 싹 돌았을 거야. 작전 바로 시작하게?

용　　　　어. (끄덕이는 단단한 눈빛에서)



S#57.　　　**국밥집 (낮)**

점심시간… 국밥 먹는 태춘과 마주 앉은 남 계장은 국밥은 손도 안 댄 채로, 인상 잔뜩 쓴 얼굴로 스마트폰 주식 창 보며 소주 글라스 벌컥벌컥 마시는…

태춘      (밥 먹다 보며) 아무리 말년이시라지만 낮술 너무 하는 거 아닙니까?

남 계장   진짜 몸통은 건드리지도 못하는데 술 마시나, 수사하나 뭐 다릅니까… (폰 보며 더 빡친…) 와… 여기서 더 떨어져? 바닥 밑에 지하 2층, 지하 3층, 와… (소주병 들고 글라스에 자작하려는데)

태춘      얼마나 넣으셨는데요? (병 뺏어 남 계장 글라스 반만 따라 주는)

남 계장   은퇴 자금으로 모아 둔 거 반에 반토막 났습니다~ 아 뭐야 꽉 채워요! 치사하게…

태춘      조금씩 드세요. 조금씩. 아니 근데, 주식 쪽은 전문가 아니세요? 주가 조작은 그렇게 잘 잡으시는 분이.

남 계장   잡는 건 잘 잡죠. 종목 보다가 촉이 왔다, 그런 놈들은 바로 인지 수사 때려서 작살내니까. 근데 또 그런 걸 사면 안 되잖아요. 투자라는 게… 좋은 종목 찾아서 원칙과 소신으로 하는 건데, (하다가…) 소신과 원칙은 개뿔… 마누라 알면 죽었습니다…

태춘      (아…) 그쪽은 또 안 되시는구나… 그래도 지금은 전체가 하락장이라(O.L)

남 계장   이 지옥 같은 하락장에도 돈 버는 놈들은 벌죠. 바우펀드 터지고 한국 주식 시장 개판 났을 때 공매도로 어마어마한 수익 올린 싱가폴 펀드가 있어요.

태춘      싱가폴 펀드요…?

남 계장   어젯밤 찌라시에 돌았는데, 공매도 금지해야 한다고 개미들 또

법전

난리 났죠.

태춘 　　　!··· (굳은 표정에서···)


S#58.　　　**검찰청, 기석의 차장검사실 (낮)**
　　　　　 '지이잉-' 문서 파쇄하는 굳은 표정의 기석이다.
　　　　　 눈치 살피며 서 있는 수사관1··· 비워진 책상, 일각에 놓인 박스
　　　　　 에는 개인 짐 담겨 있는데···


기석 　　 (마지막 서류까지 파쇄하고) 파쇄된 문서는 완전 소각해 주세요.
수사관1　 네. (하더니) 짐들은 제가 차에 갖다 놓겠습니다.


　　　　　 기석이 들고 가려는 박스를 뺏어드는데.


기석 　　 아, 잠시만요. (하더니)


　　　　　 박스에 담겨 있던 차장 명패 빼서 쓰레기통에 처박는···


S#59.　　　**검찰청, 복도에서 엘리베이터 (낮)**
　　　　　 짐 챙긴 박스 들고 엘리베이터로 걷는 기석··· 담소하며 마주 걷
　　　　　 던 직원들은 눈치 보며 인사하고··· 뒤에서 수군대는 시선을 느
　　　　　 끼지만, 애써 냉정을 유지하며 걷는 기석의 모습 위로.

/용      (na) 황기석은 좌천당했지만, 아무것도 달라진 것은 없다.


**S#60.**      **한적한 도로, 질주하는 은용의 슈퍼카 (낮)**

도로를 질주하는 은용의 차⋯ 말쑥한 모습으로 운전하는 은용의 냉정한 눈빛 위로.


/용      (na) 진실은 여전히 은폐되어 있고, 정의는 아직 이루어지지 않았다.


**S#61.**      **수목장 (낮)**

파란 하늘 아래⋯ 카네이션 놓인 윤 대표의 묘비 앞에 나란히 선 은용과 준경이다.


용      독방에서 밤새 생각했어. 왜 졌을까. 내가 뭘 잘못한 걸까⋯ 그러다 문득 아줌마가 생각났어. 억울한 옥살이를 하면서 아줌마가 생각하신 싸움은 뭐였을까⋯? 명 회장의 돈을 뺏고, 황기석의 권력을 뺏는 게 끝이었을까⋯?

준경      나 때문에 포기하셨지만⋯ 엄마라면 그게 끝은 아니셨을 거야.

용      ⋯

준경      진실을 은폐한 황기석을 출세시켜 주고, 불법으로 돈을 번 명 회장의 죄를 덮어 주며 이익을 공유했잖아. 그 썩어빠진 법과 쩐의 카르텔까지 다 끝장내려고 싸우셨겠지.

법전

| 용 | 그래서 이제 새로 시작하는 싸움에선 기생충 한두 마리 잡는 걸 목표로 하진 않을 거야. 그 썩어 빠진 놈들, 싹 다 쓸어 버려야지. |
|---|---|
| 준경 | 어떻게? |
| 용 | 몇 가지 준비할 게 있는데, 첫 번째로 아주 먹음직스런 쥐약을 준비해 뒀어. |

## S#62.  은용의 펜트하우스 (밤)

은용이 고급 싱글몰트 위스키를 따라 주는데… 맞은편엔 명 회장이다!

| 명 회장 | (마시고) 이래 밖에서 보이 좋네. 술맛도 조~코~ |
|---|---|
| 용 | 무슨 일이세요? 보자고 먼저 연락을 다 주시고. |
| 명 회장 | 역시 우리 은용이… 그 와중에 내한테 얘기 듣고 공매도 칠 생각부터 했나? |
| 용 | 제가요? |
| 명 회장 | 싱가폴 펀드가 니꺼 맞제? 공매도 때린 시간을 딱 보이, 닌데? 전 세계에 그 타이밍에 공매도 칠 인간이 둘인데, 내 아이니까 니가 맞다 아이가? |
| 용 | (묘한 미소로 보며) 글쎄요… 그럼 바우펀드는 누구 짓입니까? 이수동이 맞습니까? |
| 명 회장 | (픽…) 와? 뭐 어디 카메라 숨기 났나? 고마 됐고… 거래할라 캤던 두 개 중에 하나는 내가 썼고, 이건 니한테 팔게. 사라. |

포렌식 봉투에 담긴 USB 꺼내 놓는다. 살짝 눈빛에 힘이 들어갔던 은용이지만, 이내 태연하게…

| | |
|---|---|
| 용 | 황기석은 이미 망가졌는데… 그게 다시 거래가 될까요? |
| 명 회장 | 내한테는 쓸모없는 게 맞는데, 윤 사장 죽음의 진실을 밝힐라카믄, 니한테는 절대로 필요한 거 아이가? |
| 용 | 얼마에 파시게요? 반에 반 값 정도면 생각해 보죠. |
| 명 회장 | 아니, 전에 불렀던 가격의 두 배. 싫으면 고마 없애 버리고. |
| 용 | … (노려보면) |
| 명 회장 | 니는 윤 사장 절대 포기 몬 해. 돈 마이 벌었다 아이가~ 판다고 할 때 사라. |
| 용 | ('후…' 한숨 푹 쉬더니) 대신 조건이 하나 있습니다. 함진 부장은 감찰에서 빼 주세요. |
| 명 회장 | 그 이야기 할 줄 알았다. 니캉 원투데이가? (끄덕이면) |
| 용 | 회장님이나 저나 요주의 감시 대상이니 이번 거래는 자금 추적 안 되는 버진 아일랜드에 깡통 회사 하나 만들어서 지분 넘기는 방식으로 하겠습니다. |
| 명 회장 | 깔끔하이 좋~네. (미소 비릿한 얼굴 위로) |
| /용 | (na) 쥐약을 먹었다. |
| 용 | … (명 회장을 차갑게 보는 얼굴 위로) |
| /용 | (na) 명 회장의 탐욕이 명 회장을 끝장낼 거다. |

## S#63.    검찰청 전경 (아침)

아침을 맞은 검찰청 전경 보이고…


**S#64.** **검찰청, 감찰부 조사실 (낮)**

손도 안 댄 국밥 놓여 있는… 앞으로 초췌한 기색의 함진인데…
이때, 감찰 부장 들어온다.


감찰　　밥도 안 먹고 뭐해?

진　　　분명히 말하는데, 김성태에 대한 강압 수사 없었습니다. 김성태
　　　　는 자살 아니라(O.L)

감찰　　그래, 그래… 알았다. 혐의 풀렸으니까 집에 가. 애들 기다리잖아?

진　　　네?

감찰　　(픽…) 천하의 꼴통인 줄 알았는데… 결국 지 모가지 걸리니까 너
　　　　도 별 수 없네.

진　　　!!?


**S#65.** **검찰청 앞, 휴식 공간 벤치 (낮)**

지친 기색 역력해서… 멍하게 앉아 있는 함진인데… 태춘이 달
려온다.


태춘　　선배! 무혐의로 결론 난 거죠? 정말 다행입니다…!

진　　　내가 풀려난 거… 니네 삼촌이 윗선하고 무슨 거래한 거 같은데.
　　　　맞니?

| 태춘 | 네? |
|---|---|
| 진 | 맞을 거야. 딱 그런 분위기였으니까. 이게 뭐야… |
| 태춘 | 선배, 일단 오늘은 집에 가서 쉬시고(O.L) |
| 진 | 애들 얼굴이 너무 보고 싶어서 그냥 나오긴 했는데… 이젠 집에 가기 겁나. 우리 애들한테 부끄럽지 않은 검사, 딱 거기까지가 내 목표였는데… |
| 태춘 | … |
| 진 | 장 검사, 삼촌한테 전해 줘. 고맙고… 난 이제 빠진다고. |
| 태춘 | 선배! 그렇다고 검사를 그만 두시는 건(O.L) |
| 진 | 안 그만둬. 이제 검사로서 당당한 방식으로 싸울 거야. 이기긴 힘들겠지만, 뭐 어쩌겠어. 해 봐야지. 그래도 엄마니까. |
| 태춘 | … |


**S#66.  고급 요양원, 지희의 특실 (밤)**

안대를 쓰고 잠들어 있는 지희 보이고…

반쯤 열린 블라인드 그늘진… 일각 자리에 앉아 깊은 생각에 잠긴 태춘인데…

이때, 들리는 지희 목소리…

| 지희 | 검사님 많이 힘든가 보다. |
|---|---|

어느 샌가 침대에 일어나 앉은 채로 가만히 태춘을 보고 있는 지희다.

| | |
|---|---|
| 태춘 | … (가만히 보면) |
| 지희 | 왜 아니겠어요… 나쁜 놈들 상대하는 게 매일일 텐데. |
| 태춘 | … |
| 지희 | 나도 조금은 알아요. 술장사 하면서 온갖 인간들 다 겪어 봐서. 난요, 그럴 때마다 그냥 우리 아들 생각하면서 버텨요. 우리 태춘이는 꼭 훌륭한 사람 될 거니까. |
| 태춘 | … 엄마… (낮게 뱉으며… 물끄러미 지희를 보는데) |
| 용 | 치킨 왔습니다~! |
| 지희 | 어머~ 치킨 왔다~! |
| 용 | 짱태추이~ 언제 왔어? 너 왜 그래? |

치킨 들고 들어선 은용과 눈빛이 부딪치는 태춘에서…


## S#67. [시간 경과] 지희의 요양원, 옥상 [밤]

밤이 된… 담배 비벼 끄는 은용인데… 태춘이 와서 맥주 캔을 건네고…

| | |
|---|---|
| 태춘 | (옆으로 나란히 서서 맥주 마시며) 삼촌. |
| 용 | (야경 보며 맥주 마시며) 어. |
| 태춘 | 이제 나한테 연락하지 마. |
| 용 | ? (태춘 보면) |
| 태춘 | 여기서 이렇게, 엄마하고 보는 거 아니면 만나지도 말고. |
| 용 | … 이유가 뭐야? |

| 태춘 | 난 검사니까. 삼촌이 하는 건 불법이고. |
|---|---|
| 용 | 불법? … 너 알잖아? 법과 원칙… 그런 걸로는 절대 못 이기는 거. |
| 태춘 | 준경 선배도 똑같이 얘기하더라. 근데 말야, 괴물하고 싸운다고 괴물이 되넌… 그건 그냥 다른 괴물일 뿐이잖아. |
| 용 | (보면) |
| 태춘 | 나… 대한민국에서 가장 높은 검사 같은 거, 안 할래. 그냥 엄마 말 잘 듣는 훌륭한 사람 되려고. (단단한 눈빛으로 보는 얼굴 위로) |
| /용 | (na) 태춘이는 이제 더 이상 내 약점이 아니다. |

그런 태춘을 가만히 보는 은용의 얼굴 위로…

| /용 | (na) 장태춘 검사는 이 싸움을 끝낼 결정적 한 방이다. |

9화 엔딩

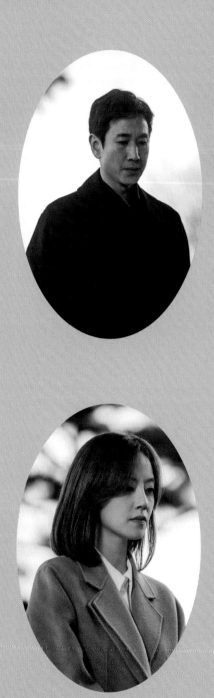

# 다시 찾게 해 줄게

명 회장과 검찰 윗선의
죄를 뒤집어쓰고 몰락한 향기서.
은용과 준경은 밑바닥까지 떨어진 기석을
무릎 꿇리고 자신의 칼로 사용하려 한다.

**손 장관의 선거 사무실 + 회의실 (낮)**

'국회의원 후보 손승진' 선거 포스터 붙어 있고… 운동원들로
분주한 선거 사무실 풍경…
일각, 회의실에서 손 장관과 마주한 준경이다.


손 장관        건강한 모습으로 다시 보니 좋구나.

준경           공천 받으신 거 축하드려요. 꼭 당선되실 거예요.

손 장관        아직 축하는 이르다. 워낙 박빙인 지역구야.

준경           저도 옆에서 도울게요.

손 장관        검찰의 조작 수사 증거가 담겨 있는 USB를 다시 입수했다고?

준경           네. 선거 앞두고 결정적인 타이밍에 아저씨하고 함께 터뜨리려
              고요.

손 장관        아니, 괜히 선거와 연계해서 터뜨리면 오히려 정치적 음모라는
              역풍 맞을 수 있어. 이런 일은 순리대로 푸는 게 좋다. 어머니의
              억울한 진실, 하루라도 빨리 풀어 드려.

준경           아뇨, 이번에 윗선까지 싹쓸이하지 않으면 진실은 또 덮일 거고,


**10화**                                                              227

그놈들… 또 살아남을 거예요.

손 장관    …

준경    증거만으로 진실을 밝힐 수 없는 시절인 거, 잘 아시잖아요. (눈빛
        단단한…)



**S#2.    풍경이 예쁜 야외 까페 (낮)**

그림 같이 예쁜 풍경의 까페 야외 테이블에 앉아 있는 은용…
맞은편에는 무섭게 굳은 눈빛으로 앉아 있는 세희다.

세희    아빠가… 그걸 은 실장님한테 팔았다고요?

용     회장님 그런 분인 거. 너도 잘 알잖아.

세희    그래서 이제 어떡하실 건데요? (애써 차분히 보는데)

용     (순간 싸늘하게 표정 굳히며) 내가 시키는 대로 해. 네 남편 다시 살리
        고 싶으면…

세희    !

용     (차가운 눈빛에서…)



**S#3.    검찰청, 태춘의 검사실 (낮)**

기록들을 잔뜩 쌓아 놓고 골무 낀 손으로 넘겨 보는 태춘…
옆으로 한가하게 다육이들에게 물 주는 남 계장… 태춘 보고 혀
를 끌끌 차며.

| | |
|---|---|
| 남계장 | 그거 다 철 지난 자료들 아니에요? |
| 태춘 | 새로운 증거가 나왔잖아요. 초심으로 돌아가 처음부터 다시 보는 겁니다. |

일각 보드판 한 가운데에 붙어 있는 '기석 / 수동 술자리 몰카 사진'…

| | |
|---|---|
| 남계장 | 저게 무슨 증건데요? 사진 속 인물이 황기석 차장은 맞습니까? |
| 태춘 | 네? |
| 남계장 | (다가가 보며) 닮은 거 같긴 한데 법정에서도 확실하게 특정할 수 있을까요? |
| 태춘 | 지금 무슨 말씀 하시는 거예요? |
| 남계장 | 게다가 뇌물죄 입증하려면 만난 시점이 중요한데, 이 출처 불명의 몰카 사진이 증거 능력을 인정받겠어요? |
| 태춘 | (흠… 끄덕이며) 변호인 측에선 그렇게 주장할 수 있겠네요. |
| 남계장 | 아닌데. 이거 검찰 측 주장인데? |
| 태춘 | ?? |
| 남계장 | 말년 꽉 찬 수사관 짬밥으로 단언컨대, 이 사진… 증거 채택 안 됩니다. |
| 태춘 | 네? 설마요… ('갸웃' 하는 얼굴에서) |

S#4.   **검찰청, '바우펀드 수사팀 회의실' (낮)**
이제는 살짝 미간 찌푸린 태춘의 얼굴로…

이 부장 주관하에 모여 앉아 '기석 / 수동 사진' 두고 특검사들
이 주고받는 대화가 어이없는 태춘이다.

| | |
|---|---|
| 특검사1 | 인터넷에 떠도는 몰카 사진이라 법적으론 증거 능력 없다고 봐야죠. |
| 특검사2 | 사진 속 인물을 황 차장님으로 특정할 근거도 없지 않습니까? |
| 특검사3 | 신원 불상이라 표현하는 게 맞죠. 지금 언론이 떠드는 건 명예훼손 혐의가 있어요. |
| 태춘 | 저기… 근데 이게 변호인 측 논리라면 모를까, 수사하는 쪽 입장은 아니잖습니까? |
| 특검사1 | 얌마, 법리를 따지는데 검사 변호사가 다를 수가 있어? 증거재판주의 몰라? |
| 특검사2 | 장 검사처럼 증거물 다뤘다간 법정 가면 판판히 깨져~ |
| 태춘 | 아니, 그것이 아니라(O.L) |
| 이 부장 | 장 검사 얘기도 일리 있어. |
| 태춘 | ('어라?' 보면) |
| 이 부장 | 여론 안 좋잖아. 그렇게 대놓고 하면 되겠냐? 법률적인 논리만 따졌다간 국민 정서에 역풍 맞아. |
| 태춘 | … |
| 이 부장 | 증거 배제하는 건 우리가 알아서 하면 될 일이고, 친한 기자들한텐 성역 없이 수사 중이다, 이런 식으로 입단속 확실히 해! |
| 특검들 | 네! |
| 태춘 | … (한심한데…) |
| 이 부장 | 지금은 다들 이수동이 잡는데 집중해. 황 선배 사진으로 여론 바 |

람막인 해 놨으니까 그 사이에 이수동이 잡고 바우펀드 사건 끝
낸다. 알았나!

특검들          네!
태춘          네에…

대답 건성으로 하는 태춘… 그런 태춘을 가만히 보는 이 부장의
눈빛은 마뜩잖은데…


S#5.          **고급 식당, 내실 (밤)**
마주 보는 2인상 준비된 널찍한 내실… 홀로 앉아 기다리는 기
석이 전화를 걸어보지만, '고객님이 전화를 받을 수 없어…' 소
리샘으로 넘어갈 뿐이다. 굳은 표정으로 물잔 마시는데, "손님
오셨습니다" 문밖의 종업원 안내 소리에 반색하며 일어서는…

기석          오셨습니까? (고개 숙여 인사하는데)

들어서는 이는, 명 회장이다.

기석          !!
명 회장          위원장님은 선거 준비로 바빠가 몬 오신단다. 내한테 대신 말 쫌
          전해 달라 카네?
기석          …
명 회장          앉아라. 간만에 내캉 밥이나 묵으면서 이야기 쫌 하자. (앉으면)

| 기석 | (선 채로) 전 드릴 말씀 없습니다. 먼저 가 보셨습니다. |
|---|---|
| 명 회장 | 어데 가게? 니 인자 갈 데도 없고, 니 전화 받을 사람도 없다 아이가. 똑똑한 놈이 아직도 분위기 모르겠나? |
| 기석 | (노려보며) 분위기 그렇게 만드신 분께서 무슨 하실 말씀이 있으실까요? |
| 명 회장 | 니는 내가 니를 버렸다고 생각하나? |
| 기석 | 아닙니까? (가까스로 누르는) |
| 명 회장 | 하이고 짜슥아… 내가 지금까지 니한테 퍼부은 돈이 얼만지 아나? 내가 손해 보는 장사 하는 거 봤나? |
| 기석 | !! |
| 명 회장 | 앉아라. 이야기 좀 하자. |
| 기석 | … |


S#6. **손 장관의 선거 사무실 (밤)**

운동원들이 모두 퇴근한 깊은 밤의 사무실…
조용한 분위기에서 파전에 막걸리 차려 놓고 손 장관과 마주 앉은 은용과 준경이다.


| 용 | 돈 장사하는 은용입니다. 인사드릴 기회 주셔서 감사합니다. |
|---|---|
| 손 장관 | 저도 은 대표님 정말 만나 뵙고 싶었습니다. |
| 준경 | 혹시라도 기자들 눈에 띌까 봐 조심해서 왔어요. |
| 용 | 제가 아직 재판 중인 사건들이 있어서… |
| 손 장관 | 표적 수사 그거, 나도 당해 봐서 그 마음 잘 압니다. 고단한 시절 |

에 고생 많아요.

| 용 | 한 잔 먼저 올리겠습니다. (막걸리 병 따서 따르면) |
|---|---|
| 손 장관 | (받고 따르며) 제가 드리죠. 이렇게 만났으니 단도직입적으로 하나만 붙읍시다. 당선 가능성도 높지 않은 나를 돕겠단 이유가 뭡니까? |
| 용 | 의원님은 두려움 없이 할 일은 꼭 하시는 분이잖아요. 그리고 당선되시면 의원님의 도움이 꼭 필요한 사업도 하나 있습니다. |
| 손 장관 | 역시… 그런 게 있죠? (흠…) 정치인으로서 두려움이 없으려면 더러움도 없어야 합니다. 후원금을 조건으로 거래를 원한다면 거절합니다. |
| 용 | … |
| 준경 | 오빠가 하려는 사업은 상장 폐지된 엄마 회사 다시 살리는 거예요. |
| 손 장관 | !? 다 망가진 회사를 살려 뭐 하게? |
| 용 | 복수를 한다고 억울하게 돌아가신 윤 대표님의 죽음을 되돌릴 수 없다는 건 잘 압니다. 하지만, 대표님의 기업가 정신만큼은 계속 이어 나가고 싶습니다. |
| 손 장관 | 돈이 꽤 많이 들어갈 텐데? |
| 용 | 돈장사로 번 돈, 제일 잘 쓰는 게 이런 일 아닐까요? |
| 손 장관 | (흠…) 술 한 잔으로 끝날 인연은 아닌 거 같네. 듭시다~ |
| 용/준경 | 감사합니다! (기분 좋게 건배하는 모습에서…) |

S#/.     고급 식당. 내실 (밤)

이제는 자리에 마주 앉은 기석과 명 회장이다.

명 회장       나랏밥은 그 마이 묵었으면 됐다. 씰데 없이 정치판 기웃거릴 생
각하지 말고 내한테 돈 배워라.

기석        아버님 밑에서요? 저보고 이수동처럼 설거지꾼 변호사나 되란
말씀이십니까?

명 회장       니는 아직도 권력이 자리에 있다고 생각하나? 대검 총장실 가
고, 청와대 가믄, 거기에 권력이 있을 꺼 같나?

기석        그럼 아버님처럼 평생을 권력에 꼬리치는 개로 살면서 던져 주
는 뼈다귀나 뜯어 먹고 살라고요?

명 회장       일마야 내한테 그렇게 당하고 아직 모르겠나? 돈이 진짜 권력이
다. 니 같이 잘 나가는 최고 실세 검사도 한 방에 날리 뿌는 내가
진짜 권력 아이가?

기석        !…

명 회장       쎈 놈이 돈을 쥐는 기 아이고, 돈 쥔 놈이 쎈 놈인기라…!

기석        !!

눈빛 부딪치는 두 사람의 모습에서.


**S#8.**     **검찰청, 이 부장의 방 (밤)**

찻잔을 사이에 두고 이 부장과 마주 앉은 남 계장이다.

이 부장     말년에 좀 편한 자리 계셔야 되는데, 장 검사 방이 일이 많죠?

| 남 계장 | 아뇨 뭐, 요즘은 별로 하는 일도 없는데요. |
|---|---|
| 이 부장 | 정년퇴직하면 가실 곳은 정했습니까? |
| 남 계장 | 어디 좋은 데 소개라도 해 주시게요? |
| 이 부장 | 최앤장 로펌에서 전문위원으로 모시고 싶어 합니다. 업계 최고 연봉에 시니어급 대우 보장해 드린다고. |
| 남 계장 | 그래요? 연락 한 번 해 봐야겠네. |
| 이 부장 | 그냥 저한테 말씀해 주시면 됩니다. |
| 남 계장 | 네? |
| 이 부장 | 전관 대우받고 가시려면 제 추천서 있어야죠. |
| 남 계장 | (아…) |
| 이 부장 | 그래서 말인데, 사실 장 검사가 걱정입니다. 조직보다 개인적인 공명심을 앞세우는 건 검사로서 바람직한 자세는 아니잖습니까? 그리고… 장 검사 외삼촌도 문제가 많은 인물이고… |
| 남 계장 | … 그래서요? |
| 이 부장 | 옆에서 오버 못 하게 잘 좀 제어해 주시고, 혹시라도 엉뚱한 짓 할 거 같으면. |
| 남 계장 | 부장님께 따로 보고 좀 해 달라? |
| 이 부장 | 이건 뭐, 대화하기 너무 편한 스타일이시네~ 우리 계장님? |
| 남 계장 | (흠…) |
| 이 부장 | 최앤장 자리는 제가 책임지고 준비하도록 하겠습니다. |
| 남 계장 | … (가만히 보는 얼굴에서…) |

S#9.    경찰청, 태춘의 검사실 (밤)

밤늦도록 여전히 기록에 파묻혀 야근하는 태춘인데…

/남 계장    그거 진짜 무식하게 다 볼 겁니까?

문가에 서서 물끄러미 보고 있는 남 계장이다.

태춘    초심으로 돌아간다 했잖아요. 전 머리가 나빠서 초심이 은근과
        끈기예요.

남 계장    (픽…)

태춘    근데 아직 퇴근 안 하셨어요?

남 계장    같이 야근이나 합시다. (들어와 자리에 앉는)

태춘    갑자기요?

남 계장    아내한테 주식 박살난 거 걸렸어요. 집에 들어가 봐야 눈치만 보
        이고.

태춘    (흠…)

남 계장    아~ 이럴 줄 알았으면 나도 좋은 자리 있을 때 주는 거 받고, 챙
        길 거 챙겨 놓는 건데… 뭐 혼자 잘났다고 독야청청하다 퇴직금
        도 날려 먹은 건지…

태춘    이제라도 돈 많이 버시면 되죠. 계장님 정도 능력자시면 여기저
        기 로펌에서 서로 모셔 가려 할 걸요?

남 계장    그럴까요? 최앤장에서 최고 대우 해 준다는데.

태춘    와~ 대박! 최앤장이면 사모님이 주식 날린 거 정돈 용서하시겠네~

남 계장    안 갈라고요.

태춘    !? 왜요?

| | |
|---|---|
| 남 계장 | 뭐가 체질적으로 안 맞아 그린 놈들… |
| 태춘 | 아… 그거야말로 사모님 아시면 등짝 스매싱 쎄게 맞으실 일 같은데… 아깝다~ |
| 남 계장 | 나도 내 실력이 좀 아까워서 그런데… 검사님. (보면) |
| 태춘 | 네? |
| 남 계장 | 지금부터 나하고 특수 수사 한 번 제대로 해 볼랍니까? |
| 태춘 | 진짜요? 그래주심 저야 완전 좋죠~! |
| 남 계장 | (붙어 있는 '기석 / 수동 사진' 앞에 서서) 특수 수사는 맥을 짚어야 되는데, 지금 핵심은 황 차장이 아니라, 이놈(수동)을 잡는 겁니다. |
| 태춘 | 잡으면 좋죠~ 근데 어떻게요? 지금 지명 수배 때리고 경찰 쪽이 총력으로 쑤시고 다녀도 못 찾고 있어요. |
| 남 계장 | 특수 수사 핵심은 돈입니다. 특히나 이런 놈은 돈을 따라 가면 길이 보여요. |
| 태춘 | 돈? (오… 반짝이는 눈빛에서…) |

**S#10.** **기석 / 세희의 타워팰리스, 거실 (밤)**

잔뜩 술에 취한 기석이 명 회장 운전기사의 부축을 받아 비틀거리며 소파에 널브러진다.

굳은 표정으로 지켜보는 세희인데…

| | |
|---|---|
| 기석 | 어~ 취한다… 취해… (취해 주절거리는…) |
| 운전기사 | 내일 9시에 모시러 오겠습니다. |
| 기석 | (만취) 어, 어, 수고했어~ |

운전기사는 물 잔을 가져오는 세희에게 인사하고 나가고…
기석은 세희가 건넨 물을 벌컥벌컥 마시는데…


| | |
|---|---|
| 세희 | 아빠하고 마신 거야? |
| 기석 | (끄덕끄덕) |
| 세희 | 근데 김 기사가 왜 당신을 모시러 와? |
| 기석 | (만취) 나 이제~! 아버님하고 일한다… ('후…' 한숨 쉬는) |
| 세희 | !? 뭐?! 당신이 왜 아빠랑 일해? |
| 기석 | 돈 쥔 놈이, 쎈 놈이니까… (푹… 쓰러져 곯아떨어지는…) |
| 세희 | !… |


술에 잔뜩 취해 잠든 기석… 그런 기석을 노려보는 세희의 굳은
눈빛에서… (장면 전환)



**S#11.** **(플래시백) 풍경이 예쁜 야외 까페 (낮)**
굳은 표정의 세희… 맞은편의 은용…


| | |
|---|---|
| 세희 | 은 실장님은 내 남편이 망가지길 가장 원했던 사람 아닌가요? 남편을 살려 주겠단 얘길 어떻게 믿죠? |
| 용 | 이미 망가진 황기석을 또 죽여 뭐 하겠어? 난 회장님에게 산 USB로 회장님과 과거 조작 사건에 관련된 모든 윗선들을 다 날 릴 생각이야. |
| 세희 | 결국 내 주변의 모두를 무너뜨리겠단 얘기네요. |

| 용 | 넌 회장님 돈에 만족하는 사람이 아니잖아? 사채업자인 아버지가 아무리 돈이 많아도 네가 원하는 걸 해줄 수 없다는 걸 예전부터 알았고, 그걸 네 남편이 채워 주길 바랬던 거 아냐? |
| --- | --- |
| 세희 | !… |
| 용 | 나한테 협조해. 그래야 네 남편이 다시 기회를 얻을 수 있어. |

은용은 세희 앞에 싱가폴 은행 영문 로고가 크게 박힌 서류 봉투를 하나 건네 놓는다.

>'Private Bank of Singapore'

| 세희 | !? 이게 뭔데요? |
| --- | --- |
| 용 | 줘야. |
| 세희 | ?! (굳은 눈빛에서 / 다시, 장면 전환) |

**S#12.** **[다음 날] 세희의 '요리家' 안 [낮]**

다시, 현재… 아침햇살 받으며 생각에 잠긴 세희의 얼굴로…

주방에 서서 은용에게 받은 서류 봉투를 물끄러미 보고 있는 세희의 모습에서…

**S#13.** **준경의 집, 주방 [낮]**

자글자글 끓고 있는 콩나물 북엇국 보이고…

숙취로 지끈거리는 머리를 부여잡고 앉은 준경… 은용은 콩나물 북엇국을 끓여 내온다.

| 용 | 좀 괜찮냐? |
|---|---|
| 준경 | 아니 안 괜찮아… 나 어제 얼마나 마신거야? |
| 용 | 어이구… 어제 무지 마셨다, 무지 마셨어. |
| 준경 | (픽…) 오빠 일찍 일어났네? |
| 용 | 몽골에서 말 타고 좋은 공기 마시면서 살면 무지 쎄져, 술이. |
| 준경 | 아~ 그래서 말술이야? |
| 용 | 아, 뭐래~ |
| 준경 | 시원하게 잘 끓였네. 맛있다. |
| 용 | (픽… 웃으며 폰 메시지 확인하는데… 흠…) |
| 준경 | 왜? 무슨 일 있어? |
| 용 | 명 회장 딸이 우리한테 협조하겠대. |
| 준경 | 진짜? |
| 용 | (끄덕이는… 서늘해진 눈빛에서…) |

## S#14.    세희의 '요리家' 안 (낮)

정갈하게 차려진 1인 식탁에 메인 요리인 도루묵찌개가 놓인다.
세희가 차려 준 밥상을 받은 이는, 감찰 부장이다.

| 세희 | 제철이라 도루묵 알이 꽉 찼어요. 부장님 고향인 속초식으로 준비했습니다. |
|---|---|
| 감찰 부장 | 아~ 우리 제수씨 음식이야 다 맛있지만, 이건 진짜 못 참지. (국물 |

한 술 먹더니) 칼칼한 게, 항구 식당서 먹던 맛 그 맛이네. 아주 좋
아요. (엄지 척)

세희          입에 맞으신다니 다행이네요.

감찰 부장     (흠…) 기석이 때문에 요즘 걱정 많죠? 이런 자리 마련한 제수씨
            마음 다 압니다. 고비만 넘기면 잘 풀릴 테니 너무 걱정 말아요.

세희          부장님만 믿겠습니다.

감찰 부장     그래요. 우리야 같은 식구 아닙니까?

세희          감사합니다. 편히 드시고, 모자라면 말씀 주세요.

감찰 부장     (다시 한 번 엄지 척 하며) 아이고, 좋죠~!


단정한 미소로 인사하고 일어선 세희… 돌아서며 표정 서늘하
게 굳는 얼굴이고…
일각으로 간 세희는 밥 먹는 감찰 부장의 눈치를 살피더니…
은용이 건넸던 싱가폴 은행 서류 봉투를 꺼내 들고, 울리지 않은
폰으로 전화 받는 척 한다.


세희          아, 네 김 기사님… 아빠가 놓고 간 서류는 잘 챙겨 놨어요… 네,
            싱가폴 은행 봉투에 든 거… 네, 네, 편하신 때 찾으러 오세요. (끊
            는 척…)


서류 봉투를 자연스레 감찰 부장 근처에 두고…


세희          사모님이 저희 된장 좋아하시죠? 제가 좀 담아 드릴게요.

감찰 부장     아~ 좋죠, 좋죠~

| 세희 | 잠깐 계세요. |
|---|---|
| 세희 | 나가면… 감찰 부장은 슬몃 눈치 살피더니 봉투 꺼내 몰래 서류 |
| | 를 보는데… |
| 감찰 부장 | !… (살짝 인상 쓰는 얼굴 위로) |
| /준경 | 싱가폴 은행 봉투에 든 게 공매도 수익 내역이라고 했지? |


## S#15.  준경의 집, 주방 (낮)

대화를 이어 가는 은용과 준경…


| 준경 | 오빠 예상대로 움직일까? |
|---|---|
| 용 | 명 회장이 바우펀드 터진 와중에 공매도로 큰돈 챙겼다고 생각 |
| | 할 텐데, 그걸 혼자 먹는 꼴을 두고 보진 않을 거야. |
| 준경 | 하긴 이제와 불법 공매도로 수사할 인간들은 아니지. |
| 용 | 돈을 봤으니까 욕심이 생길 거고, 욕심과 욕심이 크게 한판 붙겠 |
| | 지. |
| 준경 | (흠…) |
| 용 | 명 회장 이제 좀 곤란해지겠네… |


## S#16.  명 회장의 별장 / (교차) 검찰청, 감찰 부장의 방 (낮)

인상 '팍!' 쓴 명 회장이 왔다 갔다 하며 통화 중이고… / 느긋한
자세로 통화 중인 감찰 부장이다.

| 명회장 | 갑자기 그게 무슨 소립니까? 내를 출국 금지 때린다고요? |
|---|---|
| /감찰 부장 | 나라 경제가 아주 작살난 와중에 공매도로 큰돈을 챙기셨던 데… 해외로 빼돌리면 모를 줄 알았습니까? |
| 명회장 | 검찰서 내 통장 전부 까 보지 않았습니까? 근데 무슨 해외로 돈을 챙겼다고(O.L) |
| /감찰 부장 | 싱가폴 어디던데? 그 큰돈을 혼자 다 드시면 탈이 나지… |
| 명회장 | ! (인상 팍 쓰지만…) 하이고, 예, 예, 고마 말씀 뜻은 알아들었습니다. 좋은 숫자로 챙기가 인사드릴 테니까, 출국 금지 이런 건 좀 거둬 주시구요. |
| /감찰 부장 | 뭐 그런 건 알아서 하시고. 바빠서 이만 끊습니다~ (툭 끊는) |
| 명회장 | !! 일마 싸가지 보소!? 빨대 아주 제대로 꼽네… (냉수 벌컥벌컥 마시는데) |

이때 들어오는 기석이다.

| 기석 | 무슨 일 있으세요? |
|---|---|
| 명회장 | 이놈의 탐관오리들이요… 아주 처묵이고 처묵여도 만족을 몰라… |
| 기석 | 누가요? |
| 명회장 | 누구긴 감찰 부장 남, 재욱이… (열 잔뜩 받아서) 봐라 사우야. 니 이 부장이든 누구든 조용히 만나가 글마 먼지 좀 털어 온나. |
| 기석 | 예, 그러죠. (하다가… 마뜩잖은) 근데… 뭐 얼마를 달라 그랬는진 모르겠는데 아직 분위기도 안 좋은데 그냥 적당히 줄 거 주면서 달래시는 게(O.L) |

| 명 회장 | 니는 일마야 이때까지 받아만 봐가 모른다! 달라는 대로 다 주 |
| | 면 나중엔 안방까지 내놓으라 칸단 말이다! |
| 기석 | … |
| 명 회장 | 지 밥그릇 놔두고 주인 밥상 탐내는 개새끼는 비르장머리를 초 |
| | 장에 잡아야 한데이. (매섭게 써늘한 눈빛 위로) |
| /용 | (na) 명 회장의 오래된 커넥션은 응집력이 쎄고 강하다. |

## S#17.    은용의 펜트하우스, 옥상 (낮)
바람을 맞으며 생각에 잠긴 은용의 모습 위로…

| /용 | (na) 외부에서 공격하면 더욱 똘똘 뭉치게 만들 뿐이다. 내부의 |
| | 분열을 일으켜 서로를 약하게 만드는 게 필요하다. |

넓게 펼쳐진 야외 전경 보이다가…

## S#18.    검찰청, 태춘의 검사실 (낮)
늘어지게 기지개를 켜는 남 계장 앞에 '탁!' 하고 계좌 내역 서류
철 내려놓는 태춘이다.

| 태춘 | 찾았어요. 수상한 돈. |
| 남 계장 | (흘끔 보고) 이건 변호사 수임료로 받은 돈이잖아요? |
| 태춘 | 회계 처리는 그렇게 됐는데, 누가 새벽 3시에 수임료를 계좌 이 |

법전

|  | 체하죠? |
|---|---|
| 남계장 | (흠…) 뭐 좀 이상하긴 한데… |
| 태춘 | 이거 분명히 이수동 도박하다 돈 떨어져 송금 받은 거예요. 보세요, 다음 날 바로 전액 현금 인출했잖아요. |
| 남계장 | 일리 있네. 이런 생각은 어떻게 했어요? |
| 태춘 | 예전에 엄마가 노름꾼들 외상값은 기가 막히게 받아 냈거든요. |
| 남계장 | 조기 교육 확실하셨네. |
| 태춘 | 이 시간에 몇 천씩 노름돈 빌려주는 남녀 관계는 하나 밖에 없죠. |
| 남계장 | 의뢰인 아니라 내연녀로 추정된다? |
| 태춘 | 금융 거래 영장 칠게요. 이 여자 계좌나 카드 내역 까 보면 이수동 도피 흔적이 나올 수도 있어요. |
| 남계장 | 하나를 가르치면 열을 아시네, 할라 그랬는데 결정적인 게 틀렸네. 검사님 영장 치려면 결재 누구한테 받죠? |
| 태춘 | 그야 우리 부장님… (하다가 아…) |
| 남계장 | 이 부장이나 지금 바우펀드 수사팀하고 이 정보 공유하면 이수동 어떻게 될지 모릅니다? |
| 태춘 | (흠…) 영장 쳐 줄 부장님이 한 분 있긴 한데… |


**S#19.** **인천지검, 함진의 부장실 (낮)**

'흠…' 태춘의 수사 보고서를 읽고 있는 함진이고… 앞에는 태춘이다.

| 진 | 이건 왜 나한테 가져온 거야? (까칠한) |

| 태춘 | 살아 있는 이수동을 잡고 싶어서요. 자살 당하게 할 순 없잖아요. |
|---|---|
| 진 | … 장 검사 삼촌이 나한테 빚 갚으라고 보낸 건가? |
| 태춘 | 아뇨. 이제 삼촌과는 같은 팀 아닙니다. |
| 진 | 장 검사는 왜? |
| 태춘 | 저도 검사잖아요. 결과만큼 과정도 정의로워야 하는. |
| 진 | 그래? 근데 내가 영장을 내주는 것도 일종의 편법 아닌가? |
| 태춘 | (아…) 그건 그렇긴 한데… |
| 진 | 이런 건 불법, 편법 아니라 기법이지. 일종의 수사 기법. |
| 태춘 | (아…) |
| 진 | 앞으로도 보안 유지하면서 필요한 거 있음 가져와. |
| 태춘 | 네! 충성 충성~ (씩 웃는 얼굴에서) |

**S#20.** **고급 식당2. 내실 / (교차) 검찰청. 이 부장의 방 (낮)**

캐주얼한 분위기의 고급 식당 내실… 짜증난 표정의 기석이 홀로 앉아 있는데, 전화 울린다.

/책상에 앉아 기록 보며 통화하는 이 부장이다.

| /이부장 | 선배 어쩌죠? 제가 대검 회의 준비 때문에 도저히 나갈 수가 없어요. |
|---|---|
| 기석 | 얌마, 그럼 미리 연락을 줬어야지! 내가 항상 강조하는 게 시간 약속인 거 몰라! |
| /이부장 | … (잠시 침묵하는) |
| 기석 | (자신의 처지 깨닫고, 누그러져) 총장님 대면 보고야? 그 양반 두괄식 |

|  | 좋아하니까 처음에 세 줄 요약하고 본론 시작해. |
| /이 부장 | 네. 참고할게요. 근데 이수동 찾는 건 뭐 좀 나왔어요? |
| 기석 | 얌마, 이수동 수사를 왜 대기 발령 중인 나한테 물어? |
| /이 부장 | 선배, 장인하고 같이 일하기로 하신 거 아니에요? 명 회장이 직원 풀어서 이수동 찾아본다고 했다던데. |
| 기석 | 그래? |
| /이 부장 | 네. 그것 좀 챙겨 봐 주세요. 위에서 쪼아 대서 아주 죽겠어요. |
| 기석 | 알겠고, 내가 오늘 보자고 한 건(O.L) |
| /이 부장 | 선배, 제가 시간이 없어서, 문자로 남겨 주세요. |
| 기석 | 이게 문자로 할 얘긴 아니라(O.L) |
| /이 부장 | 회의 마치고 전화 드릴게요. 이수동 건부터 좀 서둘러 주세요. (끊는) |
| 기석 | !!… |

굳은 표정으로 생각에 잠긴 기석이고…


## S#21.　검찰청, 이 부장의 방 (낮)

전화를 끊은 이 부장인데…

| /감찰 부장 | 대가리는 빠른 놈이니까 이 정도 했으면 분위기 파악은 했겠지? |

응접 소파에 뒷모습으로 앉아 있다 일어서는, 감찰 부장이다!

| 이 부장 | 그딩디고 항 선배 그냥 이렇게 팽하시면 따르던 후배들 사기 문 |

제가 있습니다.

감찰 부장    따르던 후배 누구? 너? 분위기 파악은 네가 안 되는 거야?

이 부장    …

감찰 부장    권력은 공백이 있으면 안 되는 거라… 다음 인사 때 특수 부장
                으로 올릴 거니까 기식이 하던 일들, 잘 할 수 있지?

이 부장    !…

감찰 부장    기회는 이렇게 잡는 거야 인마.

이 부장    …


S#22.     **세희의 '요리家', 마당 (밤)**

        세희가 마당을 지나 안으로 들어가는데…


S#23.     **세희의 '요리家' 안 (밤)**

        들어온 세희가 보면, !!?

        앞치마 두른 기석이 파스타 요리 등을 세팅 중이다.

세희    당신 뭐해?

기석    왔어? 오랜만에 실력 발휘 좀 해 봤는데 어떤가 모르겠네? (미소)


        cut to/


        투박하지만 그럴듯한 플레이팅 해서 기석이 차린 음식 앞에 마

주 앉은 세희다.

| | |
|---|---|
| 세희 | (깨작거리는…) |
| 기석 | 왜… 맛이 좀 별룬가? |
| 세희 | 당신… 나하고 계속 같이 살 수 있겠어? |
| 기석 | !… 무슨 소리야? |
| 세희 | 나 볼 때마다 아빠 생각날 거잖아. 당신 꿈을 망쳐 버린. (보면) |
| 기석 | … 걱정하지 마. 당신 남편, 그렇게 쉽게 망가지지 않아. (미소) |
| 세희 | 아빠보다 다시 은 실장하고 손잡는 건 어때? |
| 기석 | (미소 있으나, 눈빛에 서늘함 스치는) |
| 세희 | 은 실장 만났어. 따로 계획이 있나본데, 당신하고 한 번 만나고 싶어 해. |
| 기석 | … (미소… 눈빛은 서늘해서 보는) |
| 세희 | 안 좋게 끝나긴 했지만, 당신도 같이 일했을 때 맘에 들어 했잖아. 내 생각엔 차라리 은 실장이 당신하고 훨씬 잘 맞는 파트너가… (하는데) |
| 기석 | (접시 들고 자리에서 일어서며) 이건 도저히 못 먹겠네. |

일각 쓰레기통에 자신의 접시에 담겨 있던 파스타를 버려 버리는…
세희에게 등 돌린 기석의 눈빛은 그 어느 때보다 사납게 굳어 있다가…

| | |
|---|---|
| 기석 | (다시 돌아서 미소로 세희 보며) 아버님하고 일하는 거, 내 선택이야. |

**10화**

| 세희 | 알아. 그런데(O.L) |
|---|---|
| 기석 | 내 일은 내가 알아서 한다고. 당신까지 나대지 않았으면 좋겠는데. (부드러운 표정과 말투로 지독한 말을 뱉어 대는) 안 그래도 무식한 것들 상대하느라 피곤하니까. |
| 세희 | … |
| 기석 | … |

## S#24.    은용의 펜트하우스, 전경 (낮)

전경 보이고…


## S#25.    은용의 펜트하우스 (낮)

트레이딩 모니터에 집중하고 있는 은용이고… 일각에 앉아 있는 한나다.

| 용 | (모니터 집중…) 어제 손 장관님 만난 건 잘 됐어. 우리 쪽에 힘 실어 주기로 했고. 인도분 WTI 선물은 계속 떨어지네… (살짝 인상 쓰며 클릭클릭, 거래하는) |
|---|---|
| 한나 | 손 장관에게 후원금 팍팍 뿌리는 건 좋다 이거야. 내가 보기에도 투자 가치 높은 정치인으로 보이니까. 근데, 너 진짜 이제 남은 돈 전부 상폐된 회사 살리는 데 쓸어 넣을 거야? |
| 용 | (끄덕이며) 아줌마 회사, 기초가 튼튼한 회사였어. 장기적으로 승산 있는 투자야. (모니터 돌려 보이며) 단기적으로는 4.76 수익률로 |

밥전

마무리했고.

한나   그러니까, 너 이런 단거리 전문인데 왜 갑자기 마라톤을 뛸라고
      하는데? 상폐된 회사 살리는 게 쉬운 줄 알아?

용     (다시 모니터 집중…) 돈이야 단거리 뛰며 지금처럼 벌면 되지…

한나   그래, 지분 확보하고, 새로 투자금 쏟아붓는 선 네 돈으로 한다
      쳐. 회생 결정의 핵심은 사업 지속성이 있느냐 없느냐 하는 건
      데, GMi뱅크의 무슨 사업을 살릴 건데? 주가 조작? 그거면 난
      찬성. 근데 회생 승인이 될까?

용     GMi뱅크 아니라 블루넷을 살리는 거라니까? 그래서 지금 준경
      이가 만나러 갔어.

한나   누굴?

용     최연소 박사 출신 블루넷의 마지막 개발 팀장.

한나   ?


S#26.   **IT 대표 기업 빌딩, 미팅 룸 (밤)**

      IT 대기업 느낌의 깔끔한 미팅룸.

      준경의 앞으로 마주 앉은 차동진(남, 33) 박사… 체크 남방에 상
      고머리, CTO 직함 적힌 ID 카드 목에 걸고 있는 전형적인 공대
      생 느낌이다. 올려놓은 폰에서는 타이머가 5분에서 숫자가 줄어
      드는 중. 02251.


차박사   윤 대표님 돌아가시고 인수한 사채업자 이름이 명인주였나? 블
      루넷이 GMi뱅크로 바뀌면서 개발팀들 전부 퇴직금도 못 받고

쫓겨난 건 아세요?

준경       회사 정상화 되는 대로 전부 지급하겠습니다. 박사님이 필요하
               신 개발 인력 있으면 누구든 복직 가능하고요.

차박사    새로 등장한 투자자가 돈이 많은가 봐요?

준경       박사님이 다시 개발팀 맡아 주시면, 자금과 지원은 얼마든지 할
               계획입니다.

차박사    이젠 돈 아무리 많아도 소용없어요. 그때 우리가 개발하던 칩셋
               기술은 작년에 미국 회사가 개발 성공해 국제 표준 등록 마쳤어
               요. 다 끝난 개발이죠. (씁쓸한)

준경       그건 저도 알고 있어요. 하지만, 살리려는 게 회사 이름이 아니
               라 그 회사의 정신인 것처럼, 저희에게 필요한 건 어떤 기술이
               아니라 기술 개발의 진정성입니다.

차박사    (픽…) 신선하네. 요즘 같은 세상에 개발자를 진정성으로 설득하
               는 건. (폰 타이머 보며) 약속한 십 분에서 아직 3분쯤 남았지만, 더
               할 얘기 없으면 일어나도 될까요?

준경       (구치소용 노트 꺼내 놓으며) 어머니가 수감 중에 남기신 마지막 사업
               계획서예요. (차 박사 폰 타이머 눌러 멈추고) 설득에 남은 시간이 있
               다면, 검토해 주시길 바랍니다.

차박사    …

준경       시간 내 주셔서 감사합니다.


S#27.    **은용의 펜트하우스 (밤)**

몽골 체스(샤타르) 꺼내 놓고 두고 있는 은용인데… 들어오는 준

경이다.

| 용 | 차 박사 만난 건 어떻게 됐어? |
|---|---|
| 준경 | 쉽지 않을 거 같아. |
| 용 | 다른 개발자를 알아봐야 할까? |
| 준경 | 설득될 때까지 만나 볼 거야. 엄마가 선택했던 사람이라 나도 끝까지 최선을 다하고 싶어. |
| 용 | (가만히 보는…) |
| 준경 | ? 왜? 다른 개발자 찾고 싶어? |
| 용 | 아니. 그건 너한테 맡길게. |
| 준경 | 근데 뭘 그렇게 뚫어져라 봐? |
| 용 | 보기 좋아서. |
| 준경 | 뭐가? |
| 용 | 복수하는 거 말고, 다른 고민하는 모습이. |
| 준경 | … |
| 용 | … |
| 준경 | 근데 그건 뭐야? (몽골 체스판 보면) |
| 용 | 몽골에서 자주 두던 건데 머리 비우는 데 도움이 돼. |
| 준경 | 체스 같은데? |
| 용 | 비슷해. |
| 준경 | 이게 비숍이지? (말 하나 옮기는) |
| 용 | (준경 슬몃 보며) 오~ 쫌 아는데? |
| 준경 | 체스는 둘 줄 아니까. |
| 용 | (흠… 맞수 두며) 이건 체스의 나이트. 다른 말을 뛰어넘을 수 있고. |

밥전

| 준경 | (흠… 맞수 두고) 장 검사는 요새 어때? |
|---|---|
| 용 | 매일 야근인가 봐. 체스의 폰처럼 한 칸씩 전진 중… (한 칸짜리 움직이는…) |

곰곰하게 마주 앉아 '샤타르' 두는 두 사람의 모습에서…


**S#28.   검찰청, 태춘의 검사실 (밤)**

태춘의 책상에는 매력적인 외모의 이수동 내연녀(김주현 / 여, 35)의 사진 붙은 자료 보이고…
함진이 영장 쳐 준 내연녀의 계좌 내역 기록들 유심히 보고 있는 태춘이다.

| 태춘 | 와… 한 달에 백화점에서만 얼마를 쓰는 거야… (보다가, '어?!' 뭔가 발견한 표정인데) |
|---|---|
| 실무관 | (정리하고 일어서며) 검사님, 수고하세요. 저는 먼저 퇴근하겠습니다. |
| 태춘 | 네, 들어가세요~ |

실무관 나가려는데, 들어오는 남 계장과 마주친다.

| 남 계장 | 선영 씨, 내일 오전에 장 검사님하고 나 외근이니까 그렇게 알아요. |
|---|---|
| 실무관 | 아, 네. (인사하고 나가면) |
| 태춘 | ?? 내일 저하고 계장님이 어딜 가요? |
| 남 계장 | 이수동 내연녀가 억대 월급 받는 원투데이 홀딩스 런던 본사 확 |

인됐어요.

태춘      그럼 우리 영국가요?

남 계장   아니, 거긴 우편 박스 주소지만 있는 페이퍼 컴퍼니고요, 이 법
         인이 한국에 임대한 청담동 주소가 나왔어요. (서류 보이는)

태춘      (흠…) 서도 하나 찾았는데, 이 여성분께선 거의 매일 백화점에서
         블랙카드를 긁고 사셨는데 이수동이 도주한 이후로는 백화점
         이용 내역이 전혀 없어요.

남 계장   이수동이 내연녀와 함께 있다?

태춘      어쩌면 내일 청담동에서 이수동 만날 수도 있겠네요.


         하이파이브 하는 두 사람의 모습에서…



S#29.   **IT 대표 기업 빌딩, 개발자 사무실 (밤)**

         여러 대의 모니터와 노트북, 태블릿 등이 세팅된 개발자 책상…
         일각에 아내, 어린 아기 가족사진…
         업무를 마친 차 박사는 준경이 건네고 간 '윤 대표의 감방 노트'
         를 꺼내 놓고, 3분가량 남은 스마트폰 타이머를 다시 누르며 첫
         장을 펼친다.
         > 첫 장에는 윤 대표의 죄수 번호와 이름, 그리고 준경과 함께
         찍은 가족사진이 붙어 있고… 보이는 성경 구절…
         '고아와 과부를 위하여 정의를 행하시며 나그네를 사랑하여 그
         에게 떡과 옷을 주시나니…'_신명기 10장 18절
         다음 장을 펼치면, 볼펜 손글씨로 적은 윤 대표의 사업 계획서

보이는데…

(시간 경과)

이미 '0'으로 멈춰 버린 지 오래인 폰 타이머…

여전히 '윤 대표의 감방 노트'를 보고 있는 차 박사의 모습에서…


**S#30.**    **(다음날) 명 회장의 별장 (혹은, 명인 홀딩스) (낮)**

잔뜩 골이 난 표정의 명 회장인데… 기석이 들어오는 걸 보더니.


명 회장  (버럭) 일마야 와 아직 출국 금지 안 풀린 건데!

기석    네? 어젯밤에 이 부장하고 통화했는데?

명 회장  아이고 우리 사우야~ 아직 차장 검사님인 줄 아나? 통화로 말이
      먹히겠나?

기석    …

명 회장  술 좋아하는 놈은 술 맥이고, 골프 좋아하는 놈은 델꾸 나가 공
      치가믄서, 어! 기름칠 살살 해 가믄서 얼르고 달래고 해야 니가
      필요한 거 챙기올 꺼 아이가!

기석    네 알겠습니다… 이수동 찾는 건 어떻게 됐습니까? 이 부장한텐
      그게 제일 필요한데.

명 회장  그물 단디 쳐놨으이까네 며칠 내로 잡아다 보내 줄 끼다. 산 놈
      으로 걸어갈지, 죽어가 송장으로 누워갈진 이수동이 글마한테
      달렸고. (비릿한 미소 잔인한…)

기석    … (잠시 그런 명 회장 보다가) 다녀오겠습니다. (나가는)

**10화**                                                    259

| 명 회장 | 그래 우리 사우, 요령 있게 잘 하자~ |
|---|---|

**S#31.** **럭셔리 빌라, 복도 현관문 앞 (낮)**

엘베에서 내린 대춘과 남 계장이 문 앞에 서는데…

| 태춘 | 잠깐만요. 만약에 이수동 안에 있으면, 우리 둘로 될까요? 경찰 협조를 요청해서(O.L) |
|---|---|
| 남 계장 | 아유, 그 비리비리한 놈 하나 잡는데 나 혼자도 충분해요. 이 높은 데서 뛰어내릴 거야 뭐 할 거야? 검사님은 문만 딱 막고 있어요. (호기롭게 벨 누르는데) |
| /내연녀 | (E) 누구세요~ |
| 남 계장 | 관리실에서 나왔습니다. 잠시… (하는데) |

문 열리며 나오는 건 험상궂은 덩치 건달이다!?

| 덩치1 | 관리실 뭔데? |
|---|---|
| 남 계장 | 아 그게… |
| 덩치1 | 지금 바쁘니까 나중에 오소. (문 '쾅!' 닫고 들어가는) |
| 남 계장 | … |
| 태춘 | 경찰 부를까요? |
| 남 계장 | (다시 벨 누르는) |
| 태춘 | !? |

다시 문 열리고 짜증난 덩치 건달 나오며.

덩치1    아, 나중에 오라니까 이 양반아! (하는데)
남 계장  (신분증 보이며) 서울지검 남상일 수사관인데, 수갑 차고 비킬래 그
         냥 비킬래?


'확!' 팔 잡아 꺾으며 밀고 들어가는!!


S#32.    **럭셔리 빌라 안, 거실 (낮)**
         호화로운 인테리어… 일각에 내연녀와 마주 앉은 태춘과 남 계
         장이다.


남 계장  아까 그놈들 명 회장이 보낸 애들이죠?
내연녀    (끄덕끄덕)
태춘      그럼 요즘 백화점 못 가신 게 그놈들한테 잡혀 있어서 그런 거
         예요?
내연녀    (끄덕끄덕)
태춘      정식으로 고소하시면 불법 감금으로 그놈늘 잡아넣고, 신변 보
         호 요청도 가능합니다.
내연녀    괜찮아요. 다 아는 오빠들이라.
태춘      …
남 계장  이수동 최근에 연락한 적 없어요?
내연녀    아까 그 오빠들한테도 다 얘기한 건데요, 이런 일 생기면 연락하

라고 알려 준 이메일은 하나 있어요.

태춘/남 계장     (흠…)


## S#33.     한강 다리 아래 외딴 곳 (밤)

흐르는 강물을 보며… 노타이 양복 차림으로 생각에 잠겨 있는
기석인데…

옆으로 멈춰 서는 세단 한 대… 운전석에서 내린 이 부장 다가
온다.


기석       야 뭐 굳이 이런데서 만나자고 해? 그냥 오랜만에 식사나 하자
          니까.

이부장      회사 분위기 안 좋잖아요. 조심해야죠. (어딘가 냉랭한)

기석       그래? (태도 마뜩잖지만) 내가 얘기한 감찰 부장 파일은 가져왔어?
          내 기억이 맞다면 북부지검 있을 때 세무 공무원 비리 하나 덮
          어 준 거 있을 텐데.

이부장      선배…

기석       왜? 없어?

이부장      제가 선배 오른 팔인 거 아시죠?

기석       당연하지~ 내가 다른 사람은 몰라도 너는 꼭 챙기지.

이부장      선배가 어떻게요?

기석       뭐?

이부장      대검 선배들도 제가 선배 오른팔인거 다 알아요. 그래서 지금 시
          점에 저한테 이러시면 제가 많이 곤란해요. (싸늘한)

| 기석 | ! |
|---|---|
| 이부장 | 전관 대접은 확실히 해 드릴 테니까 시작부터 괜한 문제 일으키진 마시죠? |
| 기석 | !! 영진아 너…너 지금 나한테 문제를 일으키지 말라고 한 거야? |
| 이부장 | 이제 현역 아니잖아요. 명 회장 밑에서 선후배 뒷바라지하기로 한 거면 저부터 좀 도와주세요. 제가 자릴 잘 잡아야 선배도 좋은 거 아닙니까? |
| 기석 | (복잡한 눈빛으로 노려보면) |
| 이부장 | 그리고 명 회장 적당히 자제 좀 시키고요. 부탁 좀 드릴게요, 황선배. |

업자 대하는 태도로 경고를 남긴 이 부장이 차를 타고 가면…
멍… 해져서 생각에 잠긴 기석…
뭔가 결심한 듯… 굳은 표정으로 시동 걸고 차를 몰고 나가는…
거칠게 차를 몰아 외딴 강변을 빠져나가는 기석의 모습에서…


**S#34.  검찰청, 전경 (밤)**
야근 불빛들이 켜 있는 검찰청 전경 보이고…


**S#35.  검찰청, 태춘의 검사실 / (교차) 거리 일각, 공중전화 (밤)**
모두가 야근 중인 조용한 분위기… 기록을 보고 있던 태춘은 걸려 온 폰 전화를 받는다.

| 태춘 | 네, 장태춘입니다. |
|---|---|
| /수동 | (F) 나, 이수동입니다. |
| 태춘 | !! |

자리에서 벌떡 일어난 태춘은 소리 내지 않는 호들갑으로 실무관에게 방문 닫으라고 눈짓하고, 남 계장을 부른다. 스피커폰 모드로 바꾸고…

| 태춘 | 건강은 괜찮으세요? 밥은 먹고 다니시는 겁니까? |
|---|---|

/거리 일각의 공중전화 부스에서 제대로 위장한 행색으로 전화하는 이수동이다. (노숙자 꼴이 아닌… 검은색으로 염색한 헤어… 평소와 달리 완전히 평범한 중년 남자 느낌으로 수완 좋게 위장한…)

| /수동 | 누구들처럼 아직 죽지 않고 살아 있으니 괜찮은 거죠. |
|---|---|
| 태춘 | 자수하세요, 자수하시면 제가 신변 보호는 책임지고(O.L) |
| /수동 | 조건이 하나 있습니다. |
| 태춘 | !? (남 계장과 시선 부딪치고) 말씀해 보세요. 뭐든 가능한 선에서(O.L) |
| /수동 | 장 검사 외삼촌에게 얘기해서 안전한 해외로 밀항 시켜 주세요. 진술은 영상으로 하겠습니다. 준비되면 연락주세요. |

!! 인상 '팍!' 쓴 눈빛 주고받는 태춘과 남 계장이고…

| 태춘 | 저기, 이수동 씨, 그런 방법 말고도 안전을 보장할(O.L) |
|---|---|

| /수동 | (끊는) |
|---|---|
| 태춘 | … (후… 깊은 한숨 내쉬는) |
| 남 계장 | (흠…) 어떡하실 겁니까? |
| 태춘 | … (굳은 눈빛에서…) |

**S#36.** **은용의 펜트하우스 / (교차) 손 장관의 선거 사무실 (밤)**

커다란 통유리 앞에 서서 야경을 내려다보며 통화 중인 은용…
/분주한 선거사무소 일각에서 전화하는 준경이다.

| /준경 | 기자 회견 일정은 예정대로 확정됐어. |
|---|---|
| 용 | 그래, 수고 많았다. |

이때, '띵동-' 벨 울리는… 누군가 확인하고 문 열어 주며.

| 용 | 잠깐만, 내가 다시 연락할게. (끊고) |
|---|---|

엘베 앞에 서서 올라오는 숫자를 보며 가만히 기다리는 은용인데…
'띵-' 하고 열리며 엘베에서 내리는, 기석이다!
말없이 마주 선 두 사람이다.

| 기석 | (굳은 눈빛으로 보는) … |
|---|---|
| 용 | (서늘한 눈빛으로 보는) … |
| 기석 | 아내한테 들었어. 너한테 계획이 있다고. |

| 용 | (가만히 보는데) |
|---|---|

기석이 은용의 앞에 무릎을 꿇는다.

| 용 | … |
|---|---|
| 기석 | (올려 보며) 원하는 게 이거 맞지? |

무릎 꿇고 올려 보는 기석…
그런 기석을 차가운 미소로 내려 보는 은용의 모습에서…


**S#37.    인천지검, 함진의 부장검사실 (밤)**
그 시각, 태춘은 남 계장과 함께 함진을 만났다.

| 진 | (흠…) 이수동이 밀항을 조건으로 걸었다면… 밀항 시켜 줘야지. |
|---|---|
| 태춘 | 네? |
| 진 | 그럴듯한 밀항 루트 보내 주고, 영상 진술하는 타이밍에 잡는 걸로. |
| 남 계장 | 함정 수사가 쉽진 않을 겁니다. 이수동이 워낙 빠꼼이라. |
| 진 | 여기 인천지검 항만 담당 수사관들 중에 그런 쪽으로 베테랑들 있어요. |
| 태춘 | 삼촌 느낌 나려면 돈이 얼마가 들든 가장 빠르고 효율적인 루트로 짜야 할 거예요. |
| 진 | 오케이. 제일 비싼 걸로 알아볼게. |
| 남 계장 | 만남의 장소를 이수동이 어디로 정할지 몰라 현장에서 잡으려 |

면 인력 지원이 필요합니다.

진        믿을 만한 수사관들로 뽑아 볼게요.

남 계장   감사합니다.

태춘      이번엔 우리가 꼭 잡죠. (눈빛 빛내는 얼굴에서…)


S#38.    (다음 날) 풍광 좋은 리조트 호텔 전경 / 정문 입구 (낮)

풍광 좋은 리조트 호텔 전경 보이는…

정문 입구에는 '<마운틴 리조트 호텔> 전 객실 리모델링 공사

안내' 붙어 있는 안내문 보이고…


*별첨 : 41씬, 리모델링 안내문 내용

<'마운틴 리조트 호텔' 전 객실 리모델링 공사 안내>

리모델링 후 새롭게 단장된 모습으로 다시 찾아뵙겠습니다.

리모델링 공사 기간

○월 ○일 ~ 완료시까지 (추후 일정은 홈페이지 공지 예정)

※ 공사 기간 중 관계자 외 출입을 금합니다.

더욱 쾌적하고 안락한 쉼이 있는 공간으로 찾아뵙겠습니다.

- 마운틴 리조트 호텔


S#39.    호텔 일각 (낮)

층고 높은 일각의 홀… 리모델링으로 비어 있는 공간 곳곳에 서

있는 양복 경호원들 보이는데…

일각의 입구로 들어오는 은용…
경호원1이 달려와 맞으며 인사한다.

용        정리는 됐습니까?
경호1      네.

로비 홀을 걸어 '공사 중 출입 금지' 팻말이 세워진 계단 출입문
으로 내려가는 모습에서…


S#40.     **오피스 건물, 복도 (혹은, 상가) (낮)**
건물 복도를 걸어가는 태춘의 모습으로…
곳곳에 잠복 배치된 수사관들과 슬몃 눈치기하고 걸어가다 '임
대 문의' 빈 사무실로 들어가면.


S#41.     **오피스 건물, 빈 사무실 (낮)**
태춘이 들어간 텅 빈 사무실에는 영상 진술을 위해 캠코더 세팅
중인 남 계장이다.

남 계장    세팅 완료됐습니다~
태춘       아직 30분 정도 남았어요. (핸드폰 시간 2시 32분…) 이수동, 나타나
          겠죠?
남 계장    기다려 보시죠.


**10화**                                                              269

| 태춘 | (흠…) |
|---|---|
| 남 계장 | 근데 최근에 박준경 변호사 만난 적 있어요? |
| 태춘 | 아뇨. 이제 박 선배하고도 연락 안 한다니까요. |
| 남 계장 | 오늘 야당에서 선거 앞두고 검찰 비리 하나 터뜨린다는 소문이 도는데, 과거 블루넷 관련 같아요. |
| 태춘 | !… |
| 남 계장 | 증거 공개한다고 먹힐라나 싶네요. 선거라 잘못하면 역풍 맞을 텐데. |
| 태춘 | 알아서들 하겠죠 뭐. 우린 우리대로 가요. (애써 무심한 얼굴에서…) |

## S#42. 손 장관 기자 회견장 (낮)

기자 회견장 준비로 분주한 일각… 준경이 은용의 전화를 받는다.

| /용 | 잘 도착했어? |
|---|---|

## S#43. 호텔, 복도에서 지하 보일러실 (낮)

복도에서 걸어가며 준경과 통화하는 은용이다.

| /준경 | (F) 어. 오늘은 무사히 왔어. |
|---|---|
| 용 | 오케이. |
| /준경 | (F) 그쪽도 준비 잘 된 거지? |
| 용 | 어, 여기도 문제없어. 완벽해. |

은용의 시선으로 보이는, 보일러실 공간 일각에는 '은신처'가 세팅되어 있는데…

경호1     기다리고 있습니다.

용     게스트 도착했다. 다시 연락할게. (끊고)

일각을 보면… 경호2,3과 함께 보일러실로 들어서는 수동이다!
두리번 수동이 은용과 시선을 부딪치더니, 달려와 선다.

수동     은 실장!! 아~ 우리 은 실장… 이렇게 살아서 보니… 반갑다…
            진짜 반가워…

용     고생이 많으시네요.

수동     나 진짜 죽을 뻔 했어.

수동과 마주 선 은용의 모습에서. (장면 전환)


S#44.     [플래시백 / 몽타주]

- 은용의 펜트하우스. (밤)
은용은 전송 받은 사진 창을 띄워 놓고… 이메일을 입력하고, 메일 내용을 적는다.
'은용입니다. 연락주세요. 000-0000-0000'

- PC방. (밤)

은용의 이메일을 확인하는 이수동의 모습에서… (장면 전환)


## S#45.    (다시, 현재) 호텔, 지하 보일러실 (낮)

은용과 마주 선 수동인데…


용      지내시긴 좀 불편하시겠지만, 가장 안전한 공간으로 준비했습
        니다.

수동    불편이 무슨 소리야? 안전하게 맘 편히 있으면 나한텐 그게 제
        일이지~


둘러본 수동은 일각의 야전 침대에도 앉아 보며.


수동    우리 은 실장 덕에 오랜만에 두 다리 쭉 뻗고 푹 자겠어~ 좋네…

용      더 필요하신 거 있으면 경호하는 친구들한테 이야기하시면 돼요.

수동    아유… 그래도 되나? 뭐 생각나면 그런 건 차차 얘기할게…

용      (픽) 네.

수동    (다시 일어서 은용 손 꼭 잡으며) 은 실장, 정말 고마워… 이 은혜를 어
        떻게 갚지?

용      약속하신 내용만 잘 지켜 주시면 됩니다.

수동    그럼, 그럼~ 그건 걱정 마~ 내가 또 (입 터는 손짓) 기가 막히잖아?
        확실히 할게.

용      네.

수동    아 근데… 장 검사하고는 무슨 일 있어요? 왜 각자 플레이야?

| 용 | … 태춘이는 더 이상 저하고 같은 편 아닙니다. |
|---|---|
| 수동 | 그래?! |
| 용 | … |

## S#46. 오피스 건물, 빈 사무실 (낮)

태춘이 보는 폰 시계는 이제 3시 20분을 넘어가고 있다. 깝깝한
표정인데…
이때, 다급하게 들어오는 남 계장이다.

| 남 계장 | 검사님! 아무래도 정보가 샌 거 같습니다! |
|---|---|
| 태춘 | 네?! 어디서요? |
| 남 계장 | 우리 방의 박윤수 실무관이요. (장면 전환) |

## S#47. [플래시백 / 몽타주]

- 태춘의 검사실. (밤)
태춘의 책상에 놓인 이수동 이메일 주소를 폰 사진 찍는 누군
가… 실무관이다!

- 공원 일각. (밤)
벤치에 앉아 있는 실무관… 옆으로 앉는 한나가 명품백 놓는다.
실무관이 슬쩍 안을 보면, 가득한 달러 다발…
말없이 명품 백을 들고 가는 실무관이고…

| S#48. | [다시, 현재] 오피스 건물, 빈 사무실 [낮] |
|---|---|
| 남 계장 | 방금 총무과에 전화로 사직 통보했다는데, (하다가 폰 메시지 확인하고) 출국 기록 나왔네요, 새벽에 호주로 떴는데요? 이민 비자 받아서. |
| 태춘 | !! |

| S#49. | 손 장관 기자 회견장 [낮] |
|---|---|
| | 기자들의 플래시 세례를 받으며 단상에 선 손 장관⋯ |
| 손 장관 | 안녕하십니까. 북산갑 기호2번 국회의원 후보 손승진입니다. 지금부터 과거 검찰의 표적 및 조작 수사에 관한 특별 기자 회견을 시작하겠습니다. 오늘 이 자리엔 그동안 진실을 밝히기 위해 애써 왔던 고 윤혜린 대표의 따님, 박준경 변호사도 함께 했습니다. |
| | 단상 위에선 손 장관의 소개를 받은 준경이 나선다. |
| 준경 | 박준경입니다. (USB 들어 보이며) 이 안에는 제가 검찰에 넘긴 조작한 장부의 원본 증거가 들어 있습니다. ('파라라라' 플래시 세례 쏟아지는데) 전에 밝혔듯, 저에게 이 조작을 지시한 공범은 황기석 검사입니다. |

| S#50. | 오피스 건물, 빈 사무실 [낮] |
|---|---|
| | 스마트폰 중계 화면⋯ 굳은 표정의 태춘이 남 계장과 기자 회견 보고 있는데⋯ |

| /준경 | ⒠ 이와 관련해 누구보다 정확한 증언을 해 줄 내부자를 이 자리에 모시겠습니다. |
|---|---|
| 태춘 | (노려보는데) !!? |

**S#51.    손 장관 기자 회견장 (낮)**

준경의 시선이 향한 곳에서 무대로 등장하는 이는, 황기석이다!!
검은 넥타이 맨 양복을 입고 무대에 오른 기석…
준경과 굳은 눈빛 부딪치고 무대 중앙으로 서는…

| 기석 | 황기석입니다. (인사하고는 무릎을 꿇는다!!) 먼저 진실을 밝히기에 앞서, 검찰의 잘못된 수사로 고초를 겪고 돌아가신 고 윤혜린 대표님께 진심을 다해 죄송하다는 사죄를 드립니다. |
|---|---|
| | 무릎 꿇고 고개 숙인 기석에게 '파라라라' 더욱 거세지는 플래시 세례!! |
| | 서늘하게 지켜보는 준경… 손 장관… |

**S#52.    명 회장의 별장 (낮)**

바지 다림질 타고 있는…
트렁크 팬티 차림으로 다림질하다 TV를 보는 굳은 표정의 명 회장…

남편

| 명 회장 | 절마 저거 돌았나!!! |
|---|---|

**S#53.** **호텔, 복도 (낮)**

단단한 표정의 은용… 경호원들과 걸어가는 모습 보이고…

**S#54.** **오피스 건물, 빈 사무실 (낮)**

TV 앞에 굳은 표정의 태춘과 남 계장…

| 남 계장 | 몰랐어요? (보면) |
|---|---|
| 태춘 | … |
| 남 계장 | (태춘 표정 보고) 몰랐네… 몰랐지… 알 수가 없지… |
| 태춘 | (노려보는데) !! |

**S#55.** **손 장관 기자 회견장 (낮)**

무릎 꿇은 기석의 뒤편으로 일각에 세팅된 모니터들(혹은 대형 모니터)에서 일제히 켜지는 화면.

'수동 / 기석 술자리 사진'과 이수동이 배경을 알 수 없는 공간에서 찍은 동영상 플레이된다.

| 손 장관 | 이어서 이번 사건의 핵심 증인 이수동 변호사의 증언이 있겠습니다. |
|---|---|

| /수동 | 이수동입니다. 이 사진의 진실을 밝히자면, 황기석 검사는 잠깐 있다 갔어요. |
|---|---|

- (인서트) 노려보는 태춘과 남 계장…

| /수동 | 사실 그 술자리는 바우펀드 명인주 회장과 남재욱 대검 감찰 부장 등이 만나는 자리였습니다. 사진 뿌린 건 황 검사 음해하려는 세력들의 음모 아닌가 생각됩니다. |
|---|---|

- (인서트) 노려보는 명 회장…

| /수동 | 현재, 검찰에서 제가 가장 믿을 수 있는 건, 황기석 검사뿐입니다. 황 검사가 수사를 맡는다면, 자수하겠습니다. |
|---|---|

무릎 꿇고 고개 숙인… 기석의 굳은 눈빛에서. (장면 전환)


## S#56. (플래시백) 은용의 펜트하우스 (밤)
무릎 꿇고 올려 보는 기석…

| 기석 | 네가 시키는 대로 할게. 네 개가 돼서 짖으라면 짖고, 물라면 물고. |
|---|---|
| 용 | (차갑게 보며) 역시 똑똑하네. |
| 기석 | 근데 그렇게 하면… 내가 얻을 수 있는 건 뭔데? |
| 용 | 내가 시키는 대로 하면… 네가 잃은 모든 것. 다시 찾게 해 줄게. |

기석        !!


그런 기석을 차갑게 내려 보는 은용에서. (장면 전환)


## S#57.    은용의 펜트하우스 (낮)
몽골 체스판 꺼내 놓고 곰곰하게 생각에 잠긴 은용인데…
이때, 씩씩거리며 태춘이 들어온다.


태춘    이수동 빼돌린 거 삼촌이지?

용      이제 일 얘긴 서로 안 하기로 한 거 아냐?

태춘    대체 뭘 어쩌려는 건데? 황기석이 내부 고발자?! 진짜 황기석하
        고 손잡겠다고?

용      내가 얘기했잖아? 나는 끝까지 싸울 검사가 필요하다고.

태춘    난 끝까지 싸울 거야! 단지, 삼촌 방식이 아니라 법과 원칙에 따
        라(O.L)

용      그렇게는 못 이긴다니까. 그래서 지금 얻은 게 뭔데? 이수동 하
        나 제대로 잡지 못했잖아?

태춘    맞네… 우리 실무관, 돈으로 매수한 거 삼촌이지? 지금 추적 안 되
        게 온 가족을 외국으로 이민시켜 버린 거 보면 딱 삼촌 수법이야.

용      증거 있어?

태춘    … (노려보면)

용      이 정도 간단한 싸움도 이기지 못하면서 뭘 하겠단 거야? 영리
        하지 못한 정의는 아무 쓸모없어.


**10화**                                                          279

태춘          …

**S#58.          손 장관의 기자 회견장 (낮)**

이제는 중앙 연단에 신 기식… 뒤편엔 준경과 손 장관인데…


기석          이 시간 이후부터 저는, 지난날의 잘못을 철저히 반성하며 제 가
            족, 선배 누구라도 성역 없이 수사하는 데 최선을 다하겠습니다.
            저 황기석은 내부 고발자로서 명예로운 대한민국 검찰을 바로
            세우기 위해, 끝까지 싸울 것입니다.!!


            지켜보는 서늘한 눈빛의 준경…
            박수 치며 다가와 손을 번쩍 드는 손 장관… '파라라라' 사진 찍
            히는!!


**S#59.          은용의 펜트하우스 (낮)**


용          나는 황기석을 앞세워서 모두를 쓸어버릴 거야.


            차가운 눈빛의 은용… 마주 서 노려보는 태춘의 모습에서.


                                                        10화 엔딩

**11화**

# 크게 한 판
## 뒤집을 생각인데

은용과 준경은 황기석을 앞세워
명 회장과 윗선 카르텔을 쓸어버리는
직입을 시작한다.
협잡과 음모가 난무하는 예측 불허의
한판 승부가 펼쳐지는데….

**S#1.**     **손 장관의 기자 회견장 (낮)**

이제는 중앙 연단에 선 기석… 뒤편엔 준경과 손 장관인데…


기석     이 시간 이후부터 저는, 지난날의 잘못을 철저히 반성하며 제 가
족, 선배 누구라도 성역 없이 수사하는 데 최선을 다하겠습니다.
저 황기석은 내부 고발자로서 명예로운 대한민국 검찰을 바로
세우기 위해, 끝까지 싸울 것입니다.!!

지켜보는 서늘한 눈빛의 준경…
박수 치며 다가와 손을 번쩍 드는 손 장관… '파라라라' 사진 찍
히는!!


**S#2.**     **은용의 펜트하우스 (낮)**

용       이 정도 간단한 싸움도 못 이기면서 뭘 하겠단 거야? 영리하지

못한 정의는 아무 쓸모없어.

태춘      ···

용        나는 황기석을 앞세워 모두를 쓸어버릴 거야.

태춘      나한테 했던 말 잊었어? 황기석이 끝까지, 제대로 수사할 거 같
         아?

용        뒤에 내가 있잖아. 그놈은 이제 그냥 내가 쓰는 체스 판의 말이야.

태춘      그래··· 뭘 하든 법대로 해. 누구든 걸리면 싹 다 잡아 처넣을 거
         야. 그게 황기석이든. 삼촌이든.

용        (픽··· 비웃듯 보면)

태춘      삼촌도 알잖아. 내가 머리는 나쁜데, 은근과 끈기는 알아주는 꼴
         통이라 끝까지 할 거야.


         단단한 눈빛으로 노려본 태춘이 돌아서 가면.
         그런 태춘을 가만히 보는··· 은용의 얼굴 위로···


/기석     (v.o) 과거 조작 사건의 주범이 누굽니까?



**S#3.      손 장관의 기자 회견장 (낮)**

         다시 기자들 앞에서 웅변을 이어 가는 기석···

         (한바탕 사진 찍힌 다음 상황··· 일각에서 손 장관과 함께 지켜보는 준경.)


기석      국가 경제를 파탄 낸 바우펀드 사태의 진짜 몸통은 누굽니까!
         인터넷에 떠도는 사진 속에 등장하는 저와 이수동입니까? 진실

법전

은 엄정한 수사를 통해 반드시 밝혀져야 합니다!

기자1    (손 들고) 그런데 명 회장이 진짜 스폰서 몸통이라면, 검찰 비리
        핵심은 상식적으로 사위인 황기석 검사님 본인 아닙니까!

기석    … (플래시 세례 받으며 잠시 침묵…)

준경    (그런 기석을 서늘하게 보는데)

기석    사실 관계를 입증할 증거가 있습니다. 이수동으로부터 스폰서
        상납 장부를 확보했습니다.

준경    !?

'뭐라고?' 싶은 표정의 준경인데… 기자들은 상납 장부 떡밥에
웅성이며 열띤 질문을 던져 댄다!

기자1    구체적인 물증이 확보된 겁니까!

기자2    장부에 나오는 이름들이 누굽니까! 대검 고위급은 어디까지 포
        함된 겁니까!

기석    저는 현직 검사로서 일단은 수사팀의 수사를 지켜보겠습니다.
        현 수사팀이 제대로 수사한다면, 제가 가진 모든 증거를 수사팀
        에 협조하겠습니다.

'파라라라라' 플래시 세례 받는 기석… 그런 기석을 차갑게 보
는 준경의 모습에서…

S#4.    기자 회견장, 일각 복도 (밤)

**11화**                                                        293

기자 회견을 마치고 나오는 기석인데… 기다리고 있는 준경이다.

| | |
|---|---|
| 준경 | (차갑게 보며) 왜 거짓말 했습니까. |
| 기석 | (보면) |
| 준경 | 이수동에게 학보힌 상납 상부 같은 건 없잖아요? |
| 기석 | (흠…) 어차피 저쪽은 우리가 뭘 쥐고 있는지 모르잖아? |
| 준경 | … |
| 기석 | 이런 수사는 초반 프레임이 중요해. 실체가 있어 보여야 상대가 불안해지고, 여론은 우리에게 유리해지니까. 무엇보다 이수동을 효과적으로 써 먹으려면(O.L) |
| 준경 | 증거가 실제로 있는지 없는지는 중요하지 않다? 하긴… 뭐 증거가 필요하면 만들면 되는 분이니까. |
| 기석 | … 내 방식 맘에 안 들면 지금이라도 기자들에게 사실대로 말하든지. |
| 준경 | 그럴 리가 있습니까? 이런 거 잘하라고 앞에 세웠는데. 앞으로도 잘하세요. 짖으라면 짖고, 물라면 물고. (미소 싸늘한) |
| 기석 | … (굳은 얼굴에서) |

## S#5.   은용의 펜트하우스 (밤)

앉아 있는 기석… 냉장고에서 맥주 꺼내는 은용인데…

| | |
|---|---|
| 용 | 바우펀드의 진짜 몸통은 누구입니까? |
| 기석 | ?… |

| 용 | 표정 죽이던데? 나도 깜빡 속을 뻔 했어. (맥주 캔 던져 주는) |
|---|---|
| 기석 | (받으면) |
| 용 | 수고 많았어. 우리 황 셰프님 예상대로 저녁 뉴스는 전부 이 얘기로 시끌시끌해. (건배) |
| 기석 | (마시고) 장부 숫자를 위조했고, 지분 관계가 어떻고… 복잡한 얘기해 봐야 먹고 살기 바쁜 국민들이 언제 따라오겠어? 임팩트 있는 메시지로 여론 몰이 해야지. |
| 용 | 내가 보증하는데, 당신 주가 조작 작전꾼 했어도 크게 성공했을 거야. |
| 기석 | … |
| 용 | (흠…) 근데 괜찮겠어? 오늘부터 저쪽 입장에선 네가 제일 죽이고 싶은 놈일 텐데. |
| 기석 | 대검 선배들이 어떻게 나올진 대충 예상하고 있어. 계획대로 가면 문제없을 거야. |
| 용 | 누가 거길 걱정한대? 너도 알잖아? 진짜 죽을 수도 있다는 거? |
| 기석 | !… |
| 용 | 몸조심해. 너 이제 내 거잖아. |
| 기석 | … |
| 용 | (픽… 보는 얼굴에서…) |

## S#6.    명 회장의 별장 (밤)

싸늘한 눈빛의 명 회장…

앞에는 건달 덩치들에게 잡혀 벌벌 떨고 있는 이수동의 내연녀.

| | |
|---|---|
| 명 회장 | 이수동이 어데 있는지 진짜 모른다 이 말이가? |
| 내연녀 | 진짜 진짜 몰라요… 오빠들한테 아는 건 진짜 다 말했어요. |
| 명 회장 | (싸늘하게 보는데) |
| 건달1 | 데려가서 손 좀 볼까요? |
| 내연녀 | !! |
| 명 회장 | 아이다. 얼굴 상하믄 제값 못 받는 데이. 이수동이한테 받은 집, 차, 명의 전부 거두고, 야는 인물값 처 주는데 비싸게 팔아 뿌라. |
| 내연녀 | !! 회장님, 잠깐만요! 잠깐만… |
| 명 회장 | (보면) |
| 내연녀 | 이런 일 생기면 오빠가 전화하라고 알려 준 번호가 있어요. |
| 건달1 | (때릴 듯 손 치켜들며) 그걸 왜 이제 말해!! |
| 명 회장 | (그럴 줄 알았다… 씨익) 가시나 전화기 어딨노? |

건달1이 내연녀에게 폰 건네주면, 어딘가에 전화 거는 내연녀다.

| | |
|---|---|
| 내연녀 | 네, 오빠. 잠시만요 바꿔드릴게요. (명 회장에게 전화 건네면) |
| 명 회장 | 내다. 지금 어데고? (싸늘한데) |
| /태춘 | 검찰청인데요? |
| 명 회장 | 검찰청?! (내연녀 노려보면) |
| 내연녀 | (입모양으로 작게) 수동 오빠 아니고, 검사 오빠요. |
| 명 회장 | !! (완전 빡친 표정인데) |

**S#7.     검찰청, 태춘의 검사실 / (교차) 명 회장의 별장 (밤)**

법전

명 회장과 통화하는 대춘이다.


태춘            안녕하십니까 회장님~ 장태춘 검삽니다.

/명 회장       아이고, 우리 장 검사님, 간만입니다~

태순            김주현 씨, 검찰측 주요 참고인입니다. 지금 신변에 무슨 문제
               있는 건 아니죠?

/명 회장       그럴 리가 있습니까~

태춘            그래요… 하고 싶으신 게 있어도 아무것도 하지 마세요. 조용히
               계시면 제가 곧 영장 들고 찾아뵙겠습니다.


**S#8.        명 회장의 별장 (밤)**

명 회장        별 소릴 다 하신다. 바쁘신데 일 보이소. 끊습니다~ (끊고, 내연녀
               노려보면)

내연녀         저 이제 가도 되죠?

명 회장        !!!!


**S#9.        검찰청, 태춘의 검사실 (밤)**
               전화를 끊은 태춘의 앞에는 남 계장과 함진 앉아 있다.


태춘            계장님 예상이 맞았네요.

남 계장         명 회장 스타일 뻔하잖아요…


법전

| 태춘 | 이렇게까지 했는데 설마 무슨 짓 하진 않겠죠? |
|---|---|
| 진 | 그 정도로 무모한 양반은 아니야. 권력 앞에선 누구보다 영악한 인간이지. |
| 태춘 | 그냥 비겁한 인간이죠. 강자 앞에서 약하고, 약자한테는 사악한. 황기석도 마찬가지고. |
| 진 | 장 검사 삼촌은 나쁜 놈으로 나쁜 놈 잡겠다, 뭐 이런 거 같은데… |
| 태춘 | 그래 봐야 나쁜 놈은 나쁜 놈일 뿐입니다. 다 잡아넣어야죠. 이놈이고, 저놈이고. |
| 진 | 말처럼 쉬운 일은 아니야. 나도 황기석 잡겠다고 기회 있을 때마다 치고받으며 싸워 왔는데, 번번이 깨지는 건 나였어. |
| 남계장 | 법대로 원칙대로라는 게 현실에선 계란으로 바위치기 같은 거죠. |
| 태춘 | 두 분 모두 깨질 거 몰라서 부딪히며 살았던 거 아니잖아요? 싸워야 할 일이 있으면 이기든 지든 싸워야 하는 거 아닙니까? 제 말 틀려요? |
| 남계장 | 말이야 맞는 말이긴 한데. |
| 진 | 맞는 말하는데… 선배가 되서 말릴 순 없네요. (태춘 보고) 이기든 지든 따지지 말고, 해야 하는 일이면 해 봐. 앞에서 막아 주고, 위에서 책임은 내가 질게. |
| 태춘 | 네. 한번 해 보죠. (굳게 보는 눈빛에서) |

## S#10. 대검, 대형 회의실 (밤)

감찰 부장을 비롯한 무거운 표정의 수뇌부들… 이 부장과 함께 대책 회의 중이다.

| | |
|---|---|
| 감찰부장 | 황기석이 이 미친놈이 지금 제대로 한 판 뜨자는 거잖아? |
| 수뇌1 | 명예훼손, 무고에 공무상 비밀 누설죄까지 엮어서 잡아넣읍시다. |
| 수뇌2 | 황기석이 똑똑한 놈이에요. 그렇게 대응하면 그놈한테 말립니다. |
| 감찰부장 | 탄압받는 정의파 검사 만들어 줘서 좋을 게 없지. |
| 이부장 | 황 선배 형수가 운영하는 식당이 VIP 회원제로 알고 있는데, 맞습니까? |

걱정만 늘어놓던 수뇌부들의 시선이 일제히 이 부장에게 향한다.

| | |
|---|---|
| 감찰부장 | 나도 멤번데, 왜? |
| 이부장 | VIP명단 좀 구해 주세요. 적당한 인물로 털어서 뇌물죄로 엮어 보겠습니다. |
| 감찰부장 | 황기석이 마누라로 돌려 쳐서 조지겠다? |
| 수뇌1 | 방향성은 좋네. |
| 감찰부장 | (흠…) 그래 그건 좋은데… 이수동이는 어떡하냐? |
| 이부장 | 황 선배한테 배운 대로 해야죠. 더는 못 떠들게 제가 처리하겠습니다. |
| 감찰부장 | !? 계획이 있어? |
| 이부장 | (눈빛으로 끄덕이는 모습에서…) |


## S#11.  (뉴스 화면)

- 황기석 기자 회견 영상 아래 해시태그 글씨. '#바우펀드는_누구 겁니까 #진짜_몸통은_누구?'

| /앵커 | ㉤ 바운펀드는 누구 겁니까? 진짜 몸통은 누구? |
|---|---|

- 뒤이어 해시태그를 붙이고 올라온 SNS 상의 수많은 게시물들 보이며…

| /앵커 | ㉤ 황기석 검사의 발언 이후, SNS에 급속하게 퍼져 천만 건이 넘은 게시물이 작성됐는데요. |
|---|---|

- 진행하는 앵커 보이며…

| 앵커 | 이와 관련해 속칭, 찌라시라 불리는 증권가 정보지에서는 '비리 검사 X-파일'이라는 문서가 돌고 있습니다. |
|---|---|

- 뉴스 자료 화면 스타일로 흐릿하게 찍은 출력된 X 파일 문서들 보이다가… 내용의 이니셜들만 보이는…

| 앵커 | 하지만 익명의 이니셜로 작성된 X-파일의 정확한 진위 여부는 아직 확인할 수 없습니다. |
|---|---|


**S#12.**  **검찰청, '바운펀드 수사팀 회의실' (낮)**

말석의 태춘은 오늘도 한심한 표정이고… 근심 가득해 떠드는 특검사들이다. (이 부장은 없다.)

| | |
|---|---|
| 특검사1 | 도대체 황 선배가 쥐고 있는 장부가 뭐야? 실체가 있는 기야? 어디까진 건데? |
| 특검사2 | 차장님이 진짜 그걸 공개하진 않겠죠? |
| 특검사3 | 설마요… 그랬다간 위에서 아래까지 우리 라인은 다 날라 가는 거 아닙니까? |
| 특검사1 | (제 발 저려 열 받은) 솔직히 우리야 까라면 까고, 주니까 받은 거 밖에 더 있어? 선배들 싸움에 왜 우리까지 피헬 봐야 하는 건데! (하는데) |
| /이부장 | 뭘 그렇게 떠들어. (차가운 표정으로 들어오는) |
| 특검사들 | 안녕하십니까! |
| 이부장 | 다들 안녕 못 하잖아. (파일 던져 놓으며) 명세희 씨의 요리'家' VIP 명단이다. 하나씩 맡아서 뭐든 털어 와. |
| 특검사1 | (파일 보며) ?? 명세희 씨면 황 선배 형수님 아닙니까? 아무리 그래도 같은 식구끼리 가족까지 건드리는 건(O.L) |
| 이부장 | 야이 새끼야. 황 선배가 아직도 우리 식구 같아? |
| 특검사들 | … |
| 태춘 | (흠…) |
| 이부장 | 대검 오더 떨어졌다. 조직을 이기는 개인은 없어. 승패 뻔한 싸움이니까 쓸데없는 소리들 말고, 오더 대로 움직여. 알았나! |
| 특검사들 | 네!… (무거운 표정들인데…) |
| 이부장 | 그리고 장 검사, 넌 내 방으로 와. |
| 태춘 | !? |

S#13.    **도로 + 달리는 은용의 고급차 안 / (교차) 체인지 사모펀드, 일각 (낮)**

도로를 달리는 은용의 고급차… [*기존 슈퍼카와 연결 없는 다른 고급차]
운전하는 은용인데… 차선 바꾸며 사이드 미러로 보면, 따라 붙는 소나타급 구식 세단…

용       (흠…)

이때 걸려온 전화 받으면. / 사무실 일각의 한나.

/한나    너 왜 안 와? 시간 다 됐어.
용       확인할 게 있어서…

다시 차선 바꿔 보는데, 역시 따라 붙는…

용       금방 가니까 준경이 보고 먼저 시작하라고 해. (서서히 속력 올리며)
/한나    오케이.

운전하는 은용의 날카롭게 빛나는 눈빛에서…


S#14.    **검찰청, 이 부장의 방 (낮)**

꼬나보는 이 부장의 앞에 선 태춘인데…

이 부장    이수동이 지금 어딨어?


**11화**                                                              303

| 태춘 | 네? |
|---|---|
| 이부장 | 이번 황 선배 기자 회견, 네 삼촌 작품 맞잖아? |
| 태춘 | 전 모릅니다. |
| 이부장 | 감찰부 끌려가기 싫으면 기회 줄 때 말해. |
| 태춘 | 못 믿겠으면 그러시든가요. 삼촌 이제 신경도 안 쓸 겁니다. |
| 이부장 | (흠…) 이수동 데리고 있는 게 은용이 맞긴 맞구나? |
| 태춘 | … |
| 이부장 | 알겠고, 넌 지금까지 나 모르게 수사한 황 차장 파일, 정리해서 보고서 올려. |
| 태춘 | 네? |
| 이부장 | 몰래 하던 수사, 판 깔아 줄 테니까 칼춤 한 번 제대로 춰 보라고. 대검 선배들한테 어필할 기회니까 꼴통답게 확실히 파 봐. |
| 태춘 | … (흠…) |

**S#15.** **체인지 사모펀드 건물 내, 엘베에서 복도 (낮)**

엘베에서 내린 은용인데… 앞에는 팔짱 끼고 기다리며 서 있는 한나다.

| 한나 | 지금 몇 시야? 뭐 하다 늦은 건데? |
|---|---|
| 용 | 미행이 붙었어. |
| 한나 | !! 미행!? 명 회장이 똘마니 붙인 거야? |
| 용 | 차량 연식으로 봐선 그쪽 계통보단 공무 수행 느낌이 물씬 나는데… (장면 전환) |

(인서트 플래시백) 운전하며 사이드 미러로 봤던 구식 세단…
cut in/


번호판 보이고…

| | |
|---|---|
| 용 | (볼펜 꺼내 한나 손에 적으며) 39서 3980 차 번호 좀 조회해 줘. |
| 한나 | 뭐지? 검찰에선 너 엮어 넣을 뭐라도 꼬투리 잡아 보겠다 이건가? |
| 용 | 나 따라다니면서 이수동 어디 숨겼는지 찾겠다 이거겠지. |
| 한나 | 아~ 이수동… 경호팀에 신경 쓰라고 전해 둘게. |
| 용 | (끄덕끄덕 걸어가며) 준경인 잘 하고 있어? |


**S#16.** **체인지 사모펀드 건물 내, 대형 컨퍼런스 룸 (낮)**

럭셔리한 인테리어… 펀드 로고 들어간 명패 아래로 'GMi뱅크 피해 주주 간담회' 플랜카드 보이는…
데모용 피켓과 머리띠 두른 성별과 행색, 연령대가 다양한 50여 명의 피해 주주들 앞에 선 준경이다.

| | |
|---|---|
| 준경 | 여기 계신 피해 주주 분들이 현재 진행 중이신 집단 소송으로는 실효성이 떨어집니다. A사의 실제 사례를 보시면, (스크린에 PPT 띄우고) 피해 주주들이 9년 넘게 싸운 끝에 승소해서 받은 배상액이 1인당 29만 원이었습니다. |

> PPT 내용: 역대 증권 관련 집단 소송 제기 현황 그래프, 'A사

집단 소송' 9년간의 일지…

피해 주주들 중 일각에 앉아 있는 차 박사… 잠시 시선을 부딪친 준경이 설명을 이어 간다.

준경       실익을 따졌을 때, 소송보다는 회사가 다시 정상화 되어 주식 거래가 재개되는 게 현명하다고 판단됩니다.

차박사    당신들 펀드에는 큰 수익이 될 수도 있겠죠. 여기 체인지 인베스트먼트 파트너스… 해외에선 돈이 되면 뭐든지 하는 악명 높은 헤지펀드로 불리던데, 아닙니까?

갑자기 끼어 들며 공격적인 질문을 던지는 차 박사… 침착하게 답하는 준경인데…

준경       이번 기업 회생 프로젝트는 다릅니다. 블루넷의 기업 정신을 이어받아 진정성 있는 기술 개발을 목표로 투자하는 프로젝트입니다.

차박사    윤 대표 따님 내세워 진정성 있게 투자한다면서 한 탕 해 먹으려는 건 아니고요?

준경       !…

피해 주주  저 분은 변호사래잖아요.

차박사    GMi뱅크 설거지한 사기꾼 이수동도 변호사 아니었나요?

피해 주주들은 동조하며 웅성웅성하는데…

차 박사를 가만히 보는 준경…

/용        저희는 돈 되면 뭐든 하는 헤지펀드가 맞습니다.
준경      !?

어느새 들어와 뒤편에서 듣고 있던 은용이 천천히 걸어 나오며
말을 이어간다.

용        지진이 났을 때, 저희 펀드는 유리 제조 공장을 전부 사들였습니
다. 동유럽 핵발전소에 방사능 유출됐다는 뉴스를 들었을 땐 감
자에 투자했죠. 지진이 났으니 유리값이 뛸 거고, 방사능 낙진은
식량난을 불러올 테니까요.

차박사    …

용        우리 펀드는 재난이나 전쟁 같은 거대한 비극 앞에서 어떻게 돈
벌까 생각부터 하는 헤지펀드가 맞습니다. (앞으로 서면) 인사가
많이 늦었습니다. 이 펀드를 운용하는 돈장사꾼 은용이라고 합
니다. (인사하면)

피해 주주들  (떨떠름하게 웅성거리는…)

준경      …

차박사    그러니까 결국 당신도 블루넷을 집어 삼킨 명 회장과 같은 인간
아닙니까?

준경      (은용 보면)

용        탐욕은 선이 아니죠. 그런 면에서 저 역시 선하지 않습니다만,
명 회장처럼 불법과 비리를 절대 저지르지 않습니다. 어디까지

나 합법적 영역 안에서, 빈틈을 파고들거나 허점을 이용할 뿐입
니다.

차박사          …

용          (피해 주주1에게) 솔직히 바라는 게 뭡니까? 손해 본 돈을 되찾고
싶은 거 아닙니까?

피해 주주들    (수긍하는)

용          국제적으로 악명 높은 제가 그 돈, 꼭 찾아 드리겠습니다. (손 꼭 쥐면)

피해 주주1    (끄덕끄덕)

용          여러분 모두 돈을 찾고 싶다면, 수익률 최고인 우리 펀드의 계획
에 동참하세요. 사기꾼 명 회장이 망가뜨린 회사를 살려 내면서,
주주 여러분들 모두를 부자로 만들어 드리겠습니다. 수단 방법
가리지 않고, 반드시.


웅성거리는 피해 주주들 틈에 가만히 서 있는 차 박사의 건조한
시선…
그런 차 박사와 시선이 부딪치는 준경의 모습에서.



**S#17.    체인지 사모펀드 건물 내, 다른 곳 일각 (낮)**
일각에 마주 한 준경과 차 박사다. 차 박사는 '윤 대표의 노트'
꺼내 돌려준다.


차박사      돌려드리려고요.

준경       결국… 거절이시가요?

| | |
|---|---|
| 차박사 | 윤 대표님이 그 안에 새로 만든 사업 계획이 뭔지 아세요? |
| 준경 | 원천 기술을 개발하는 거죠. |
| 차박사 | 난 늘 윤 대표님이 답답했어요. 원천 기술이란 게 한 번 시작하면 돈은 계속 들어가는데 언제 될진 기약이 없잖아요. AI반도체 같이 최신 유행을 타아 돈을 버는데. |
| 준경 | 모스펫을 뛰어넘는 새로운 기술 표준을 만들고 싶어 하셨으니까요. |
| 차박사 | 그래서 돈보다 우리도 과학 분야에서 노벨상을 타 보자, 이게 경영자가 할 소립니까? 제가 스톡옵션으로 돈을 벌려면 노벨상이 아니라 주식 가치가 더 중요하다고요. |
| 준경 | 돈이 중요하긴 하죠. |
| 차박사 | 그러니까, 윤 대표님 계획대로 성공해서 노벨상을 타면, 상금은 전부 제가 갖겠습니다. |
| 준경 | 네? |
| 차박사 | 윤 대표님 노트를 보며 과학자로서 다시 가슴이 뛰었고, 오늘 얘기 들으며 팀장으로서 안심이 됐습니다. 내가 개발에 돈을 아무리 써도, 저 은용이란 사람은 회사 망하게 하진 않을 거 같아서. |
| 준경 | !! 그럼 개발팀, 맡아 주시는 거예요? |
| 차박사 | 구체적인 조건은 숫자로 정리해 알려 드리죠. 어쨌든… 잘 부탁합니다. (여전히 건조한 표정으로 악수를 청하는…) |
| 준경 | 저도 잘 부탁드립니다. (환하게 웃으며 악수하는 모습에서…) |

**S#18.    은용의 펜트하우스 (밤)**

몽골 체스판 앞에 앉은 뒷모습인데… 은용이 아니라 기석이다.
체스판을 유심히 들여다보고 있는 기석인데, 이때 '띵-' 하고 엘
베 문 열리는… 돌아보면, 들어오는 이들은 특검사1,2,3을 비롯
헤 (태춘을 제외한) 바우펀드 수사팀 검사들이다.

기석      왔구나 다들.

특검사2    선배 호출인데 당연히 와야죠~

특검사1    여긴 어딥니까? 좋네요. (하는데)


주방 쪽에서 등장하는 은용이다.


용        명 회장 별장만큼 출입 보안 좋은 곳이라 여기로 모셨습니다~
          오랜만입니다 검사님들?

특검사들   !? (놀라 기석 보는데)


은용은 기석의 옆으로 가 친근하게 어깨 두르고…


용        이렇게 만나는 거 누가 봐서 좋을 거 있습니까? 이쪽으로 오세
          요, 편안하게 와인 한 잔 하면서 얘기 나누시죠. (빙긋 웃는 모습에서)



**S#19.**     **명 회장의 별장 (밤)**
          양주잔에 따라지는 술…
          명 회장이 따라 주는 잔을 받는 이는, 이 부장이다.

| 명 회장 | 은용이한테 미행을 붙였나? |
|---|---|
| 이 부장 | 네. 장 검사 불러다 확인했는데, 이수동은 그놈이 데리고 있는 게 확실합니다. |
| 명 회장 | 그야 그럴 텐데… 내한테 부탁할 일은 뭔데요? |
| 이 부장 | 공무 수행은 한계가 있지 않습니까? 마무리는 회장님 스타일로 처리를 해 주시는 게…? |
| 명 회장 | (가만히 보다가… 픽…) 우리 이 부장님, 샌님 같더만, 이래 자리가 사람을 만든다, 자리가 사람을 만들어~ 하하하하하하… |
| 이 부장 | (양주 따라 주며) 이번 일 잘 정리되면, 출국 금지도 풀고 하시려는 해외 사업도 문제없게 돕겠습니다. |
| 명 회장 | 좋습니다. 저도 앞으로 우리 이 부장님 확실히 모시겠습니다. |
| 이 부장 | (은근한 눈빛 주고받는데…) |
| 명 회장 | 근데 이거요… (양주 따라 주며) 은용이, 황기석이 둘 다 잔대가리 반짝반짝 하는 놈들이라 우리도 대비가 필요합니다. |
| 이 부장 | ?? |
| 명 회장 | (비릿한 눈빛에서…) |

S#20.    **은용의 펜트하우스 [밤]**

고급 와인과 안주 세팅된… 테이블에 둘러앉은 기석과 특검사들…
한편의 은용은 와인 잔 홀짝이며 오가는 대화 듣고 있다.

| 특검사 | 솔직히 중간에서 저희 입장이 많이 곤란합니다. 대검에서 내려 온 수사 방향이 뭔지 아십니까? |
|---|---|

| | |
|---|---|
| 특검사2 | 선배, 그런 얘기까진 굳이 하실 필요가(O.L) |
| 특검사1 | 뭐~! 여기까지 와서 못 할 얘기가 뭐 있어? |
| 기석 | 내 와이프 털라고 시켰겠지. VIP 손님들하고 뇌물죄로 엮으려 할 거고. |
| 특검사2 | 아셨어요? |
| 기석 | (픽… 쓴 미소로 와인 마시는데) |
| 용 | 그 정도는 시작부터 예상했죠. 그 분야 설계 전문이 우리 황 차장님 아니겠습니까? |
| 기석 | … (순간 노려보면) |
| 용 | (여유 있는 미소로 눈빛 받으며) 위에서 오더나 내리는 윗대가리들이 뭐 중요합니까? 진짜 중요한 건, 여기 모이신 우리 검사님들은 누구 편에 설 것인가… 아닐까요? (기석에게 눈빛 날리면) |
| 특검사들 | (기석에게 시선 향하는데) |
| 기석 | (눈빛 다잡고) 나는 크게 한 판 뒤집을 생각인데… 니들은 어때? 썩어 빠진 윗대가리들 날리고 판을 바꾸는 개혁에 동참할 각오들은 있나? |
| 특검사들 | … (굳은 눈빛들인데…) |

와인 홀짝이며 그런 모습을 흥미롭게 지켜보는 은용의 모습에서…


**S#21.  검찰청, 태춘의 검사실 (밤)**

모니터 앞에 앉아 열일 중인 태춘인데… 이때, 추리닝 입은 남계장이 캔 맥주 봉지 들고 들어온다.

| 남 계장 | 아직 이러고 있을 줄 알았지… |
|---|---|
| 태춘 | 이 시간에 웬일이세요? 아까는 보고서는 난 모른다, 칼퇴하시더니. |
| 남 계장 | 왜는요. 검사님 생각나서 왔지. (캔 맥주 따서 주며) 황 차장 보고서, 진짜 올릴 겁니까? |
| 태춘 | 이 부장 지시 사항이라 찜찜해 하시는 건 아는데, 그래도 할 건 해야죠. |
| 남 계장 | 이 부장이 왜 검사님 보고서가 필요하겠어요? 황 차장 수사에 검사님 앞에 세워 총알받이로 쓰겠다는 거 아닙니까? |
| 태춘 | 상관없어요. 그런 거 저런 거 안 따지고 해야 할 일은 하기로 했잖습니까. |
| 남 계장 | 그건 압력에 눈치 보지 말잔 얘기지 무조건 들이받자는 건 아니죠. 지금은 이용만 당해요. |
| 태춘 | 계장님 생각은 알겠는데… 어쨌든 선택은 제가 하는 거라면서요? |
| 남 계장 | 아뇨, 이번엔 제가 검사님 선택 말리는 겁니다. 검사님 다치는 거 싫으니까. |
| 태춘 | ! |
| 남 계장 | 수사는 빨리 가는 것만 능사가 아닙니다. 때가 아닐 땐 기다릴 줄도 알아야지. |
| 태춘 | … |

굳게 보는 남 계장. 곰곰하게 생각에 잠긴 태춘의 모습에서…


**S#22.**   **은용의 펜트하우스 / (교차) 달리는 세단 안 (낮)**

남편

커피를 사 들고 한나가 들어와 보면, 테이블엔 가득하게 놓여 있는 빈 와인 병들…

트레이딩 모니터 앞에는 숙취로 부스스한 은용인데…


한나      와… 야, 이 비싼 와인을 몇 병을 마신 거야??

용        나 죽을 것 같아… 검사님들 진짜 너무 먹더라… (커피 받아 마시며) 내 거야? 땡큐. 대한민국 검사들, 술로는 몽골 씨름단하고 붙어도 안 밀릴 거야…

한나      아… 몽골 개발부 장관실에서 연락 왔어. 너 언제 들어오냐고.

용        그래?

한나      예상대로 규제는 풀릴 것 같은데, 그쪽 사람들도 만나서 한 잔 하셔야죠~

용        …

한나      지금 거기 땅에 뿌려 둔 돈이 얼만지는 아시죠, 대표님?


이때 은용이 걸려온 폰 전화를 받으면…

/조수석에서 통화하는 준경이다.


/준경     술은 좀 깼어?

용        어, 그럭저럭 깼습니다… 해장은 커피로 때우는 중이고.

/준경     우린 지금 출발했어.

용        오케이. 나도 이제 출발할게. (끊고)


창밖을 보는 은용의 모습에서…

**외곽 도로, 달리는 세단 안 + 도로 (낮)**

전화를 끊은 조수석의 준경인데… 옆으로 운전하는 이는, 기석이다.

| | |
|---|---|
| 기석 | 예정대로 가? |
| 준경 | 네. (짧게 답하는) |
| 기석 | (슬몃 보고 운전하며) … 어차피 이제 한 팀인데 뭐 하나만 물어보자. 은용이… 왜 이렇게까지 하는 거야? |
| 준경 | … |
| 기석 | 너야 뭐… 어머니 일이니까 그렇다 쳐도… 은용인 어릴 때 도움 좀 받았다고 전 재산 걸고 이러는 건 상식적이지가 않잖아? |
| 준경 | 이해 안 되는 게 당연해요. |
| 기석 | 내가 모르는 뭐가 있나 보지? |
| 준경 | 선배는 평생가야 모를 마음이죠. 잊지 않고 기억하는 사람의 마음이요. |
| 기석 | … |
| 준경 | 그러니까 그냥 시키는 거나 하세요. 우리가 같은 팀이라는 착각 같은 건 하지 마시고. |
| 기석 | … |
| 준경 | (창밖을 보며 생각에 잠긴…) |

외곽 도로를 달리는 세단 보이다가…

S#24.    **은용의 펜트하우스, 주차 출구 앞 도로 (낮)**

출구로 빠져나오는 은용의 고급차. 도로를 달리기 시작하면…

일각에 서 있던 구식 세단. 출발해 은용의 고급차를 따라붙는데…


S#25.    **달리는 은용의 고급차 안 + 도로 (낮)**

은용의 고급차 운전석엔 한나. 흘깃, 사이드 미러를 보면.

뒤따르며 미행하는 구식 세단.


한나      (블루투스 통화) 공무 수행 차량은 잘 따라오고 있습니다~


S#26.    **펜트하우스 주차장 / 떨어진 일각, 검은 밴 (낮)**

슬렁슬렁 걸어가며 한나와 통화하는 은용.


용       야, 그 차 쫌만 밟아도 휙휙 나가는 거 알지? 딱지 떼지 않게 조
         심해라? 차 번호가 뭐라고? 어어… 찾았다. 조금 있다 전화할게.
         (차에 오르고)

         은용이 운전하는 SUV 차량은 출발하는데…
         /조금 떨어진 일각, 건달들이 타고 있는 밴 안. 조수석의 건달1
         이 은용의 차 노려보며.


건달1     (운전 건달에게) 따라가.

은용의 SUV를 뒤따르는 건달들 밴의 모습에서…

S#27.    **검찰청, 이 부장의 방 / (교차) 명 회장의 별장 (낮)**
이 부장이 폰 전화를 받으면…
/장부책 들여다보며 통화하는 명 회장이다.

이 부장    네.
/명 회장    우리 부장님~ 식사는 하셨습니까~
이 부장    말씀하세요.
/명 회장    (비릿한 미소) 은용이 글마, 예상대로 다른 차로 출발했답니다.
이 부장    그래요?
/명 회장    하여간 잔대가리라… 글마한텐 이중삼중 해야 된다 아입니까.
이 부장    정리는 깔끔하게 되는 거죠?
/명 회장    하모요~ 오늘 저녁에는 앞으로의 발전적인 사업 이야기나 좀 하
         입시다.
이 부장    연락주세요. (끊으면)

/콧노래 흥얼거리며 장부 보는 명 회장인데…

S#28.    **호텔, 지하 주차장 (낮)**
주차장으로 들어오는 은용의 SUV…
임각에 주차한 은용이 '출입 제한 구역' 붙어 있는 일각 비상문

으로 들어가는…

잠시 후, 뒤따라 도착하는 검은 밴…

대여섯 명의 날랜 건달들이 내리더니… 연장을 숨기고 비상문

으로 들어가는데…


**S#29.    호텔. 지하 보일러실 (낮)**

은용이 걸어가는…

뒤따라 복잡한 통로를 걸어가는 건달들…

코너를 꺾어 사라진 은용을 뒤따라가는데…

일각 넓은 곳으로 들어서자, 돌아선 채 서 있는 은용이다.


건달들      !!! (인상 팍 쓰며 노려보는데)

용          명 회장이 보내서 왔지? 우리 회장님이 이렇게까지 한 치의 오
            차도 없이 예상대로 움직이신다?

건달들      (달려드는데)


            이때, 사방의 통로에서 등장해 이들을 둘러막는 양복 경호원들
            이다!

            품에서 꺼낸 삼단봉, 전부 '촤락~' 일제히 펴는!!


용          손에 있는 것들 버려라. 그런 거 들고 설치다 잡히는 거 찍히면
            형량 두 배로 뛴다? (일각 천장 가리키면)

천장 곳곳의 CCTV 카메라들 보이는…


건달1        … (카메라 보고, 다시 은용 노려보는데)

건달2        어떡할까요?

건달1        전부 제껴!!


품에 있던 연장(사시미 칼)을 휘두르며 달려들면!
경호원들도 일제히 달려 나가 한 판 붙는!!
연장을 마구잡이로 휘두르는 건달들인데, 경호원들 절도 있는
동작으로 연장 쳐 떨구며 건달들 제압한다!
은용이 지켜보는 가운데… 경호원들에게 하나 둘, 제압당하는
건달들 모습 보이는 위로.


/기석        (E) 오늘 오전, 괴한들에 의한 청부 살해 시도가 있었습니다.


## S#30.    검찰청 앞 (낮)

일각에 기석의 세단 서 있고… 기자들 앞에 선 기석인데…


기석        명 회장 쪽 건달들로 추정됩니다. 철저한 수사로 밝혀야 할 사안
           이나 명 회장과 스폰서 관계인 현 수사팀이 그럴 의지가 있는지,
           심히 우려됩니다.

기재        이수동은 현재 어딨습니까! 계속 숨어 지내는 겁니까!

기석        이수동 씨는 오늘 검찰에 자수합니다. (돌아보면)

기석의 세단에서 내리는 준경과 수동이다. 기자들 몰려가 사진 찍는 모습에서.


**S#31.**     **검찰청, 특수부 복도 (낮)**

'척척척' 걸어가는 일군의 특검사 무리들… 다들 삼엄한 표정이고… 마주 오는 태춘을 지나쳐 걸어가는 특검사들인데…

태춘        !? ('뭐지?' 싶은 표정으로 돌아보는데…)


**S#32.**     **검찰청 앞 (낮)**

'파라라라라라…' 플래시 세례 쏟아지는 기자들 앞에 선 준경과 수동이다.

준경        이수동 씨 변호인 박준경입니다. 검찰에 자수하기에 앞서, 공정 한 수사를 위해 증거로 제출할 스폰서 장부의 일부를 공개합니다. (장부 복사본 하나를 꺼내 들어 보이며) 현재 수사팀을 이끌고 있는 이영진 부장 검사가 상납 받은 비리 내역입니다.

> 복사본에는 손글씨로 '이영진(연수원 29기)' 날짜별 상납 금액들 보이는… [*과거 윤 대표 누명 씌운 메모와 비슷한…]

'파라라라…' 장부 복사본을 들고 흔드는 준경에게 플래시 세례

**11화**                                                                 323

쏟아지는데!…

이때, 일각 기석의 앞으로 등장하는 특검사 무리들… 기석에게 일제히 고개 숙여 인사한다!

기석이 준경과 시선을 교환하고… 검찰청 안으로 향하면, 뒤따르는 특검사 무리들인데…

준경의 시선으로 기석과 특검사 무리들 사라진 자리에 서 있는 태춘 보인다.

기자들 사이에 두고 조금 멀리 선 채, 서로를 바라보는 준경과 태춘에서…


**S#33.**  **검찰총장실 (낮)**

열 받아 소리 지르는 총장의 앞에 고개 숙이고 서 있는 감찰 부장과 이 부장인데…

| | |
|---|---|
| 총장 | 얌마 니들은 무슨 일을 이따위로 처리해!! 검찰 꼴이 이게 뭐냐고!! |
| 이 부장 | … |
| 감찰 부장 | 죄송합니다. 제가 책임지고(O.L) |
| 총장 | 네가 뭘 어떻게 책임질 건데!!! |

이때, 총장실 문을 열고 들어오는 특검사들… 그리고 기석인데…

| | |
|---|---|
| 총장 | 니들은 또 뭐야! |

| 감찰부장 | 여기가 어디라고 감히 함부로 들어와!! |
|---|---|
| 특검새 | 저희 수사팀 검사들은 비리를 저지르고, 수사에 부당한 압력을 행사한 이영진 수사 팀장의 해임을 총장님께 건의 드립니다. |
| 총장 | 뭐야!? |
| 이 부장 | !! |
| 총장 | (인상 '팍!' 쓰고 노려보며) 야, 황기석이. 너 지금 뭐 하자는 건데? |
| 기석 | 차 한 잔 주시겠습니까? 조용히 드릴 말씀 있는데. |
| 감찰부장 | 얌마 황기석이… 이 새끼 너 지금, 돌았어? |
| 기석 | … |
| 총장 | … 황기석이 빼고 다들 나가…! |
| 감찰부장 | ! 아니, 저 총장님, |
| 총장 | 다들 나가!!! |

(시간 경과)

찻잔을 사이에 두고… 총장과 독대한 기석이다.

| 총장 | 너 꼭 일을 이렇게 해야겠냐? |
|---|---|
| 기석 | 검찰 조직을 와해시킬 순 없잖습니까. 썩은 부위만 깔끔하게 도려내고 수술 끝내겠습니다. |
| 총장 | 다들 백년 묵은 여우들이야. 수술이 제대로 되겠어? |
| 기석 | 다들 옷이야 벗겠지만, 전관으로 대우 빵빵하게 해 드리면, 결국엔 따를 수밖에 없을 겁니다. |
| 총장 | 실력 깔끔한 건 네가 제일 낫긴 한데… |
| 기석 | 총장님… 괜히 특검이니 뭐니 해서 엉뚱한 놈이 들어와서 휘저 |

으면 그땐 진짜 다 죽습니다. 그래도 식구인 제가, 문제없게 정
리 끝내겠습니다.

총장          … (가만히 보는 얼굴에서…)


**S#34.    특수부 조사실 (낮)**

이수동과 나란히 앉은 준경… 맞은편엔 태춘이다.


태춘          바우펀드 주범이 이수동이 아닌 명인주 회장이라는 주장은 알
              겠는데, 황기석 검사가 커넥션이 없다는 진술은 납득하기 어렵
              네요.
준경          유죄 입증은 검사님 몫이죠. 저희가 제출한 증거와 진술은 일관
              됩니다.

              차가운 눈빛으로 보는 준경… 노려보는 태춘인데…


**S#35.    특수부, 엘베에서 복도 (낮)**

엘베에서 내린 기석이 굳은 표정으로 복도로 들어서는데…
나와서 도열해 있는 특검사들이다. 다들 긴장한 얼굴로 기석을
보는데…


기석          고생 많았다. 오늘부로 특별 수사팀은, 내가 다시 맡는다.
특검새        황기석 차장님!! 복귀 축하드립니다!! (선창하며 고개 숙이면)

법쩐

| 특검사들 | 축하드립니다!! (고개 숙이는) |

### S#36. 특수부 조사실 (낮)

복도에선 시끄러운 환호성 들리는데…

| 수동 | 됐네, 됐어~ 황 차장이 그 어려운 걸 해냈어~ (일어서 복도 쪽 살피며 신난) |
| 태춘 | … (인상 팍 쓰는…) |
| 준경 | … (흔들림 없이 차가운 눈빛인데) |

신나서 복도 쪽을 살피던 수동이 태춘에게 다가와 슬쩍 귀엣말.

| 수동 | 장 검사, 분위기 넘어왔잖아. 이제라도 우리 편에 붙어서 쉽게 가자. 내가 우리 장 검사한테만 알짜배기 진술해서 확실하게 띄워 줄게. |
| 태춘 | 모욕죄 추가되고 싶지 않으면 조용히 하시고 자리에 앉으십쇼!! ('버럭!!' 하는데) |
| 준경 | 왜? 나쁘지 않은 제안 같은데. |
| 태춘 | 선배는 이제 진짜 괴물이 되셨네요. |
| 준경 | 이번엔 이겨야 하니까. |
| 태춘 | 선배가 원했던 정의가 정말 이런 겁니까? |
| 준경 | 난 이제 더 이상 검사 아니잖아? |
| 태춘 | … (그런 준경을 가만히 보는 모습에서) |

S#37.    검찰청, 태춘의 검사실 (밤)

어둑한 실내… 생각에 잠겨 앉아 있는 태춘인데…

서랍에 넣어 뒀던 무언가를 꺼내 보는 태춘… '준경에게 받았

던' 만년필 보이면서…

(인서트 플래시백 / 5부 30씬)


준경    (차분하게) 용이 오빠가 떠날 때 주고 간 선물이에요. 검사되면 꼭

이걸로 나쁜 놈들 잡는 서류에 사인하라고.

태춘    (아…) 근데 이걸 왜 저한테?

준경    저는 황기석이 사주한 조작 사건의 공범입니다. 다시 검사가 될

순 없어요. 장태춘 검사님의 건투를 빕니다.

태춘    … (물끄러미 만년필을 보는) / (장면 전환)


(다시, 현재) 검사실.

만년필을 보며… 곰곰하게 생각에 잠긴 태춘의 모습에서…


S#38.    (다음 날) 검찰청, 전경 (아침)

전경 보이고…


S#39.    검찰청, 기석의 차장검사실 (낮)

햇살을 받으며 자신의 명패를 들고 보는 기석인데…

이때, '똑똑…'

법전

| 기석 | (여유 있는 미소로 보며) 오랜만이네? 이제 마음 다시 정한 거야? |
|---|---|
| 태춘 | 오늘까지 올리라고 지시받은 수사 보고섭니다. (들고 있던 결재판 올리면) |

기석이 열어 보면, '황기석 검사 권력형 비리 관련 수사 보고서 – 검사 장태춘'

| 기석 | (픽… 넘겨 보며) 잘 했네, 잘 했어. 처음보다 실력도 늘었고, 스타일도 좋아졌는데… 근데 상황 파악하는 센스는 더 나빠진 거 같다? |
|---|---|
| 태춘 | 검찰청법 검사의 임무에서 그런 센스에 대한 건 찾질 못 해서요. |
| 기석 | (차가운 미소로 보는) |
| 태춘 | (단단히 보는…) |

시선 부딪치는 두 사람의 모습에서…


## S#40.  명 회장의 별장 (낮)

굳은 표정의 명 회장이 땅문서와 유가증권들을 테이블에 밀어 건네면, 맞은편엔 세희다.

| 명 회장 | 차명으로 돼 있는 제주도 땅문서하고, 무기명 채권이데이. 사우한테 출국 금지 걸린 거, 하루만 풀어 돌라캐라. |
|---|---|
| 세희 | 이 정도로 될까요? |
| 명 회장 | ┃ (노려보는) |

| 세희 | 쫌 있으면 수사관들 오니까 일단 안에 들어가서 천천히 생각 좀 |
|---|---|
| | 해 보세요. |
| 명회장 | 느그가 원하는 게 뭔데? 복수 그런 거가? |
| 세희 | 돈이죠. 아빠 가진 게 돈 밖에 더 있어요? 가진 거 전부를 저한네 |
| | 물려주시면, 병원으로 나와서 편하게 지내세 해 드릴게요. |
| 명회장 | !! |
| 세희 | 그렇게 보지 마세요. 아빠니까 돈으로 해결 보는 거예요. 남 같 |
| | 으면 이렇게 안 끝나요. (차가운 미소로 보는) |
| 명회장 | !! (일그러진 표정 위로) |
| /용 | (na) 복귀한 황기석이 지휘하는 수사는 일사천리로 진행됐다. |

## S#41.   (몽타주)

- 구치소 일각. 능글거리는 죄수복 이수동이 구석에 멍하게 앉은 죄수복 이 부장에게 어깨 거는…

/용        (na) 자수한 이수동과 같은 날 구속된 이 부장의 뒤를 이어.

- 감찰 부장의 방. 기석이 지켜보는 가운데 압수 수색하는 수사관들…
기석을 노려보는 감찰 부장에게 수사관1은 미란다 고지하며 수갑을 채우는…

/용        (na) 대검 고위급 간부들은 비리 혐의로 연달아 구속됐고.

- 구치소 독방 안. 명 회장의 굳은 얼굴 위로…

/용       (na) 명 회장에겐 그때마다 죄목이 추가로 더해졌다.


- 손 장관의 선거 사무실. 당선 확정 뉴스 보며 환호하는 운동원
들… 손 장관과 기뻐하는 준경이고…

/용       (na) 손 장관은 박빙인 선거구에서 압도적인 표 차이로 당선됐
고.


- 기석의 차장검사실에 가득한 '국민 검사 황기석 응원합니다!'
응원 화분…

/용       (na) 다시 국민 검사가 된 황기석과 함께.



S#42.    명 회장의 별장 (밤)
         항상 술상이 차려져 있던 거실 테이블에는 금고 방에서 꺼내 온
         각종 장부들 잔뜩 쌓여 있고…
         셔츠 팔 걷어붙인 은용과 기석이 둘이서 야근하는 느낌으로 장
         부들 보고 있다.

/용       (na) 나는 명 회장의 차명 재산을 전부 찾아내고 있었다.
용        판교 테크노 호텔에도 차명으로 지분 20% 갖고 있네. (장부 던져

건네면)

| 기석 | (받아 보며) 오케이. (목록에 기록하는) |
|---|---|
| 용 | 이 정도면 차명 재산 거의 다 나온 거 같긴 한데… |
| 기석 | 그래? |
| 용 | 이게 다 얼마야? 회장님 진짜 독하게 모으셨어. |
| 기석 | 확실히 선수라 다르긴 다르네. 수사팀 다 달라붙어도 몇 달 걸렸을 텐데. |
| 용 | 자문료 많이 주면 앞으로는 나라 위해 재능을 좀 써 볼 생각도 있어… |
| 기석 | 자문료가 세금으로는 감당 안 될 거 같다. |
| 용 | (픽…) 됐고, 내가 찾은 명 회장 비자금들이나 착실히 국고로 환수해서. |
| 기석 | 피해자들에게 보상, 배상 확실히 할게. |
| 용 | 오케이. 다음 주 인사 발령엔 검사장 되신다고? |
| 기석 | 덕분에. |
| 용 | 최연소 검사장, 멋진데? |
| 기석 | 저 근데 내가 장 검사까지는 챙기지를 못 해서. |
| 용 | 태춘인 신경 쓰지 말고. 시킨 일이나 마무리 잘 해. |
| 기석 | 그래. (건배 마시는) |

잔 비우는 두 사람의 모습 위로.

| /준경 | 장 검사는 물 먹었고, 황기석은 한 칸 더 올라갔네. |
|---|---|

**11화**

## S#43.    은용의 펜트하우스 (밤)

몽골 체스판의 큰 말 하나를 옮기는 준경… 마주 앉아 몽골 체스 두는 은용인데…


준경    황기석, 괜찮겠어?

용      아직까진 시키는 대로 잘하고 있는데… 한 칸 올려놨으니까 지켜보면 알게 되겠지. 속으로 어떤 마음 갖고 있는지.

준경    (흠…) 역시 장 검사로는 무리였을까?

용      지금까지 필요했던 건 수단 방법 안 가리는 헤지펀드 같은 검사니까.

준경    (끄덕이며) 그에 비하면, 장 검사는 장사꾼보단 싸움꾼이라고 봐야지. 계산 없이 달려드니까.

용      그래 봐야 체스판의 제일 약한 폰이잖아? (폰 한 칸 움직이며) 끝까지 버틸 수 있을까 싶다.

준경    이겨 내길 바래야지.

용      (흠… 곰곰히 체스판 보는 얼굴에서)

/용     (na) 몽골 체스에는 독특한 룰이 하나 있다.


몽골 체스판의 폰 보이며…


/용     (na) 한 칸씩만 움직일 수 있는 이 가장 약하고 느린 말은 끝선까지 살아 가면 전후좌우 어디로든 움직이는 가장 강한 말로 승진한다.


(시간 경과)

홀로 앉아 생각에 잠겨 있는 은용…

/용    (na) 약육강식의 전장에서 끝까지 살아남을 수 있을지는 이제 태
       춘이에게 달려 있다.


S#44.   [다른 날] 태춘의 검사실 [낮]
       물음표 크게 생긴 얼굴로 고소장을 보는 태춘… 맞은편엔 동대
       문 김 여사가 앉아 있다.
       궁금한 얼굴로 지켜보는 남 계장이고…


태춘    동대문에서 일수하시는 김복순 씨… 명인주 회장과 황기석 검
       사를 고소하시겠다고요?
김 여사   장인 사위가 쌍으로 협잡해서 등쳐먹는 사기꾼들이에요.
태춘    왜 하필 저를 찾아오셨습니까?
김 여사   그 기세등등하던 명 회장을 구속시켰던 분이니까요.
태춘    …!!
김 여사   전에 장 검사님이 명 회장 구속시켰을 때, 그때 구치소에 있던
       명 회장이 특별 면회 한 번 오라고 연락을 해서 찾아갔었는데…
       (장면 전환)


S#45.   [김 여사의 플래시백 / 5부 39씬] 구치소, 특별 면회실 [낮]
       죄수복을 입었지만 포마드 단정한 명 회장… 맞은편엔 겁에 질

린 김 여사다.

| 김 여사 | 네?!? 회장님을 고소하라고요? |
|---|---|
| 명 회장 | 하모 하모. 우리 복순 씨가 고소장 하나만 날려 주면, 동대문 지분은 돌려드릴께. (비릿한 얼굴 위로) |
| /태춘 | (E) 그래서 김 여사는 시키는 대로 고소를 했는데. |

**S#46.** **인천지검, 함진의 검사실 (낮)**
김 여사의 진술서를 읽고 있는 함진에게 설명하는 태춘이다.

| 태춘 | 얼마 후 출소한 명 회장은 약속대로 지분을 돌려주기는커녕, 당시 특수 부장이던 황기석을 시켜 김 여사를 무고죄로 기소해 버렸대요. |
|---|---|
| 진 | 황기석이 명 회장 뒤 봐주는 흔한 패턴이긴 한데… |
| 태춘 | 전에 박준경 선배가 얘기해서 동부지검 CCTV 전부 털어봤다고 하셨죠? |
| 진 | 오 대표 사망 시각, 명 회장이 동부지검 출정 나간 알리바이가 수상하다고 했어. |
| 태춘 | 그때 동부지검 출정 나간 건이 명 회장이 시켜서 고소한 바로 이 건이에요. |
| 진 | (흠…) 뭐가 있긴 있네… |
| 태춘 | 이 정도 정황이면, 오 대표 사망이 자살 아닐 수도 있다는 박 선배 가설이 맞다고 봐야 하지 않을까요? |

| 진 | 심증은 그런데, 물증은 여전히 없어. 동부지검 CCTV에선 나온 게 없고, 김 여사 진술만으론 아무것도 입증이 안 돼. |
|---|---|
| 태춘 | CCTV는 당연히 없겠죠. 대신 아직 안 찾아본 움직이는 CCTV가 있잖아요. |
| 진 | 블랙박스? |
| 태춘 | 네. 검찰청 주차장에 밤새 주차돼 있던 공무 수행 검찰 차량들이요… 그 차들 블랙박스 뒤져 보면 뭐라도 나오지 않을까요? |
| 진 | 근데 그게 아직 남아 있을까? |
| 태춘 | 계장님이 지금 알아보러 가셨어요. (눈빛 빛내는 얼굴에서…) |

## S#47.  검찰청, 기석의 차장검사실 (낮)

창가에 서 있는 기석… 일각 찻잔 놓인 앞에는 죄수복 이 부장이 앉아 있다.

| 기석 | 원래 이 방은 나 다음엔 네가 써야 되는 건데… |
|---|---|
| 이부장 | (표정 굳은…) |
| 기석 | 영진아. 얼굴 펴, 괜찮아. 그럴 수 있어. 난 오히려 네기 옆에 있어 줘서 나행이야. |
| 이부장 | … |
| 기석 | 대신 나한테 걸쳐 있는 몇 가지 혐의들은 네가 안고 가라. |
| 이부장 | 제가… 말입니까…? |
| 기석 | 너 그렇게 밑바닥으로 끝낼 거야? |
| 이부장 | …? |

| 기석 | 몇 년 푹 쉬다 나오면, 전에 오 대표보다 더 높은 빌딩 갖게 해 줄게. |
|---|---|
| 이 부장 | !? |
| 기석 | (비릿한 미소…) |


**S#48.** **검찰청, 태춘의 검사실 (낮)**

(블박 영상) 동부지검 주차장에 들어와 자신의 차를 세우고 내리는 이 부장 보이는…

| /남 계장 | (E) 그날 밤, 이 부장이 동부지검에 왔던 건 확인이 됐는데… |
|---|---|

모니터에 플레이 되는 블박 영상을 인상 쓰고 보는 태춘… 설명을 이어 가는 남 계장이다.

| 남 계장 | 이게 전붑니다. 나머지 주차돼 있던 차량 블랙박스들 싹 다 뒤졌는데, 명 회장 모습이 찍힌 건 없어요. |
|---|---|
| 태춘 | 이 부장이 왔다면, 심증은 진짜 확실해진 건데. |
| 남 계장 | 물증이 없잖아요. 이 부장이 왔다는 것만으론 아무것도 연결 못 시켜요. 수사는 다시 원점입니다. |
| 태춘 | … (인상 '팍!' 쓰고 생각하는) |
| 남 계장 | 일단 오늘은 들어가시죠? |
| 태춘 | !! 아뇨… 방법이 있을 수도 있어요. |
| 남 계장 | 물증이 없는데 뭘 어떻게요? |

| 태춘 | 증거가 없으면, 우리도 만들면 되죠. (굳은 눈빛에서…) |
|---|---|

## S#49.  검찰청, 특수부 조사실 (밤)

죄수복 입은 명 회장이 노려보는… 배달 국밥을 사이에 두고 마주 앉은 기석이다.

| 기석 | 건강은 괜찮으세요? 좋은 걸 드셔야 되는데 이거 국밥으로 괜찮으신지 모르겠네요. |
|---|---|
| 명 회장 | 니 지금 내캉 장난하나! (하더니 '와장창' 집어던지는!) |
| 기석 | … |
| 명 회장 | 내를 이래 가둔다 캐서 내 재산을 한 푼이라도 줄 꺼 같나? 어림없다 사우야. 니는 내를 절대 못 이겨!! |
| 기석 | (흠…) 안 주셔도 돼요. 아버님 차명 재산은 제가 전부 찾았으니까. (은용과 찾은 목록 서류 건네며) 보세요. 빠진 거 있나. |
| 명 회장 | (받아 보는데) !!! 이걸… 이걸… (획획 넘겨 보며) 이걸 우예 다 찾았노? |
| 기석 | 은용이… 실력 좋은 건 잘 아시잖아요? |
| 명 회장 | 은용이 이 호로 자슥이!! (인상 '꽉' 쓰는!!) |
| 기석 | 어어, 혈압 조심하세요. 오래 사시면서 죗값 다 치르셔야죠. |
| 명 회장 | … (노려보면) |
| 기석 | 돈 쥔 놈이 쎈 놈이다… 좋은 말인데… 지금부터 지켜보세요. 누가 진짜 왕이 되는지. |
| 명 회장 | !! |
| 기석 | 법도, 쩐도, 이제 다 제 편입니다. (서늘하게 보는 얼굴에서…) |

S#50.        형사부 조사실 / 거울 방 (밤)
             굳은 표정의 이 부장 앞으로 '동부지검 주차장 블랙박스(11화 48
             씬) 캡처 사진'을 밀어 놓는 태춘…


태춘          이 밤에 동부지검은 왜 가셨습니까?

이 부장        이게 언젠데?

태춘          오창현 대표가 자살한 밤이라 기억이 나실 텐데…

이 부장        ! (살짝 눈빛 굳는데)

태춘          동부지검 양동철 검사하고는 연수원 동기시죠?

이 부장        (흠…) 지금 나 부른 거, 명 회장 사기 건 참고인 조사 아닌가?

태춘          아직은 참고인인데, 다른 혐의 밝혀지면 피의자 되실 수도 있죠.

이 부장        다른 혐의? (애써 태연한데)

태춘          (펜과 빈 종이 건네며) 일단 이날, 동부지검에 왜 갔고, 뭘 했는지, 기
             억나는 대로 자세히 적어 주세요.

이 부장        … 다른 영상이 또 있나? (불안해진)

태춘          (픽) 부장님 상대로 설마 증거가 이것뿐이겠습니까?

이 부장        … (눈빛 굳은)

태춘          그러니까 사실대로 쓰세요. 공범이 될지, 주범이 될진 부장님 진
             술에 달렸어요.

이 부장        … (가만히 노려보는 얼굴에서…)



S#51.        (다음 날) 은용의 펜트하우스, 전경 (아침)
             전경 보이고…



**11화**                                                              341

S#52.　　은용의 펜트하우스 (낮)

언제나처럼 트레이딩 모니터 앞에 있는 은용인데…

시간을 확인하더니, 한나에게 전화 거는… '고객님의 사정으로 전화를 받을 수 없어…'

폰 화면 물끄러미 보는 은용… 뭔가 불길한 느낌인데… 폰에 뜨는 발신인 '박준경'… 받으면.

용　　　어, 준경아.


S#53.　　(교차) 검찰청, 로비 (낮)

다급한 걸음으로 로비를 지나 엘베로 향하는…

준경　　홍 대표 아침에 특수부에 긴급 체포됐대. 방금 연락 받고 검찰 들어가는 길이야.

/용　　　!… 그래? (눈빛 차가운…)

준경　　결국 황기석이 움직인 거 같아. 상황 알아보고 다시 연락할게.
　　　　　(끊고, 굳은 표정으로 엘베에 오르는…)


S#54.　　은용의 펜트하우스 (낮)

생각에 잠겨 있는 은용인데… 이때, '띵-' 엘베 도착하고… 기석이 들어온다.

| 용 | 홍 대표 데려간 거. 너희 애들이야? (차갑게 묻는데) |
|---|---|
| 기석 | 아, 체인지 펀드? 문제가 많더라고. 비리 있으면 싹 쓸어버리라며? 아니야? |
| 용 | !… (가만히 노려보는데) |

이때, 다시 '띵-' 하고 엘베 도착하는…
'뭐지?' 싶어 보는 은용인데, 이번엔 검찰 박스를 든 일군의 수사관들 내린다.

| 기석 | 어떡하나? 내가 내부자라서 여기 보안이 뚫려 버렸네? |
|---|---|
| 용 | … |
| 기석 | 은용 씨, 자본시장법 위반 관련 압수 수색 영장 집행합니다. (수사관들에게) 여기 있는 컴퓨터, 노트북, 장부, 서류, 종이쪼가리까지 싹 다 담으시고, 호화로운 생활 증빙할 사진들도 꼼꼼하게 찍으세요. 오케이? |
| 수사관들 | 네!! |
| 기석 | 시작하시죠. |

한바탕 압수 수색이 시작되고…

| 용 | (차갑게 노려보는…) |
|---|---|
| /용 | (na) 황기석은 예상대로 자신의 욕망을 선택했다. |

차갑게 노려보는 은용인데… 다가와 비릿한 귀엣말 하는 기석

이다.

| 기석 | 네 말대로 잘하는 거 하려고. 뭐든 털어서 어떻게든 엮어 줄게. |
| 용 | … (서늘한데…) |
| 기석 | 윤혜린 대표가 무슨 마음으로 죽었는지… 이제 너도 알게 될 거야. |
| 용 | !! 뭐 이 새끼야!! (윤 대표 얘기에 결국 폭발해 멱살 잡는!!) |

"당신 지금 뭐하는 거야!!" 압색 하던 수사관들이 달려와 은용을
뜯어내며.

| 기석 | (매무새 다지며 은용 보고) 이제 알겠어? 누가 위에 있고, 네 자리가 어딘지? |
| 용 | 명 회장이 가졌던 돈까지 쥐면… 세상 다 가질 거 같아? |
| 기석 | (픽… 비릿한 미소로 내려 보는) |
| /용 | (na) 쥐약을 먹은 명 회장… 그 명 회장을 집어삼킨 기석의 탐욕… |
| 용 | (그런 기석을 보는 차가운 미소 위로) |
| /용 | (na) 이제 황기석이 그 대가를 치룰 차례다. |

비릿한 미소로 보는 기석… 차가운 미소로 노려보는 은용의 모
습에서.

11화 엔딩

# 쩐쟁의 끝

불의의 일격을 당한 은용과 준경.
그러나 그들에겐 마지막 카드가 남아 있다.
법과 쩐의 카르텔에 맞선 싸움의 최종장에서
숨겨 왔던 진짜 계획이 시작되는데….

## S#1. 은용의 펜트하우스 (밤)

    (시간 경과)

    압수 수색이 끝나고 위스키를 놓고 마주 앉은 기석과 은용이다.
    자신의 잔에 위스키를 따르는 기석…


| | |
|---|---|
| 기석 | 압수 수색은 끝났고… 수사라는 게 큰 그림을 어떻게 그리느냐가 중요한데… 지금 내가 두 가지 방향성을 놓고 고민 중이야. |
| 용 | 명 회장 차명 재산 챙기는 데 협조하고 적당한 선에서 마무리하든가, 아니면 너한테 엮여서, 죽든가? |
| 기석 | 아깝다. 그 눈치 빠른 거. |
| 용 | … |
| 기석 | (은용 잔에 위스키를 따르고) 한 잔 해. (건배 없이 자신은 잔 비우는) |
| 용 | 압수 수색까지 치고 들어와서, 수갑 대신 술잔을 건넨다… 거래를 하자는 얘긴데… 너 내가 무섭지? |
| 기석 | ! |
| 용 | 쎈 놈은 피하고, 약자에겐 가혹하고. 준경이가 전에 얘기했던 대 |

|      |                                                                                          |
|------|------------------------------------------------------------------------------------------|
|      | 로 넌 거악에 맞서는 싸움꾼 검사가 아니고, 권력으로 출세나 거래하는 장사꾼이야. |
| 기석 | 앞뒤 안 가리고 무조건 맞서 싸우면 정의로운 검사고, 현실적인 판단으로 상황을 조율하면 출세하려는 검사다? 현실적으로 무조건 싸우기만 한다고 정이가 얻어지나? 적절히 마무리할 줄도 알아야지. 너나 박준경은 너무 과도한 정의를 원해. |
| 용   | 정의로운 거면 정의로운 거고, 아니면 아닌 거지. 과도한 정의는 뭐야? |
| 기석 | 윗선까지 쓸어버리겠다면서 누구든 걸리면 다 엮어 넣으려고 했잖아? 이 대한민국에서 털어서 먼지 안 나는 사람이 있을까? 현실적으로, 법과 질서를 유지하려면 엘리트의 적당한 균형 감각이 필요한데(O.L) |
| 용   | 균형 감각은 지랄. 넌 그냥 겁먹고 쫄았던 거야, 븅신아… |
| 기석 | … |
| 용   | 난 분명히 네가 잃은 모든 걸 되찾아 주겠다고 약속을 했고, 바닥에 있던 널 다시 끌어올려 줬는데… 넌 무섭나 봐? 나하고 끝까지, 제대로 수사했다간 다시 바닥까지 떨어질까 봐. |
| 기석 | … |
| 용   | 주변에서 황 셰프네 뭐네, 법과 정의보단 윗사람들 입맛에 맞게 이리저리 사건이나 요리해 주고… 애완견처럼 주인한테 이쁨이나 받을 줄이나 알았지, 너 지금까지 한 번도 제대로 수사해 본 적도 없잖아? 안 그래? |
| 기석 | 오케이. 이번엔 제대로 엮어 줄게. 너, 네 주변 사람, 과도하게 정의롭게. 됐어? |

법전

| 용 | 자리 다시 올려 놔줬더니, 권력 잡고 하겠다는 게 고작 이거야? 명 회장 뒷돈 챙기고, 내 주변 사람들 괴롭히는 거? 한심하네, 진짜… |
|---|---|
| 기석 | (픽…) 한심하다?… 이 꼴을 당해 놓고도 그런 소리가 나와? 적당히 협조하면 출국 금지 풀어 줄 테니까, 떠날 수 있을 때 떠나. |
| 용 | 아니, 나 안 떠나. 전에도 한 번 적당히 덮고 떠났다가 크게 후회한 적 있거든. 이번엔 가 보자. 끝까지. |

눈빛 부딪치는 두 사람의 모습에서.


**S#2.    형사부 거울 방 / 조사실 (밤)**

남 계장이 지켜보는… 조사실의 이 부장은 홀로 앉아 빈 종이 노려보며 생각에 잠겼는데…
거울 방으로 들어온 태춘이다.

| 태춘 | 밑밥은 깔아 놨는데… 어때 보여요? (거울 너머 이 부장 보면) |
|---|---|
| 남 계장 | (보며) 글쎄, 아직은… 저 양반도 워낙 빼꼼이라… |
| 태춘 | (흠…) |
| 남 계장 | 황기석이 검사님 삼촌 압수 수색했어요. 펜트하우스는 직접 가서 털었다던데. |
| 태춘 | !… 아, 진짜! 내 그럴 거라니까…!! |
| 남 계장 | 황 차장답죠. 죽여야 겠다 마음먹으면 여기저기 톱질 안 하고 핵심으로 치고 들어가서 심장에 칼을 한 방에 꽂으니까. |

| 태춘 | 심장이 아니라 등에 칼을 꽂은 거죠… (인상 쓴…) |
|---|---|

**S#3.** **특별수사팀 회의실 (밤)**
특검사들 모여 앉은 회의실로 기석이 들어와 앞에 서고…

| 기석 | 지금부터 은용과 펀드, 주변 인물들 전부 확실하게 엮어서 간다. |
|---|---|
| 특검사들 | (보면) |
| 기석 | 기존에 은용에게 있었던 오 대표 협박 자살 건을 중심으로 뭐든지 찾아서 엮어. 지금까지 은용이와 말만 섞었어도, 눈만 마주쳤어도, 아니야, 숨만 같이 쉬었어도 그건 다 죄야. 이해 돼? 주변 인물들 싹 다 털어서! 죄가 있으면 키우고, 없으면 만들어서 확실하게 엮는다. 알겠어? |
| 특검사들 | 네! |
| 특검사2 | 긴급 체포해 온 홍한나 대표는 어떻게 할까요? |
| 기석 | 오 대표 협박 건 공범으로 구속 영장 신청해. 펀드 자금은 동결하고. |

**S#4.** **검찰청, 특수부 조사실 (밤)**
수갑을 차고 앉아 있는 한나… 마주 앉은 준경인데…

| 한나 | 구속? 이젠 은 대표님 덕에 구치소를 다 가 보네. |
|---|---|
| 준경 | 최대한 빨리 구속적부심사 받을 수 있게 할게요. |

| 한나 | 펀드는요? |
|---|---|
| 준경 | 자금 동결 됐어요. 내일부터 거래 정지도 될 거고. |
| 한나 | What the fu… 이러면 몽골 프로젝트는 망했는데?… 진짜 오래 |
| | 공들이면서 투자금 많이 들어간 건데… (인상 쓰고 보면) |
| 준경 | … 미안합니다. |
| 한나 | 변호사님이 왜요? |
| 준경 | … |
| 한나 | (픽) 됐어요, 돈 문제는 너무 신경 쓰지 마요. 어차피 난 은 대표 |
| | 한테 빚이 많아요. |
| 준경 | ? (보면) |
| 한나 | 미국 생활할 때 사기 당해서 부모님 집까지 날려 먹은 거, 용이 |
| | 가 찾아 줬어요. 죽을 만큼 힘들 때, 겁도 없이 덤비더니 끝까지 |
| | 싸워 줬던 게… 많이 고마웠어요. |
| 준경 | (흠…) |
| 한나 | 인연이 변호사님 하고 좀 비슷하죠? |
| 준경 | … |
| 한나 | 용이한테 내 걱정은 말고 하고 싶은 대로 다 하라고 전해요. |
| 준경 | 그럴게요. |

단단한 눈빛의 한나를… 가만히 보는 준경의 모습에서…


**S#5.** **은용의 펜트하우스 / (교차) 검찰청 복도 일각 (밤)**

준경과 통화하는 은용은 마음이 무거운 표정이다.

| | |
|---|---|
| 용 | 한나를 구속까지 시켰어? |
| /준경 | 구속적부심 바로 신청할 거고, 보석도 준비할게. |
| 용 | 네가 좀 잘 챙겨 줘. 한나가 씩씩하긴 한데 이런 일은 처음 겪을 거라. 미안하다고, 조금만 버티라고 전해 주고. |
| /준경 | 그래. 그런데 펀드는 지금 동결돼서 어려울 거야. |
| 용 | 그건 예상했던 일이야. 너무 신경 쓰지 마. |
| /준경 | 몽골 프로젝트는? |
| 용 | 지금 그게 중요해? 한나가 뭐라고 해? 그런 건 내가 알아서 할 테니까 지 몸이나 잘 챙기라고 해. |
| /준경 | 구치소까진 챙기고 갈게. 방심했다간 또 무슨 짓을 할지 모르니까. |
| 용 | 그래. 부탁할게. (끊고…) |

무거운 표정의 은용에서…


**S#6.**   **태춘의 검사실 (밤)**

[*보드 판에는 오 대표 자살 사건 관련 현장 사진과 주변 지도, 남겨진 유서, 관련 기록들… 그리고, 사망한 오 대표와 죽음에 관련된 인물로 추정되는 명 회장, 기석, 이 부장 사진 붙어 있다.]

야근하는 태춘과 남 계장은 '오 대표 자살 사건' 보드 판을 보고 있다.

| | |
|---|---|
| 태춘 | 아직 확실한 물증은 없지만, (관련 장면들 인서트 f/b) 고소한 김복순 |

씨의 진술, 이 부장이 동부지검에 갔었다는 블랙박스 영상. 이
두 가지는 명백한 사실입니다.

남계장     그러니까, 명 회장이 동부지검을 나와서 어디로 갔냐는 건데…

태춘     (지도 가리키며) 여기가 오 대표 사망 장소죠?

남계장     네. 그 건물이나, 주변 CCTV를 다 뒤져봤지만 막상 나온 건 없
어요.

태춘     그런데 오 대표 유서요… 좀 이상한 게 있어요. (옆에 놓인 기록 보
며)

남계장     유서가 왜요?

태춘     검찰이 갖고 있는 증거 목록에서 국과수 지문 감식 결과가 빠져
있어요.

남계장     그럴 리가요. 유서의 지문 감식은 자살 사건 기본인데… (기록 받
아 보는데)

태춘     맞아요… 그 기본이 아예 빠져 있습니다.

남계장     (확인하고 흠… 생각하다, 다른 서류철 뒤지며) 잠시만요… 당시 담당 검
사가…! (어이없는 표정으로 보면)

태춘     이영진 부장?

굳은 눈빛 부딪치는 두 사람의 모습에서…


**S#7.**     **은용의 펜트하우스 (밤)**

[*보드 판: 윤 대표의 사진이 붙어 있는 '블루넷'… ⇒ 명 회장의 사진이 붙어 있
는 'GMi뱅크' 그 사이에는 황기석 사진… 블루넷이 GMi뱅크로 전환하면서

명 회장이 차명으로 김철 커넥션에 지분을 분배한 지분표… 옆으로 '명 회장 33% / 세희(황기석) 18% / 오 대표 10% / 감찰 부장 4.5% / 다른 윗선들 (각각 2~3%)' 지분율… 인물 사진 붙어 있다… 인물 사진들엔 오 대표는 '사망', 나머지는 모두 '구속' 딱지가 붙어 있는데… 기석(세희)만 멀쩡하다.]

아직 어지러진 일각… 보드 판에는 사진들로 정리된 '녕 회장 차명 재산 지분표'… 보이는…

보드 판 보며 생각에 잠겨 있는 은용인데… 들어와 보드 판 보는 준경이다.


준경    벌써 정리한 거야?

용      장부는 압수당했지만, 숫자들은 내 머릿속에 있으니까.

준경    그건 압수할 수 없으니까 이제 오빠를 구속시켜 입을 막으려고 하겠지.

용      황기석 입장에선 내가 거래를 받아들이고 적당히 떠나 주길 바라겠지. 근데 그게 안 되면, 한나한테 그런 것처럼 우리 직원들, 직원의 가족들, 친구들까지 모두 탈탈 털어 가지고 괴롭힐 거야.

준경    예전 엄마한테 했던 것처럼.


보드 판 일각에 붙어 있는 블루넷 윤 대표 사진…


준경    엄마의 억울한 죽음에 책임이 있는 놈들 중에.

용      (사진들 보며) 명 회장과 나머지 검찰 윗선은 황기석이 모두 구속시켰고… 이제 황기석만 남았는데…

보드 판에 붙은 기석 사진 보이고… 굳은 눈빛의 은용과 준경에서…


S#8.    **기석의 차장검사실 (낮)**

마뜩잖은 표정으로 보고서를 보고 있는 기석… 앞에는 특검사1이다.


기석     싱가폴 펀드와 거래 내역, 이게 포렌식한 은용 컴퓨터에서 나온 증거다?

특검사1   네. 바우펀드 사태 직전, 공매도 쳐서 얻은 수익을 불법 거래한 내역입니다. 이거면 은용과 펀드를 확실히 엮을 수 있는 결정적인 증거로(O.L)

기석     이건 빼자.

특검사1   네?

기석     이건 증거로 쓰면 안 된다고.

특검사1   하지만, 이거 외에 다른 장부들은 뭐 이상한 암호 숫자들로 써 있어서 해독이 안 됩니다.

기석     암호?

특검사1   네. 예전 사채꾼들이 쓰던 방식이라고 하던데요.

기석     (잠시 생각하더니) … 컴퓨터 말야, 증거로 쓰기엔 문제가 좀 있겠다… 적당히 서류 꾸미면서 증거 목록에서 빼고, 컴퓨터는 나한테 가져와.

특검사1   차장님… 그건 좀… (망설이는데)

| 기석 | (가만히 보다가…) 아… 그러고 보니까, 목숨 걸고 총대를 매 줬는데 신경을 못 써줬네? 인사이동이 다음 달인가? 이번에 특수부 수석으로 오면 동기들 중에 네가 진급이 제일 빠른 거잖아. 검찰도 이런 파격이 좀 있어야지, 나이 먹는 게 실력도 아니고… |
|---|---|
| 특검새 | !! |
| 기석 | 어때? 증거 목록 정리 다시 해 볼 수 있을까? |
| 특검새 | 네. 깔끔하게 정리해서 보고서 다시 올리겠습니다. |
| 기석 | 오케이. (보고서 다시 주며) 그럼 이건 아직 내가 못 본 걸로 할게…? |
| 특검새 | 네! |
| 기석 | (비릿한 얼굴에서) |

## S#9.    형사부 조사실 / 거울 방 (낮)

블랙박스 사진 놓고 마주 앉은 태춘과 이 부장… 옆에는 유서 관련 기록도 놓여 있다.

| 태춘 | 아직도 동부지검 왜 갔는지 기억 안 나십니까? |
|---|---|
| 이부장 | … |
| 태춘 | 부장님이 동부지검에 가신 그날 밤 사망한 오창현 대표, 그 오 대표가 남긴 유서를 지문 감식한 증거가 검찰로 넘어오면서 누락됐어요. (기록 사본 건네면) |
| 이부장 | !… (눈빛 흔들리는) |

/거울 방의 남 계장도 그런 이 부장을 유심히 보는데…

| 태춘 | 관련 증거를 누락시킨 담당 검사가 부장님이시던데… |
|---|---|
| 이부장 | 장 검사… |
| 태춘 | 네. |
| 이부장 | 이런 사진 한 장, 이런 서류 쪼가리 하나로 이 수사 얼마나 더 할 수 있을 거 같아? |
| 태춘 | 얼마나 걸리던, 살인범 잡을 때까진 해야죠. 관련된 공범들이 있 다면 그놈들도 전부 잡을 때까지. |
| 이부장 | … |
| 태춘 | 그림부터 그려 놓고 하는 수사만 하셔서 잊으셨나 본데, 원래 수 사는 증거를 따라가는 거 아닙니까? |
| 이부장 | … |

<br>

**S#10.**  **특수부 조사실 (낮)**

한나와 마주 앉아 신문하는 기석이다.

<br>

| 기석 | 홍한나 씨. 제주에서 요양하고 계신 홍한나 씨 부모님이 걱정이 많으시던데… 협박당한 대상이 자살까지 하게 된 사건이라 죄 질이 나쁘고 형량이 무거울 겁니다. 공범이 되지 않으려면 잘 생 각해서 진술해야 됩니다. |
|---|---|
| 한나 | ! |
| 기석 | 걱정하는 부모님들을 위해서라도. (싸늘한…) |
| 한나 | … |

## S#11.     구치소, 특별 면회실 (낮)

굳은 표정으로 생각에 잠겨 앉아 있는 은용인데… 죄수복 수동이 들어온다.

수동     은 대표 괜찮아? 황 검사가 뒷빡 쎄게 때렸다며?

용       …

수동     내가 은 대표 걱정에 잠을 못 자. 전 재산 다 날리고 명 회장 손에 죽을 뻔한 거. 그래도 은 대표 덕에 다시 좀 사나 싶었는데… 내가 딱히 도움도 못 되고… 그렇다고 내가 뭐 가진 것도 없고…

용       약속했던 양평 땅은 드릴게요. 이쪽으로 서류 보낼 테니까 사인해서 저한테 다시 보내시면 됩니다.

수동     (급화색) 아니 내가 뭐 돈 땜에 이러나~ 내가 우리 은 대표를 좀 좋아하잖아. 나 같은 사람은 말이야, 사람 보는 촉이 좋거든. 이 바닥에서 명 회장하고 돈장사로 붙어서 유일하게 이긴 선수가 우리 은 대표잖아~

용       명 회장은 어떻게 지내요?

수동     노인네 쌩쌩하지 뭐.

용       그 안에 있다고 반성할 양반도 아니고… 이제 진짜 끝을 내야겠네요. 구치소 안에서 저하고 작업 하나 하시죠?

수동     무슨 작업?

용       …

　　　　**태춘의 검사실 (밤)**

그 시각… 태춘과 마주 앉은 준경이다.


태춘　　우린 서로 다른 길을 가기로 한 거 같은데요…?

준경　　삼촌은 살리고 봐야지.

태춘　　(흠…) 대신 법과 원칙 안에서 합니다.

준경　　(서류 건네면)

태춘　　이게 뭔데요? (받아 보면)

준경　　용이 오빠가 실제로 했던 불법의 증거 사본, 그리고 자백을 담은
　　　　진술서.

태춘　　!?

준경　　바우펀드가 터지기 전, 명 회장을 만나 미리 정보를 얻은 용이
　　　　오빠는 펀드를 통해 공매도를 쳤어.

태춘　　!…

준경　　공매도 수익을 불법적으로 싱가폴 계좌로 옮긴 증거와 자백인
　　　　데, 이 부장이 검찰에서 오빠를 빼돌려 별장으로 데려간 진술도
　　　　들어 있어.

태춘　　!!

준경　　그거면 이 부장의 죄를 입증하는 중요한 증거가 될 거야.

태춘　　증거의 원본은요?

준경　　황기석이 압수해 간 증거들 속에 있어. 문제는 공매도의 수익금을
　　　　명 회장에게 넘겼는데, 이제는 그 돈을 황기석이 챙겼다는 거야.

태춘　　황기석은 이 증거를 없애려 하겠네요?

준경　　그걸 근거로 압수해 간 증거품에 영장 치면 막을 수 있는데…

장 검사, 할 수 있겠어?

태춘     법적으론 전혀 문제없는데요?

준경     상대가 황기석이야.

태춘     … (단단히 보는 눈빛에서…)


**S#13.**   **(다음 날) 특수부 복도 + 엘베 (낮)**

복도에서 엘베로 걸어가는 기석으로… 옆에는 따라 가며 보고
하는 특검사1이다.


기석     어제 얘기했던 은용 컴퓨터는 어떻게 됐어?

특검사   주말 당직 근무 때 정리하겠습니다.

기석     네가 영진이보다 낫다~ (흐뭇한데)


엘베 쪽에서 등장하는 태춘이다.


태춘     안녕하십니까, 차장님.

기석     여긴 무슨 일이야?

태춘     제 수사 증거 대상 중에 차장님이 압수해 간 동일 증거가 있어
         서요. (영장 건네면)

기석     !? (보는데)

특검사   (보더니) 압색 영장?

태춘     네, 지금 바로 집행해도 되겠습니까?

기석     삼촌 심부름 왔구나?

법전

| 태춘 | 네? |
|---|---|
| 기석 | 내가 어제 압수해 간 컴퓨터, 너한테 다시 챙겨 오라고 시킨 거잖아? |
| 태춘 | 어차피 포렌식한 증거는 특수팀도 똑같이 갖고 있을 텐데요? 증거 조작 하실 거 아니면 원본 하드, 제가 가져가도 아무 문제 없는 거 아닙니까? |
| 기석 | … (노려보고) |
| 태춘 | (가만히 보는데… !!? 일각 보고 표정 굳는) |

회의실로 향하는 특검사1과 검사들인데… 그들과 함께 마치 동료처럼 서 있는 죄수복 이 부장…

| 이부장 | … (비릿한) |
|---|---|
| 태춘 | … (굳은…) |
| 특검새 | 차장님, 회의 준비 됐습니다. |
| 기석 | (여유 되찾은 태도로 태춘 보며) 요즘 이 부장 자주 불렀다며? 이 부장이 우리 수사 돕고 있는데 적당히 좀 하자, 같은 식구끼리. |
| 태춘 | !… |
| 기석 | 장 검사는 어떡할래? 특수팀이 삼촌 펀드 수사 중인데… (영장 보이며) 이런 거나 들고 심부름 하다가 삼촌하고 같이 수갑 찰래? |
| 태춘 | … |
| 기석 | 아니면 다시 특수팀 들어와 나하고 같이 수사할래? |
| 태춘 | 지금 바로 영장 집행하겠습니다. |
| 기석 | ! (노려보고) |

| 태춘 | … (단단히 보는 얼굴 위로) |
|---|---|
| /용 | (na) 태춘이는 이제 더 이상 내 약점이 아니다. |

기석과 죄수복 이 부장… 뒤편의 수사팀 직원들… 그들에 맞서 홀로 서 있는 태춘의 모습 위로.

| /용 | (na) 이 싸움을 끝내기 위해 내가 가진 가장 강력한 무기다. |
|---|---|

## S#14.    은용의 펜트하우스 (낮)

차 마시며 생각에 잠겨 있는 은용… 앞에는 몽골 체스판 놓여 있다.

| 용 | … |
|---|---|
| 준경 | 장 검사가 포렌식 원본 압수했어. |

일각에서 통화를 마친 준경이 소식을 알리면.

| 용 | 오케이~ 그럼 증거는 확보했네? |
|---|---|
| 준경 | 구치소 간 건 어떻게 됐어? |
| 용 | 오늘 밤에 움직이기로 했어. |
| 준경 | (일각의 보드 판 보며… 시니컬) 명 회장은 진짜 분할 거야. 평생을 돈만 보고 살았는데, 자식보다 귀한 돈을 사위와 딸이 전부 뺏어 갔으니까. |

| | |
|---|---|
| 용 | (준경의 옆으로 가는) 어떻게든 방법을 찾으려고 할 거야. 우리 회장님이 쉽게 포기하는 분은 아니시라… |

나란히 선 은용과 준경의 모습에서…


**S#15.　구치소, 특별 면회실 (낮)**

서늘한 세희의 앞으로… 명 회장은 며칠 새 초라하고 힘 빠진 노인 같은 모습으로 앉아 있다.

| | |
|---|---|
| 명 회장 | 내 인자 바라는 기 많지 않다. 가진 거 전부 니캉 사우캉 물려줄께. 내 쫌 병원으로 나가가 편하게 지내게 해도… |
| 세희 | (픽…) 이제 와 전부 물려주신다고요? 안 주셔도 남편이 전부 찾은 걸로 아는데. |
| 명 회장 | 진짜 중요한 게 아직 남았다 아이가… |
| 세희 | ? |
| 명 회장 | (주변 살피며 손짓하면) |
| 세희 | ?? (다가가는데) |
| 명 회장 | (귀엣말로) 별장에 눈이 많다 아이가… 별장서 연회 열릴 때… (뭐라 속삭이면) |
| 세희 | !! 그런 게 있다고요? 어디요? |
| 명 회장 | 내가 직접 안 가믄 아무도 몬 찾는다. |
| 세희 | … |
| 명 회장 | 그것만 있으믄 우리 사우, 정치 쪽으로 큰일 할 때 도움될 끼다. |

내 병원서 지내게 해 주끄 바로 찾아가 술께…

세희    … 남편하고 의논해 볼게요.

명 회장  그래… 부탁한데이… (불쌍한 눈빛에서…)


**S#16.**    **기석의 차장검사실 (낮)**

푸짐한 중국 요리에 대여섯 병의 고급 고량주 보이는… 기석과
마주 앉은 죄수복 이 부장이다.


기석    장태춘이가 괴롭힌다며? 신경 쓰지 마. 내가 다 정리할 거야.

이부장   …

기석    네가 제일 잘 알잖아. 나한테 맞서던 놈들, 다 어떻게 됐는지? (싸
       늘하게 보면)

이부장   !…

기석    영진아.

이부장   네.

기석    어떤 진술이든 늘 신경 써서… 잘하자?

이부장   네, 알겠습니다.

기식    한 잔 해.


잔 비우는 흐뭇한 미소의 기석에서…


**S#17.**    **특수부 조사실 / 거울 방 (낮)**

죄수복 입고 특수부 조사실에 앉아 있는 한나… 맞은편엔 특검사2.


특검사2    오창현 대표 사망 전, 은용과 함께 대검 들어와서 펀드 프리젠테
         이션 한 적 있죠?

한나      …

특검사2    당시 그 자리에 있던 대검 선배들이 전부 증언했어요. 그러니까
         은용하고 공범되기 싫으면 이제라도 진술해서(O.L)

한나      검사님 월급 얼마나 받아요?

특검사2    네?

한나      내가 낸 세금으로 당신 같은 인간한테 월급 주는 게 한심하네,
         진짜…

특검사2    홍한나 씨. 증거 진술 다 나왔고, 그렇게 발뺌한다고 될 일이 아
         니에요, 지금. 묵비권 행사한다고 될 일이 아니란 말입니다, 지
         금!!


/거울 방에서 지켜보는 기석과 특검사1…


기석      은용 컴퓨터에서 나온 불법 공매도 증거로 추가해. 어차피 장
         태춘이가 가져간 거.

특검사1    네.

기석      그거 하나 빠릿빠릿하게 처리를 못 해서… 큰일 하겠어? (후…)

특검사1    죄송합니다.

기석      만회하고 싶으면 이 부장하고 상의해서 장 검사 확실하게 엮어.
         되겠어?

| 특검새 | 네. |
|---|---|

서늘한 눈빛으로 조사실의 한나를 보는 기석의 모습에서…

**S#18.  구치소 복도에서 특별 면회실 (밤)**

깊은 밤… 교도관 권 주임과 함께 복도를 걷는 죄수복 이 부장
인데…
일각에서 멈춰 선 권 주임은 이 부장의 수갑을 풀더니 면회실
안으로 들여보낸다.

| 이부장 | !? 장 검사 조사실 가는 거 아닙니까? |
|---|---|
| 권주임 | 여기 잠깐 계세요. |

권 주임이 문을 닫고 나가면.

| 이부장 | !? (뭐지? 눈빛 불길한데) |
|---|---|
| /용 | 오랜만입니다? |

일각 어둠 속에 있던 은용이 모습을 드러낸다.

| 이부장 | 무슨 일입니까? |
|---|---|
| 용 | 이제 서로 입장이 바뀌었네… |
| 이부장 | … |

법전

| 용 | 나 데리고 명 회장 별장에 갔던 그날 밤, 기억하죠? |
|---|---|
| 이부장 | !! |
| 용 | 수감 중이던 죄수를 검찰로 불러 사복을 갈아입히고… (관련 장면 인서트 f/b) 명 회장 별장으로 가서 은밀한 만남을 갖게 했던 거… 내가 자백한 증거와 진술은 전부 장 검사한테 넘겼는데… |
| 이부장 | … (노려보면) |
| 용 | 아, 증거나 자백 같은 건 황기석이 만져 주면 얼마든지 요리할 수 있다고 생각하는 건 잘 알고 있는데… 근데 이런 얘길 언론에서 떠들면 어떻게 될까요? |
| 이부장 | ! |
| 용 | 다시 권력을 잡은 황기석이… 곧 검사장도 되고, 더 높은 자리에도 오르려는 황기석이, 자기 죄를 전부 뒤집어쓰고 있는 당신을 언제까지 살려 둘 거 같아? |
| 이부장 | !!! |
| 용 | (일어서 다가가며) 오창현 대표나 김성태가 어떻게 죽었는지 잘 알고 있죠? |
| 이부장 | … (눈빛 흔들리는데…) |
| 용 | (귀엣말) 황기석이 어떤 인간인지… 당신이 누구보다 잘 알고 있잖아? 안 그래? |
| 이부장 | !… |

눈빛이 심하게 흔들리는 이 부장… 그런 이 부장을 보는 은용의 모습에서…

**S#19.**　　　**(다음 날) 병원, 특실 / (교차) 기석의 차장검사실 (낮)**

환자복 입은 명 회장은 고급 찬합 반찬에 시락국 먹는데… 검사
실의 기석에게서 전화가 온다.


/기석　　어, 여부. 아버님 좀 바꿔 줘.

세희　　　잠시만요. (명 회장에게 핸드폰 건네면)

/기석　　접니다. 잠은 주무셨어요?

명 회장　아이고 우리 사우~ 덕분에 편안~하게 잘 잤데이. 아침도 이래 우
　　　　　리 딸내미가 끓이온 시락국 든든하이 묵고 있다 아이가.

세희　　　… (가만히 보는데)

/기석　　예, 예, 좋네요. 물건은 오전에 찾아오시는 거죠?

명 회장　하모~ 바로 가져다 주께.

/기석　　사람들 눈에 안 띄게 조용히 다녀오세요.

명 회장　걱정 마라. 내 조용히 가가 물건만 찾아 올끼다. (기분 좋은)

/기석　　네. 세희 좀 바꿔 주세요.

명 회장　알았다, 밥 잘 챙기 묵고. (세희에게 폰 주면)

세희　　　(받으며) 네.

/기석　　어, 내 말 듣기만 해. 갔다 오면 격리 병동 옮기라고 얘기해 뒀어.

세희　　　…

/기석　　아버님 잘 챙기고.

세희　　　네. 알겠어요.


서늘한 세희의 시선으로 보이는… 기분 좋게 식사 중인 명 회장
의 모습에서…

S#20.　　　**구치소, 운동장 일각 (낮)**

군은 표정으로 생각에 잠겨 앉아 있는 이 부장인데… 수동이 다가와 앉는다.


수동　　　이 부장…

이부장　　네, 선배님.

수동　　　명 회장 병원으로 나간 얘기 들었어? 황 차장이 손 좀 쓴 거 같던데.

이부장　　네. 들었습니다.

수동　　　서로 죽이려고 피터지게 싸우다가… 사위가 갑자기 장인을 챙긴다? 뭐 좀 이상하지 않아? 황 차장한테 뭐 들은 거 없어?

이부장　　…

수동　　　뭐 들은 건 없구나…?

이부장　　…

수동　　　이 부장… 황 차장이 자기 챙기니까 아직은 괜찮다 생각하겠지만, 그놈들 믿지 마. 바우펀드 터지고 나부터 잡아 죽여서 마무리 할라 그랬던 거 알지? 몸조심 하라고.

이부장　　…

수동　　　자기 몸은 자기가 챙겨야지. 하나 뿐인 인생인데. 간다?

이부장　　(떨리는 눈빛에서…)



S#21.　　　**병원, 지하 주차장 (낮)**

휠체어를 탄… 사복 차림에 마스크로 위장한 명 회장…

세희가 휠체이를 밀며 지하 주차장으로 들어서 자신의 차로 향하는데…

일각 차에서 내려 다가오는 누군가 정장 사내… 은용이다!?

은용이 검은 양복1과 함께 명 회장과 세희 앞에 선다.


| 세희 | !!? |
|---|---|
| 명 회장 | … |
| 용 | 명 회장님, 오랜만입니다~ |
| 세희 | 뭐죠? (노려보는데) |


비릿한 미소로 휠체어에서 일어난 명 회장… 돌아서더니 마스크 벗고 세희에게.


| 명 회장 | 아버지는 은 실장캉 바람이나 좀 쐬러 가야겠다. |
|---|---|
| 용 | 회장님은 내가 잘 모실게. 혹시라도 경찰에 신고는… 못 하는구나? CCTV에 네가 병원에서 회장님 빼돌리는 거 다 찍힌 거 알고 있지? |
| 세희 | !!!? 아빠 미쳤어? 지금 은 실장하고 뭐 하는 거야? |
| 명 회장 | 뭐겠노? 일마가 돈 준다 안 카나~ |
| 세희 | 그렇게 당하고도 은 실장을 믿는다고? |
| 명 회장 | 믿지. 죽은 윤 사장 증거 산다꼬 몇 천억 줬다 아이가. 일마 복수에는 진심으로 미친놈이다. |
| 세희 | !! |
| 용 | 가시죠~ (세희에게) 남편한텐 곧 보자고 전해 줘. |

차를 타고 떠나는 은용과 명 회장의 모습에서…


**S#22.** **특별 수사팀 회의실 / (교차) 병원, 지하 주차장 (낮)**
기석은 특검사들과 회의 중인데…


기석       홍한나한테서 쓸 만한 진술 나온 거 있어?

특검사2    은용에 대해서는 일관된 무죄 진술로 버티고 있긴 한데.

기석       홍한나 부모 소환 일정 잡고, 아버지 회사 세무 조사 시작해.

특검사2    알겠습니다!

기석       블루넷 회생 신청 관련해선?

특검사3    박준경 변호사가 진행했는데, 충실하게 법적 절차대로 해서(O.L)

기석       피해 주주들 중에 협조적인 사람 찾아서, 박준경 고소하라고 해.

특검사3    네!

기석       새로 시작하는 블루넷 개발팀은?

특검사2    주가 조작으로는 인기 없는 반도체 원천 기술이라(O.L)

기석       (흠… 보고서 보다가… 눈빛 반짝…) 팀장 맡은 사람이 차동진 박사라
         고 했지? 전에 있던 회사에서도 개발 책임자였으니까, 기업 비
         밀 유출 건으로 만들어 봐.

특검사2    네!

기석       그리고 장태춘 검사는 이 부장하고 공범으로 그림 다시 그려.

특검사1    네?

기석       이 부장이 진술할 거야. 장 검사 하나보단 부장 검사까지 있어야
         은용하고 체급이 맞지.

| 특검새 | 네… |
|---|---|
| 기석 | 오케이~ 이제 슬슬 윤곽이 잡혀가네?… |

기석이 보는 일각 보드 판에는 '검찰 스폰서: 체인지 펀드와 은용'의 인물 관계도 보이는…
서늘한 미소로 기분 좋은 기석인데… 이때 걸려온 전화를 받으면. / 지하 주차장의 세희다.

| 기석 | 어, 여보. 아버님하고는 잘 다녀왔어? |
|---|---|
| /세희 | 아빠, 은 실장하고 도망쳤어! |
| 기석 | 뭐?! (인상 팍 쓰는 얼굴에서) |

## S#23.   달리는 은용의 고급차 안 (낮)

운전하며 어딘가로 향하는 은용의 얼굴에서… (장면 전환)

## S#24.   (플래시백 / 11씬에 이어.) 구치소, 특별 면회실 (낮)

| 용 | 구치소 안에서 저하고 작업 하나 하시죠? |
|---|---|
| 수동 | 무슨 작업? (11씬에 이어) |
| 용 | 명 회장한테 저하고 거래 하나 하자고 전해 주세요. 이 부장은 겁 좀 주시고. |
| 수동 | 알그지로 낙동강 오리알 된 양반하고 뭐 거래할 게 있어? |

법쩐

용          아직 하나 남아 있어요.


**S#25.**    **은용의 펜트하우스 (낮)**

'띵-' 하고 도착한 엘베… 검은 양복1과 함께 내리는 명 회장인
데…

기다리고 있던 이는, 함진… 그리고, 준경이다.


진          회장님, 집행 정지로 병원 나가셨다더니 건강은 좋아 보이시네요?
명 회장     함 부장님요, 바깥바람 쐬이 좋다 아입니까~ (준경 보고) 우리 박
           준경 변호사님이 오늘 내 변호인 맞지요? 딱 봐도 죽은 윤 사장
           닮아가 인물이 좋고(O.L)
준경        조용하고 앉으시죠. (싸늘)
명 회장     바로 시작합니까? 마, 그라입시다~


           일각 테이블에 진술 녹화용 캠코더 장비 세팅되어 있는 앞으로
           앉는 명 회장이고…
           함진이 맞은편에, 준경이 명 회장의 옆으로 앉는다. 병원에서부
           터 명 회장과 함께 온 검은 양복1(함진 쪽 수사관)이 검찰 신분증을
           꺼내 목에 걸더니, 캠코더의 녹화 버튼 누르면…


진          지금부터 변호인 박준경의 입회하에 명인주 씨에 대한 참고인
           조사를 시작합니다. 보안상의 이유로 병원이 아닌 제3의 장소에
           서 진행합니다.

명 회장    알겠습니다.

비릿한 미소로 앉아 있는 명 회장… 옆으로 서늘한 눈빛의 준경
에서. (장면 전환)


**S#26.    [플래시백 / 14씬에 이어.] 은용의 펜트하우스 [밤]**
서늘한 눈빛의 준경… 나란히 선 은용… (14씬에 이어.)
보드 판에는 블루넷 옆으로 윤 대표 사진 보이는…


준경    황기석은 기자 회견장에서 참회한다고 했지만, 엄마를 돌아가
시게 만든 뇌물 조작 사건에 대해서 자기 죄를 고백하진 않았어.
용      황기석의 죄를 묻는 건, 그 진실을 밝히는 것부터 시작해야지.
준경    …
용      모든 재산 잃고 울분에 차 있는 명 회장이니까. 황기석을 무너뜨
리는 일이라면 그 어느 때보다 확실하게 진술할 거야.
준경    …


**S#27.    은용의 펜트하우스 [낮]**
녹화되는 카메라 앞에서… 함진에게 진지하게 진술하는 명 회
장이다.

명 회장    우리 사위 황기석이가, 손 장관 보좌관한테 수첩 쪽지에 블루넷

밥전

윤, 5천… 이래 적어서 가져와라… 딜을 하는 모습을 분명히 봤습니다.

준경    !…

진      그런 은밀한 거래를 명인주 씨 보는 앞에서 했다고요?

명 회장  제 별장 술자리에서 벌어진 일이다 아입니까. 보좌관 돌아갈 때 차비하라꼬 제가 돈도 큰 거 다섯 장 찔러 줬다 아입니까. (비릿하고)

준경    (싸늘한데…)


## S#28.    기석의 차장검사실 (낮)

잔뜩 화가 난 기석이 가까스로 눌러 참는 표정으로 수사관1의 얘길 듣고 있다.


수사관1  차장님, 이런 일은 초기 대응이 중요합니다. 차량 추적은 우선 경찰 쪽에 협조 요청을 해서 대응을 하시는 게 좋을 것 같습니다.

기석    이봐, 김 수사관님! 지금 내 와이프랑 핵심 피의자가 병원에서 불법 이탈했다고 온 동네에 광고할 일 있습니까…! 지금부터 수사관들 전부 끌어 모아서!! 은용이 소재부터 파악하세요… 알겠어요?

수사관1  네.

기석    (이때 걸려온 인터폰… 받으며) 야 이 새끼야, 급한 일 아니면 연락하지 말라고!!

| /실무관 | (F) 그게 아니라… 차장님… 은용 씨가 차장님께 방문 신청했습니다. |
|---|---|
| 기석 | !! |

S#29.    **특수부 복도 (낮)**

복도를 나와 걷는 굳은 표정의 기석…


S#30.    **특수부, 엘베에서 복도 (낮)**

엘베에서 내린 은용이 복도에서 다가오는 기석과 마주선다.

| 기석 | 명인주 회장 어딨어…! |
|---|---|
| 용 | 여기서 얘기해? 괜찮겠어? 사람들 다 들어도? |
| 기석 | 이 새끼가 진짜…!! (낮게 씹어뱉으면) |
| 용 | 일단 네 방 가서 조용히 얘기 좀 할까? |
| 기석 | !!… |
| 용 | … (보는 얼굴에서 / 장면 전환) |


S#31.    **(플래시백 / 14, 26씬에 이어.) 은용의 펜트하우스 (낮)**

보드 판 앞에서 준경과 대화를 이어가는 은용…

| 용 | 아줌마 사건에 대한 명 회장의 진술이 끝나면, 그때부터 본격적 |
|---|---|

법전

으로 게임을 시작해 봐야지.

| 준경 | (보는) |
|---|---|
| 용 | … (얼굴에서. / 장면 전환) |

## S#32. [다시, 현재] 기석의 차장검사실 [낮]

여유 있는 태도의 은용… 기석과 마주 앉아 있다.

| 용 | … |
|---|---|
| 기석 | 원하는 게 뭐야? |
| 용 | … (가만히 보는) |
| 기석 | 홍한나 대표 풀어 주고, 펀드 자금 동결 풀어 달라? |
| 용 | 내가 너냐? 이제 와서 그딴 걸로 거래하게. |
| 기석 | 그러면? (노려보면) |
| 용 | 너한테 바라는 건 처음부터 지금까지 하나 밖에 없었어. 네가 지은 죄. 죗값 치르는 거. |
| 기석 | … |
| 용 | 여기 검사들 많잖아? 아무나 불러다 사실대로 말해. 명 회장이 다 불기 전에. (보며) 지금이 마지막 기회야. |
| 기석 | (픽…) 죄수의 딜레마 뭐 이런 거야? 이쪽저쪽 잡아 놓고, 먼저 부는 놈한테 형량 거래하는 거? |
| 용 | … |
| 기석 | 근데 말야, 구속 집행 정지 기간에 병원을 불법적으로 탈주해서 모종의 거래를 통해 얻어낸 진술이 법정에서 효력이 있을까? |

| 용 | 아닌데? 이거 합법인데? 명 회장 지금, 함진 부장한테 진술 중이 |
| --- | --- |
| | 야. |
| 기석 | !! |
| 용 | 못 믿겠으면 알아보던가. |
| 기석 | … (옆에 있는 인터폰 들고) 인천지검 연결해… 빨리 인마! |
| 용 | … (보는 얼굴 위로) |
| /용 | (na) 내가 황기석을 상대하고 있는 동안. |

## S#33.  은용의 펜트하우스 (낮)

함진의 앞에서 명 회장 진술이 이어지고 있는…
일각에서 전화 거는 준경 모습 위로.

| /용 | (E) 준경이는 태춘이 쪽에 상황을 전달했다. |
| --- | --- |
| 준경 | 계장님, 제가 보낸 영상 받으셨죠? |

## S#34.  형사부 조사실 / 거울 방 (낮)

조사실에 마주 앉은 태춘이 이 부장에게 폰으로 영상 보여 주는
모습 보이는…
/거울 방의 남 계장이 준경과 통화한다.

| 남 계장 | 네. 장 검사님이 지금 이 부장한테 보여 주고 있습니다. |
| --- | --- |

남편

조사실… 이 부장에게 보여 주는 태춘 폰에는 함진에게 명 회장이 진술하는 영상 보이는…

(폰 화면 인서트 - 명 회장의 진술 장면)

/명 회장 수첩 복사본은 이영진이 줬지. 이영진이가 그걸로 윤 대표 불러다 긴급 체포하고, 그래가 조작 수사가 시작됐다 아입니까. 이영진이 글마는 황기석이 오른팔이라. 시키는 건 뭐든 다 해요. (영상 끝나는…)

명 회장의 진술 영상을 보는 내내… 이 부장의 굳은 눈빛… 가만히 보는 태춘… / 거울 방 남 계장…

태춘 증거물 보관소를 뒤져서 유서 감식 결과를 찾아냈어요.
이 부장 !
태춘 유서에는 아무 지문도 안 찍힌 걸로 나왔습니다.
이 부장 !!…
태춘 이상하죠? 유서를 쓴 오 대표의 지문은 있어야 정상인데.
이 부장 …
태춘 타살로 의심되는 증거를 고의로 누락시킨 기록과 명 회장의 진술… 이 두 가지를 언론에 공개했을 때, 황기석 차장은 어떤 선택을 할 거 같으세요?
이 부장 !! (굳은 얼굴에서…)

(인서트 플래시백 / 18씬) 은용의 귓속말 협박이 스쳐가고…

| 용 | (일어서 다가가며) 오창현 대표나 김성태가 어떻게 죽었는지 질 일고 있죠? |
|---|---|
| 이부장 | … (눈빛 흔들리는데…) |
| 용 | (귀엣말) 황기석이 어떤 인간인지… 당신이 누구보다 잘 알고 있잖아? 안 그래? |
| 이부장 | !… |

(인서트 플래시백 / 16씬) 기석의 눈빛도 스쳐가는…

| 기석 | 네가 제일 잘 알잖아. 나한테 맞서던 놈들, 다 어떻게 됐는지? (싸늘하게 보면) |
|---|---|
| 이부장 | !… |
| 이부장 | (굳은 눈빛…) |
| 태춘 | 부장님. 마지막으로 묻겠습니다. 그날 밤, 동부지검엔 왜 가신 겁니까? |
| 이부장 | … (노려보고…) |
| 태춘 | (단단하게 보는 모습에서) |

## S#35.  기석의 차장검사실 (낮)
노려보는 기석과 가만히 보는 은용…

| 기석 | 명 회장이 어떤 내용을 어떻게 진술하든 상관없어. 그래봐야 범죄자잖아? 검사 사위에게 당한 걸 복수하기 위해 무슨 내용이든 |
|---|---|

|     |     |
| --- | --- |
| | 말할 수 있지. |
| 용 | … |
| 기석 | 명 회장 자백? 그런 건 아무짝에도 쓸모가 없다니까? |

이때, 문을 '꽝!' 박차고 들어오는 태춘이다.

|     |     |
| --- | --- |
| 기석 | !! 야 이 새끼야, 넌 지금 여기가 어디라고 함부로 들어와!! |

들어오는 태춘이 은용과 시선을 한 번 부딪히고… 기석 앞에 서 더니…

|     |     |
| --- | --- |
| 태춘 | 황기석 차장님. 이영진 부장이 방금 다 자백했습니다. |
| 기석 | !!? 무슨 자백? |
| 용 | (빙긋) 죄수의 딜레마는 죄수들끼리 성립하니까. 죄수인 명 회장과 죄수인 이 부장 사이에선 이 부장이 한 발 앞섰네? |
| 태춘 | 오 대표가 사망한 날, 이영진 부장에게 동부지검 출정 나간 명 회장을 밖으로 빼돌리라고 지시했습니까? |
| 기석 | !… |
| 용 | … |

## S#36.    형사부 거울 방 / 조사실 (낮)
/조사실의 이 부장은 진술서 적고 있는 모습이고…
거울 방의 남 계장이 누군가(준경)에게 전화한다.

남계장      네. 이 부장 진술서 지금 보냈습니다.


**S#37.      기석의 차장검사실 (낮)**

은용과 태춘이 기석을 보는데…


기석      이영진이가 자백을 했다…? (웃고 있지만 눈빛 매서운데…)

태춘      …

용      명 회장 쪽에도 이 부장 진술서가 전달이 되겠죠? 장태춘 검사
        님…?

기석      !!

용      (기석 보며) 명 회장이 아마 딴 건 몰라도 오 대표 살인 건은 자백
        할 거야.

기석      ?

용      지금까지 네가 한 짓 돌아보면서, 잘 한번 생각해 봐. 왜 그랬을지.

기석      !!


**S#38.      은용의 펜트하우스 (낮)**

함진에게 이영진 부장의 진술서를 건네는 준경이다.


진      조금 전 이영진 부장이 오창현 대표 사망에 관련해서 살인 공모
        죄 범행 일체를 자백했네요?

명인주      …!

| 진 | 명인주 씨… 불리한 진술은 거부해도 되는데, 다시 한 번 묻겠습니다. 황기석과 공모해 오창현 대표를 살해했습니까? |
|---|---|
| 명 회장 | … 이런 건 예정에 없던 질문인데? (준경 보면) |
| 준경 | … |
| 명 회장 | 돈은? 은 실장이 약속한 돈도 다 내를 함정에 빠뜨리는 쑈였나? |
| 준경 | 검사님, 잠시 진술 중단하고 의뢰인과 따로 얘기하겠습니다. |
| 진 | 네. (끄덕이며 눈짓하며 일어서는) |

함진과 양복 수사관1이 일각으로 가면.

| 준경 | 명인주 씨, 더 늦기 전에 자백하셔야 되요. 쓸데없는 얘기로 죄는 추가하지 마시고요. |
|---|---|

## S#39.  기석의 차장검사실 (낮)
노려보는 기석… 가만히 보는 태춘…

| 용 | 두 번째 죄수는 어떤 선택을 할까? 공범이라면 알 것도 같은데? |
|---|---|
| 기석 | (노려보는데) |

## S#40.  은용의 펜트하우스 (낮)

| 명 회장 | 내는 인자 잃을 것도 없다…! 이 판국에 마 그런 기 문제가! |
|---|---|

| 준경 | 지금이라도 모든 걸 자백하고 수사에 협조하면, 정상 참작으로 법정 최고형은 면할 수 있습니다. |
|------|------|
| 명 회장 | 뭐라꼬? 법정 최고형? |
| 준경 | 하지만 이 부장이 모든 걸 진술한 지금 이 시점에도 입을 닫으면, 그렇게 좋아하시는 돈, 다시는 구경할 일 없을 겁니다. |
| 명 회장 | …! |
| 준경 | 황기석도 지금 이 부장이 자백했다는 거 다 알고 있어요. 황기석 쪽에서 먼저 증언하고 자백하는 순간, 당신에겐 정상 참작의 기회 없어. (씹어뱉는) |
| 명 회장 | !! |
| 준경 | 그동안 저질렀던 그 많은 금융 범죄, 살인죄까지 모두, 당신에게 가장 큰 화살이 쏟아질 거야. |
| 명 회장 | !! |
| 준경 | 지금이 마지막 기회야. 공범, 자백해. 더 늦으면 남은 인생, 매일 후회하면서 살게 될 거야. |

잔뜩 인상 쓴 명 회장의 얼굴에서…


**S#41.    기석의 차장검사실 (낮)**

이때, 남계장이 들어와 태춘에게 뭔가 서류(명 회장 진술서)를 건넨다.

| 태춘 | (보더니) 명 회장이 자백했네요? |
|------|------|

| 기석 | !! |
|---|---|
| 태춘 | 황기석 씨, 당신을 오창현 살인 사건의 공범으로 긴급 체포합니다. 증거 인멸의 우려가 워낙 크신 분이라. |
| 기석 | !!! |

미란다 고지하며 남 계장이 수갑 채운다.
"당신은 변호인을 선임할 권리가 있으며 변명의 기회가 있고 체포 구속적부심을 법원에 청구할 권리가 있습니다."

| 용 | 드디어 이 모습을 보네…? |
|---|---|
| 기석 | ! (노려보는) |

### S#42.   은용의 펜트하우스 (낮)

철컥… 명 회장의 손목에 수갑이 채워지는…
함진의 미란다 고지를 들으며 수사관에게 수갑 채워지는 명 회장…
그런 명 회장을 보는 준경…

### S#43.   기석의 차장검사실 (낮)

수갑을 찬 기석이 은용과 태춘을 향해 씹어뱉는다.

| 기석 | 이딴 걸로 날 끝낼 수 있을 거 같아? |
|---|---|

| 용 | 네가 가진 권력 앞에 고개 숙였던 사람들이… 지금 네 모습을 보고도 고개를 숙일까? |
|---|---|
| 기석 | !! |

## S#44.  특수부 복도 (낮)

수갑을 찬 기석이 태춘과 남 계장에게 연행되어 복도를 걸어간다.
당혹스러운 눈으로 기석을 보는 특검사들. 수군거리는 직원들.
기석과 눈이 마주친 특검사1,2가 고개를 돌려 외면해 버린다.
그들 옆을 지나가는 기석.
굳은 눈빛으로 걸어가는 기석의 모습에서…

## S#45.  은용의 펜트하우스 (밤)

은용이 기다리는데… 한나가 준경과 함께 돌아온다.

| 한나 | 어이~ 은 대표! |
|---|---|
| 용 | 괜찮아? 아픈데 없어? |
| 한나 | (씩씩하게) 이 정도야 뭐… 내 걱정 좀 했나 보네? |
| 용 | 진짜 쪼끔 했지. 조금 했어! |
| 준경 | 많이 했어요. 걱정. |
| 한나 | 어이구 그랬어, 우리 용이? 누나 없는 동안 밥은 잘 먹었냐? |
| 용 | 고생했어. (준경에게) 얘 두부 먹었어? 집에 두부 많던데 두부 좀 먹이지… |

준경이 흐뭇하게 지켜보는 가운데, 다시 만나 반가운 은용과 한나…


## S#46.　　형사부 조사실 (밤)

기석과 명 회장, 수갑 차고 나란히 앉은 둘만 있는 조사실…
시선을 등진 채, 한 동안 말이 없이 앉아 있는 두 사람인데…


명 회장　　하이간에 빙신아. 내 돈이 그래 탐나드나…

기석　　　…

명 회장　　없는 집 자슥 데리다 키워놨드만 즈그 애비 닮아가 욕심만 많아
　　　　　가지고… 내가, 내 돈으로 니를 그까지 우예 올리놨는데.

기석　　　날 이렇게 만든 게 아버님 아닙니까? 전화할 때마다 청탁에, 사
　　　　　고친 거 수습에…

명 회장　　똥물에 손 담그는 일은 다 내 시키놓고, 뭐라꼬? 그게 내 혼자
　　　　　좋자고 한 일이가? 패밀리 비지니스 아이가…!

기석　　　나는 개라면서요. 돈 지키는 개새끼… 그런 것도 가족입니까?


이때, 남 계장 들어온다.


남 계장　　자, 오늘은 너무 늦어서 일단 구치소로 가서 하루 푹 주무시고
　　　　　내일 봅시다. 장인어른이 사위 잘 좀 챙겨 주세요. 처음이라 낯
　　　　　설 텐데.

명 회장　　!!

기석      …

싸한 명 회장과 기석의 모습에서…


## S#47.    은용의 펜트하우스 (밤)
은용, 준경과 마주 앉은 태춘이다.
증거물 봉투에 담긴 은용의 하드디스크 꺼내 놓으며.


태춘      삼촌 컴퓨터 안에 있던 암호로 된 장부… 명 회장 차명 재산 리
         스트였어?

용       너 내 컴퓨터 암호 어떻게 알았냐?

태춘      혹시나 싶어 내 생일로 암호 넣었더니 풀리던데?

용       …

준경      장 검사 손에 있는 게 제일 안전하니까. 삼촌이 맡겨 둔 거야.

태춘      나한테 김복순 씨 보낸 것부터 오늘까지, 전부 삼촌이 짠 판이지?

용       (흠… 준경 보면)

준경      맞아. 오빠는 마지막 남은 황기석은 꼭 장 검사 손으로 수갑 채
         우자고 했어.

태춘      … (은용 보면)

용       쩐에는 쩐으로 상대했으니, 법에는 법으로 끝내 줘야 하지 않겠
         어? 이제 마무리만 잘하면 돼.

태춘      … 잠깐만, 그러면 삼촌 자백 진술서, 증거 자료, 이런 거 다 나만
         몰랐던 거네? 그럼 난 그냥 삼촌 판에 놀아난 거야?

| 용 | 네가 제일 중요한 카드였다니까? |
|---|---|
| 준경 | 검사가 법대로, 제대로 수사해서 밝혀야 재판에서 문제없이 쓸 수 있으니까. |
| 용 | 그럼~ |
| 태춘 | (더욱 인상 쓰며) 나한테 넘긴 정보들을 내가 다르게 이용하면 어쩌려고 했어? |
| 용 | 네가 뭘 다르게 이용하겠어? 황기석이랑 딜을 하겠어, 뭘 하겠어? 네가 나야? 정의롭지 못하게…! |
| 준경 | 장 검사나 함진 선배처럼 끝까지 제대로 싸우는 검사가 한 명이라도 있어야 법과 정의를 바로 세울 수 있는 거야. |
| 용 | 준경이가 나보다 훨씬 더 너를 믿고 있었어. 끝까지 싸워서 이겨낼 거라고. |
| 태춘 | … (마뜩잖은데) |
| 용 | 야, 마셔. 기분 풀고. 자, 장태춘을 위하여~! |
| 준경 | 위하여~ |

은용과 준경… 그리고 태춘이 건배하고 서로 단단히 보는 모습에서…


S#48.    **태춘의 검사실 (밤)**

은용의 컴퓨터를 비롯해 기록들 잔뜩 쌓여 있는 일각… 기록들을 보다 잠시 생각에 잠기는 태춘이다.



**12화**                                                                           397

태춘    (na) 삼촌의 계획은 나에게 김복순 여사를 보내는 것보다 훨씬
       전부터 시작됐었다.

       /(9화) 독방에서 생각에 잠긴 은용…

태춘    (na) 명 회장이 바우펀드를 터뜨리면서 우리 계획이 실패했을
       때… 독방으로 돌아간 삼촌은 새로운 계획을 세웠다.

       /*이하, 굵은 글씨들은 관련 장면 컷컷으로 이어지는 위로.

       명 회장과 황기석 만이 아니라, 이들의 숙주가 되는 돈과 권력
       의 카르텔을 모두 쓸어버리기로… 그때 필요했던 첫 번째 카드
       가, 황기석. 당시 버림받았고… 상처 입었고… 굶주렸던 황기석
       을 굴복시키기 위해 돈보다는 권력을 원하는 아내 세희를 움직
       였다. 감찰 부장에게는 탐욕의 미끼를 던져 명 회장 사이에 균열
       을 일으켰고, 황기석은 더욱 비참하게 끌어내려지고… 고립됐
       다. 결국 황기석은 무릎을 꿇었고, 삼촌은 황기석을 내세워 카르
       텔의 윗선들을 쓸어버리는 한 판 싸움을 시작했다. 황기석은 예
       상대로 잘 싸워 줬고… 결국 명 회장과 커넥션은 먼저 제거됐다.
       권력을 다시 찾은 황기석은 모든 것을 다 가질 수 있다고 오판
       했고… 삼촌이 쥐약으로 미리 심어 둔 명 회장의 돈까지 뺏으면
       서 오늘의 파멸을 자초했다.

       열심히 일하는 태춘의 모습 위로.

| /대춘 | (na) 황기석과 명 회장은 이제 법 앞에서 심판받을 차례다. |

## S#49.    [다른 날] 수목장 전경 [낮]
파란 하늘 아래… 수목장 전경 보이고…


## S#50.    수목장 [낮]
윤 대표의 묘비 앞에 놓이는 꽃다발… 은용과 준경이 나란히 서
있다.

| 준경 | 황기석이 전에 한 번 물어본 적이 있어. 오빠는 왜 전 재산까지 걸고 이렇게 하냐고. |
| 용 | 그놈이 얘기해 준다고 뭘 알겠냐? 평생가도 모를 걸… |
| 준경 | 그러니까… |
| 용 | … (물끄러미 윤 대표 사진 보는데) |
| 준경 | 근데 황기석과 얘길 하다 나도 잊고 있던 게 생각났어. |
| 용 | 뭔데? |
| 준경 | 고마워. |
| 용 | … |
| 준경 | 고맙다는 말… 한 번도 제대로 한 적 없는 거 같아. |
| 용 | 우리 같이 한 거잖아. 시작은 네가 했고, 태춘이가 끝냈고… 한나, 계장님, 함 부장님까지 다. 하나가 됐으니까 가능했지. |
| 준경 | 우릴 다 하나로 만든 게 오빠였잖아. 모두 오빠를 믿었으니까. |

| 용 | … |
|---|---|
| 준경 | 기차에서 처음 나하고 등을 맞대고 싸워 줬을 때처럼… 불의를 봤을 땐 상대가 누구든 계산 없이 나서서 싸우지만, 책임은 오빠 혼자 묵묵히 지니까. |
| 용 | … |
| 준경 | 오빠 진짜 멋지고 좋은 사람이야. 지금까지 그랬고, 앞으로도 그럴 거야. |
| 용 | 아줌마처럼 말하네. |
| 준경 | 엄마도 했던 얘기야. |
| 용 | … |
| 준경 | 엄마 선물 드리자. |
| 용 | 아, 맞다~ (새로 나온 블루넷 명함 꺼내 묘 앞에 놓으며) 아줌마 회사, 다시 시작합니다. 이번엔 진짜 잘 되게 만들어 볼게요. |

묘비 앞에 놓이는, '블루넷 대표 은용'의 새 명함…
나란히 선 두 사람의 모습에서…


**S#51.** **은용의 펜트하우스 (밤)**
쏘맥 제조기로 쏘맥 만드는 태춘… 옆으로 남 계장과 모여 있는 은용, 준경, 태춘, 한나, 함진.

| 태춘 | 자~ 제가 계장님을 위해 엄청난 걸 준비했습니다. |
|---|---|

태춘이 돌리는 쏘맥 잔을 받은 남 계장이 들어보며 감탄한다.

/태춘   (na) 남 계장님의 명예로운 퇴임을 축하하는 원 팀의 회식이 있었다.

모두에게 잔 돌아가면, '건배~!!' 마시는…
한바탕 흥겨운 모습들인데…


S#52.   **교도소, 명 회장의 5인실 (밤)**
죄수들 사이에 끼겨 누운 명 회장…
멍하게 허공을 보고 있는…


S#53.   **교도소, 복도 + 기석의 독방 (밤)**
복도에 있던 수동이 힐끗 보고 가면…
/독방 일각 벽에 기대앉은 기석은 서늘한 눈빛으로 생각에 잠겨 있는데…


S#54.   **태춘의 검사실 (밤)**
깊은 밤… 마주 앉아 컵라면을 먹는 태춘과 남 계장이다.

남 계장   이제 여기서 라면 먹는 것도 마지막이네…

| 태춘 | 내일이 퇴임식이죠? 안 섭섭하세요? |
|---|---|
| 남계장 | 섭섭은 무슨… 말년에 검사님하고 엮여서 퇴직 전날까지 야근인데. |
| 태춘 | 전 많이 아쉽고 섭섭합니다. |
| 남계장 | 공무원이야 돌고 도는 인연이지. 다음 인사 때는 좋은 자리 가실 거예요. |
| 태춘 | 저한테 제일 좋은 자리는 계장님 옆자리 같은데… |
| 남계장 | (픽) |
| 태춘 | 계장님, 그동안 진짜 많이 배웠습니다. 고맙습니다. |
| 남계장 | (흠…) 그렇게 고마운 게 많으면, 퇴직한 내 전화는 받지 마세요. 내가 뭐 청탁하면 거절 못 할 거잖아? |
| 태춘 | 에이… 설마 계장님이 그러실라구. |
| 남계장 | 나도 안 그래야지 하지만… 사람 앞일이야 뭐 압니까? 절대 안 그럴 거 같았던 선배들도 퇴직하고 몇 년 지나면 전화 들어오더라고요. |
| 태춘 | … |


**S#55.   [다른 날]. 준경의 집, 서재 (밤)**

어둑한 실내… 일각에는 아직 남아 있는 보드 판과 '황기석 / 명회장 사건 관련 기록들' 보이는…

| /준경 | (na) 용이 오빠의 도움으로 엄마의 블루넷을 다시 살리는 일을 할 때는, 힘들어도 행복했다. |
|---|---|

일각 책상에서 윤 대표에 대한 책을 쓰고 있는 준경이다. 자료들을 뒤적여 가며, 자판을 두드리는…

/준경    (na) 희망이 있는 일에 열정적으로 힘을 쏟을 때 느껴지는 감정이 행복이다. 그런 생각을 하다… 늘 열정적으로 사셨던 엄마가 떠올랐고… 내가 할 수 있는 마지막 마무리로 엄마의 삶에 대한 책을 쓰기로 했다.

집필에 몰두한 준경의 모습에서…


**S#56.**     **은용의 펜트하우스 (밤)**

창밖을 보며 서 있는 은용인데… 다가와 서는 한나다.

한나    공매도 불법 관련해선 벌금과 추징금이 꽤 세게 나올 거 같아.

용    법대로 해야지. 이의제기하지 말고 그대로 전부 내자.

한나    그래.

용    아 그리고 특히 바우펀드 피해자들에게는 보상, 배상 확실하게 해 줘.

한나    네, 대표님.

용    …

한나    근데 이번에 떠나면 언제 올 거야?

용    글쎄…

S#57.　　　[다른 날] 검찰청, 카페 일각(낮)

카페에 앉아 있는 준경과 태춘…


태춘　　　(만년필 꺼내 건네는) 이건 선배에게 돌려드릴게요. 이제 선배 자리
　　　　　로 돌아오세요.

준경　　　… (가만히 보면)

태춘　　　… (단단히 보는)


시선 물끄러미 만년필을 보는 준경의 모습에서…


S#58.　　　준경의 집, 거실 (낮)

거실에 앉아 있는 은용… 생각에 잠긴 얼굴에서. (장면 전환)


/용　　　(na) 나는 다시 떠나기 전, 10년 전 그날처럼 준경이의 집을 찾았
　　　　　다.


S#59.　　　[회상] 준경의 집, 주방 (낮)

[*10년 전… PC방 작전을 마친 은용이 외국으로 떠나기 전 윤 대표와 마지막 만
남…]

꽃 한 다발을 꽃병에 꽂는 윤 대표. 은용은 식탁에 앉아 캔 맥주
를 마시고 있다.

법전

| 윤 대표 | (싱크대에서 꽃 꽂으며) 이제 당분간 꽃 선물은 못 받겠네. |
|---|---|
| 용 | … |
| 윤 대표 | (꽃병 식탁 일각에 놓고 마주 앉으며) 내일 비행기라고? |
| 용 | 네. (맥주 캔 따서 건네면) |
| 윤 대표 | 연락 자주 해. 꽃 선물 대신 네 사진 많이 찍어 보내고. |
| 용 | 네. |
| 윤 대표 | 넌 어디가든 잘 할 거야. |
| 용 | … 잘 모르겠어요. 돈장사하는 게 적성에도 맞고 재밌긴 한데… 좀 무섭기도 해요. |
| 윤 대표 | …? |
| 용 | 돈 때문에 사람이 죽어도 눈 하나 깜짝 않는 명 회장 보면서 가끔 그런 생각했거든요. 나도 이렇게 살다 보면 언젠간 저 사람처럼 될 수 있겠구나… |
| 윤 대표 | 돈 무섭지… 나도 가끔 그런 생각 하는데… |
| 용 | 아줌마가요? |
| 윤 대표 | 나라고 다를까 봐? 사업하다 돈이 없어서 힘들 때면 돈 생각하고… 그러다 돈 좀 벌었을 땐 이 돈으로 뭘하지…? 하면서 또, 돈 생각하고… 내내 돈 생각만 하잖아. |
| 용 | 그래도 아줌마는 다르죠. 명 회장이나 저 같은 사채꾼하곤 전혀 달라요. |
| 윤 대표 | 돈 앞에선 누구나 다 똑같아. |
| 용 | … |
| 윤 대표 | 넓은 세상 다니다가 좀 지친다 싶으면 언제든 와. 아줌마가 맛있는 찌개 끓여 줄게. |

| | |
|---|---|
| 용 | 맛있게 말고요, 짜게요. (웃으면) |
| 윤 대표 | (웃는) |

잠시 서로를 바라보고 웃는 두 사람…

| | |
|---|---|
| 윤 대표 | 건강하게 잘 다녀와. 곧 보자. |
| 용 | 네. 연락 자주 드릴게요. |


## S#60.　태춘의 검사실 (낮)

책상 의자에 뻗어 잠든 태춘인데…

| | |
|---|---|
| /준경 | (v.o) 장태춘 검사… |

부스스 깨어난, 태춘이 보면… 앞에는 법복 입은 준경…

| | |
|---|---|
| 준경 | 짱태춘!! |
| 태춘 | 아, 선배… |
| 준경 | 어제 얘기한 수사 보고서는 왜 아직 내 책상에 없어? |
| 태춘 | 아, 예… 그게… 그… 새벽까지 하다가 잠깐 눈을 감았는데(O.L) |
| 준경 | 오후 회의 전까지 가져오고, 정신 차리고 빨리 준비해. 그러다 오전 공판 늦겠어. |
| 태춘 | 아, 예… 알겠습니다… (허둥대는) |

**검찰청 복도 (낮)**

빠른 걸음으로 복도를 걸어 엘베로 향하는 법복 입은 준경과 태춘.

준경    좋은 검사의 조건이 뭐라고?

태춘    끈기, 노력, 지구력, 체력. 그중에 제일은 체력.

준경    오늘 공판 쟁점이 뭐지?

태춘    허위 진술에 대한 진정 성립이 쟁점입니다.

준경    추가 제출할 전문가 소견서야. 가면서 읽어.

태춘    네!

바쁘게 걸어가는 두 사람의 모습에서…

/용    (na) 모두가 다시 제자리를 찾았다.


S#62.    **[다른 날] 준경의 집, 서재 (낮)**

서재에 홀로 앉아 기록을 보는 준경…

옆으로 최근에 받은 '올해의 모범 검사' 표창장 옆으로 발간된

윤 대표에 대한 책 보이고…

[*책표지: 윤 대표 사진 들어간… 제목, 블루넷 CEO 윤혜린 대표의 '열정']


S#63.    **[시간 경과 / 다른 날] 은용의 펜트하우스 (낮)**

은용이 떠난 집으로 들어오는 태춘… 일각 테이블에 놓인 상자


**12화**                                                          

와 메모를 본다.

태춘이 열어 보면, 안에는 새 만년필이 들어 있다.

[용(메모)    (na) 선물이다. 필요할 것 같아서.]

태춘    …


## S#64.    (다른 날) 몽골, 평야 (낮)

평원을 말 달리는… 은용의 모습에서…

끝

# 7화

말 잘 듣는 개가 필요할 땐
주인이 누군지부터
가르쳐 줘야 하니까.

# 8화

여기서 벗어나고 싶으면,
쓸모 있는 얘기가 뭘까… 잘 생각해.
아니면, 고통은 계속될 테니까.

●

니는 결국엔 나의 개다.
돈 지키는 개새끼.

●

# 9화

태춘이는 이제 더 이상
내 약점이 아니다.

●

돈이든 빽이든 주먹이든 밀릴 건 없다.
버티며 싸운다.

●

미안하다, 얼굴 보고 나한테
꼭 미안하단 말하고 싶었는데…
사는 게 끝까지 뭣 같네…

●

괴물하고 싸우기 위해서는
괴물이 돼야 히니까.

# 10화

쎈 놈이 돈을 쥐는 기 아이고,
돈 쥔 놈이 쎈 놈인기라.

●

영리하지 못한 정의는
아무 쓸모없어.

●

# 11화

몽골 체스에는
독특한 룰이 하나 있다.

●

한 칸만 움직일 수 있는
이 가장 약하고 느린 말은 끝선까지 살아 가면
전후좌우 어디로든 움직이는 가장 강한 말로 승진한다.
약육강식의 전장에서 끝까지 살아남을 수 있을지는
이제 태춘에게 달려 있다.

# 12화

정의로운 거면 정의로운 거고,
아니면 아닌 거지.
과도한 정의는 뭐야?

●

나는 개라면서요,
돈 지키는 개새끼…
그런 것도 가족입니까?

●

희망이 있는 일에
열정적으로 힘을 쏟을 때
느껴지는 감정이 행복이다.

작가 후기

처음으로 「대본집을 내야겠다」 생각한 건,
작가로서 고마운 분들께 인사를 남기기 위해서였습니다.

한 편의 드라마를 만드는 과정에는 참 많은 분들의 노고가 함께합니다. 기획, 제작, 연출 파트를 비롯해 현장과 후반 작업, 마케팅 등등 함께해 주신 모든 동료 분들, 배우 분들께 다시 한번 감사의 마음을 전합니다.

이야기를 만드는 데 취재에 응해 주신 많은 일선 수사관, 검사, 변호사, 기자, 판사, 자본시장 관계자 분들께도 고맙습니다. 매력적인 캐릭터들과 흥미로운 에피소드들은 모두 덕분에 만들 수 있었습니다.

후배 정민영 변호사는 취재 초기부터 여러 관계자를 소개해 주고, 언제나 아이디어를 함께 고민해 줬습니다. 법률 자문과 감수, 송사까지 맡아 '법과 원칙'대로 처리해 줘서 늘 든든했습니다.

오랜 친구인 심인보 기자에겐 특히 "고맙다."
취재를 도와주고, 아이디어를 함께 고민해 준 것 이상으로 단단한 정도(正道)를 걷기 위해 부단히 애쓰고 고민하는 기자로서 그의 모습은 이 복마전 같은 이야기를 만드는 과정에서 작가인 저에게 등대 같은 존재였습니다. 진실을 밝히는 이김 없는 싸움에 지치지 않기를. 항상 응원합니다.

모든 동료들에게 감사하지만, 다사다난했던 이 모든 과정에서 언제나 변함없이 함께해 준 유홍구 대표님. "우리 참 고생 많았지만, 잘 끝내 진짜 좋네요."
'법쩐'은 대표님과 함께여서 가능했습니다. 단언컨대, 최고의 제작자. God bless you & your family. 멋진 앞날에 축복과 은혜를 기도합니다.

그리고 가장 힘든 순간에도 늘 곁을 지키며 손을 꼭 잡고 남산을 걸어 준 사랑이에게. 변함없는 사랑을 전합니다.

사적인 감사의 마음을 기록하며 작가로서 '법쩐'을 닫는 마지막 페이지를 마무리합니다. 이제 내 문서의 법쩐 폴더는 아카이브 폴더로 옮깁니다. 다음 작품에서 인사드리겠습니다.

여전히.
희망은 비루하고, 절망은 비겁한 시절이나.
모두 안녕하시길.

2023년 3월… 태춘, 평안한 봄을 기다리며.
김원석 작가 드림.

**작가 후기**

 하권

**초판 1쇄 인쇄**
2023년 3월 13일
**초판 1쇄 발행**
2023년 3월 23일

**글**
김원석

**펴낸이**
백영희

**펴낸곳**
㈜너와숲

**주소**
04032 서울시 금천구
가산디지털1로 225
에이스가산포휴 204호

**전화**
02-2039-9269

**팩스**
02-2039-9263

**등록**
2021년 10월 1일
제2021-000079호

**ISBN**
979-11-92509-50-1(04680)

**정가**
23,000원

©스튜디오S 주식회사

**이 책을 만든 사람들**

**편집**
백지윤
**마케팅**
배한일

**제작처**
예림인쇄

**디자인**
글자와기록사이
**작가 후기 사진**
김성용